日本十進分類法の成立と展開

日本の「標準」への道程 1928-1949

藤倉 恵一
Keiichi Fujikura

樹村房

NDC写真ギャラリー

　ここに掲げた写真は，すべて筆者個人蔵のものである。
　写真や文章での再現は難しいが，特に第2版の紙の手触りや，戦中・戦後物資難の第5版〜第8版(縮刷)の紙については，歴史ある図書館の蔵書等で接する機会があればぜひ触れて確認していただきたい。

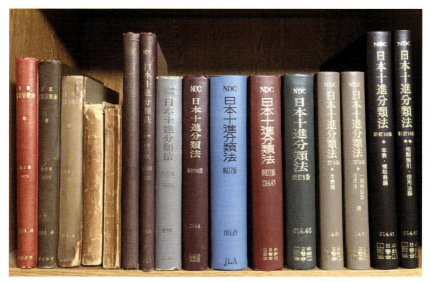

写真1　歴代のNDC諸版

　左から順に，第2版，第3版，第5版，縮刷8版(2種)。縮刷8版については写真6・7およびコラム6参照。
　続けてB5判の新訂6版(2冊組)，新訂6-A版(14刷,19刷)，新訂7版(8刷,33刷)，新訂8版，新訂9版(2冊組)，新訂10版(2冊組)。
　新訂6-A版と新訂7版は刷次によって表紙色が異なり，6-A版はこれまで5色が確認されている（コラム5参照）。

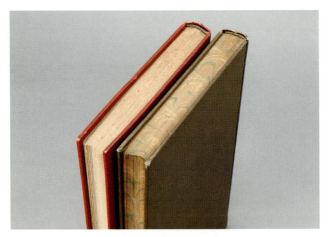

写真2　NDC第2版(左)と第3版(右)

　第2版の紙はかなり上質である。第3版の紙の手触りは第2版ほどよくはないが，マーブル模様が小口に施されている(写真2)。

写真3　NDC第2版の本文ページ(部分)

　第2版はわずかな光沢がある滑らかな紙であり，フラッシュを焚かずに撮影しても艶が出る(ただし写真3は撮影のためフラッシュを焚いた)。活版印刷による活字の凹凸も指ではっきりとなぞることができる。

写真4　NDC 第5版に記された間宮から衛藤への献呈文

　筆者が NDC 史研究を志す動機となった，間宮不二雄直筆による衛藤利夫への献呈文（コラム3）。

写真5　NDC新訂6版（第1分冊）への鈴木賢祐の書き込み（部分）

　当時分類委員会副委員長を務めた NDC 最大の支援者のひとり鈴木賢祐の旧蔵書。全冊にわたって，というほどではないが，改訂私案と思しき大量の書き込みが施されている（コラム5）。
　「014.45　分類表」に補筆し，「図書分類表」としている。

写真6　NDC第8版

　筆者が所有する縮刷第8版は，ハードカバー(左)とペーパーバック様(右)の2種がある。
　ペーパーバックは，第7版(および第6版)と同様の装丁であったことを図書館蔵書で確認している(筆者未所蔵)。ただし，発行者である戸澤信義の記録によれば，ハードカバー様のものが本来の姿と思われる(コラム6)。写真7からは，本体の紙質が推察できるだろう。

写真7　NDC第8版(俯瞰)

はじめに

『日本十進分類法』（NDC：Nippon Decimal Classification）は今日，日本の標準図書分類法として，日本図書館協会から新訂 10 版（2014 年 12 月）が刊行されている。

1929（昭和 4）年に青年図書館員連盟のもり・きよし（森清，1906-1990）が発表した NDC は，発表後の十余年をかけて採用館が徐々に拡大していき，戦後の図書館界の再編のなかで，日本の標準図書分類法としての地位を得ることとなった。また，それにともない，森個人の著作から日本図書館協会分類委員会がその維持・改訂を継承することとなった。

しかしながら，NDC の成立から普及の過程について記されたものは，当事者たちの記録や回顧によるものが大部分であり，第三者によって語られたものは多くない。また，通史的なものについては，NDC 巻頭に掲載された序文類や，情報資源組織分野の教科書などにわずかな記述を見せるのみで，今日それらが顧みられることも少ない。

筆者は 2007 年から日本図書館協会分類委員会の末席にあり，「当事者のひとり」といえなくもないが，できうる限り中立的な視点をもって，NDC の成立前後の背景と成立の経緯，そして，なぜ NDC が標準分類法たりえるという評価が得られたかについて研究を重ねてきた[1]。そこには，NDC 旧版や関連文献を（なかば偶然）多数手にすることができたという個人的動機もある[2]。

他方，NDC は特に新訂 8 版（1978 年）以降，主題の配置を大きく変えるような改訂方針を立てていない。それは，利用する館の書架への影響をなるべく控えたいなどいくつかの理由がある。このような考えはいつごろから出たものか，また初期の NDC がどのような方針で，どのような規模の改訂を行っていたのか，できるだけ仔細に確認しようと考えた。

本書では，これら歴史的経緯と変遷を可能な限り一次資料の比較をすることで概観したいと考える。

1　筆者の先行調査・研究については文献リスト（f1〜f4）にまとめた。

2　本書巻頭「NDC 写真ギャラリー」およびコラム参照。

ii

本来であればNDC全体の通史として，戦後から現在に至るまでのすべてを
もまとめたいとも考えたが，本書ではまずその黎明期から確立に至るまでの時
代について整理したい。

NDCの時代区分について

筆者はこれまで数度にわたる研究を通じ，NDC第1版の刊行（とその前）か
ら現在に至るまでを，次の三つの時代に区分した。

- 第一期（黎明期）：1928〜1949年
  森清の個人著作の時代（改訂増補第5版／増刷再版第8版まで）。
- 第二期（確立期）：1950〜1986年
  日本図書館協会分類委員会がその改訂を委嘱され，森が委員に参加して
  いた時代（新訂6版から新訂8版まで）。
- 第三期（発展期）：1987年〜現在
  森の引退をはじめ，第一〜二期NDCを支えた人物が退いた時代（新訂
  9版以降）。

ただし，この区分はNDCの各版の刊行を基準にしており，時期をまたいだ
活動や議論が存在していたことはいうまでもない。あくまでひとつの目安と
して設けたものである。

調査対象について

本書では前項における第一期を対象とする。具体的にはNDC第1版から第
5版（と第8版まで）の，特に第1次〜第3次区分と序文等のコンテンツ，索引
や助記表（補助表）の比較を行うが，それらに対する補訂や私家版などは原則
として対象に含めない。

人名，用語，文字について

日本人名については，引用を除いて新字体での表記を優先し（例：「衞藤利
夫」→「衛藤利夫」，「和田萬吉」→「和田万吉」），生没年を括弧で付記する。

外国人名については，原則として姓のみの記述を基本とし，欧文表記と生没
年を括弧で付記する。

NDCの原編者もり・きよし（森清）は，後年「もり・きよし」の筆名を主に
用いていたが，1960年代以前は「森清（森淸）」と表記されていた。本書では
原則として「森清」「森」の表記を優先する（引用，書誌事項その他必要な場合を

除く）。

　書名・雑誌名・分類名等については，原則として二重鉤括弧（欧文文献はダブルクォーテーション）で囲み，可能な範囲で，その原典に記載された字体を優先する（例：『圖研究』，"Manuel du libraire et de l'amateur de livres"）。よって，発行時期の違いにより同じ媒体でも表記が変わることがある（例：『圖書館雜誌』と『図書館雑誌』）。また，本文中で繰り返し言及する場合は，新字体での表記を用いる。

　その他，引用に際しては Unicode での記述が可能な範囲で極力原典に近い表記（文字）での転記を心がけたが，一部の文字は現用あるいは常用の表記とした（例：「情」や「述」などの旧字体は Unicode での表記ができないため，新字体で表記した）。また，引用ではなく本文で言及する際は必ずしも原典の字によらず，新字体で表記を行っている（例：「青年圖書館員聯盟」→「青年図書館員連盟」）。

　ただし，微細な違いによる異体字，たとえば『日本十進分類法』の「進」は戦前，いわゆる二点之繞（点が二つある「進」）で表記されており，これは通常使用されない字体であるため，現用あるいは常用の表記を用いている。

　日本十進分類法に対する「NDC」の略記は本来「N.D.C.」のように省略を示すピリオドを介するが，本書では引用など特に必要な場合を除いて今日慣用される「NDC」に統一した（ピリオドのない NDC の表記は 1940 年代後半以降に見られ始めたが，書誌情報上では新訂 9 版まで「N.D.C.」と表記された）。引用においては「N.D.C.」「N・D・C」などさまざまな表記が見られたが，これは引用する原典の記述に拠った。

　また，メルヴィル・デューイの "Decimal Classification"（十進分類法）については，改訂のたび数度にわたって名称（特に副書名）や綴りが変化しており，また当時「D.C.」「DC」のように略記されたが，今日では「DDC」（デューイ十進分類法：Dewey Decimal Classification の略記）の表記が一般に用いられている。本書が対象範囲とする時代（1950 年以前）は「D.C.」（DC）の略称が一般的に用いられていたが，NDC 同様に必要な場合を除いて，今日慣用される「DDC」で統一する。

　他の分類法も同様に，現在一般的に用いられる省略形（「EC」「LCC」等）を用いる。

iv

「分類法（System：体系）」と「分類表（Schema, Table, Schedule）」について，日本においてはしばしば混用されている。本書においては，明らかに識別可能な場合，固有名詞や引用，その他特に必要な場合を除いて原則として「分類法」あるいは単に「分類（Classificaiton）」という表現を優先して用いることにする。

参考・関連文献と引用について

　本書はその性質上，さまざまな史料・文献から引用を行っている。巻末には，参考・関連文献リストを設けた。リストには直接引用したもの以外に，本書で採りあげた人物を記念した論文集や評伝・自伝・追悼文，図書館史や分類史に関する多数の文献を参考にしており，可能な限り掲載している。ここではおおざっぱな区分を設けたあと，時系列で並べた。

　本文における註・引用については当該ページ脚注に記載し，巻末の文献リストの番号を参照し，簡潔な書誌事項を記述した（詳細な書誌事項は文献リスト参照）。文章や表等の引用については引用箇所も特定が容易なように，文献内のページも記録した。

　和文文献は基本的に，参照可能な一次資料に拠っているが，文献によっては再録されたものを底本としたものもある（その際は注記している）。

　海外文献については，和訳が存在しているものについては和訳を，和訳がないものについては原文を典拠とした。

　引用文については，読みやすさの点から，すべて新字体に置換・表記することも考えたが，旧かなづかいの文章やカタカナ表記のものをどうするか，送り仮名の扱いなど問題がさまざま派生することと，極力同一性を保持したいと考え，前述のように Unicode で表現できる範囲において出来る限りの再現を試みた。句読点についても同様である。

　誤字については，前後の状況から見て明らかな場合は修正しているが（本文にその旨を記述），また，誤字か意図的か疑わしいもの等はそのまま転記している。

　分類表の引用も，レイアウトやインデント等を含め原典の再現に努めたが，実用を目的としたものではないので，読みづらいものになっているかもしれない。その点はご容赦いただきたい。

本書の構成

本書は，第Ⅰ部「日本十進分類法の成立と展開」と，第Ⅱ部「日本十進分類法の変遷」および関連資料等で構成されている。

第Ⅰ部は，NDC の歴史をおおむね時系列に沿って述べる。

第1章「日本十進分類法の成立前夜」においては，まず西洋を中心とした，体系化された学問が記号による分類として割り当てられ，十進記号による体系を獲得するまでの流れとそれに対する影響，日本への波及について述べる。なお，NDC 登場後（1930年代以降）の国外の分類史については，最低限の解説にとどめる。

第2章「日本十進分類法の誕生」では，間宮商店・青年図書館員連盟にあった森清が NDC のプロトタイプにあたる分類表案を公開し，その翌年，『日本十進分類法』の名を与えられて刊行された NDC について，どのように展開し，どのように支持されていったかを述べる。

第3章「日本十進分類法の発展と批評」においては，NDC に寄せられた当時の批判について，また，改訂された NDC の経緯について述べる。

第4章「日本十進分類法の展開」においては，太平洋戦争中・戦後の激動の時代における NDC と周辺の人々について述べる。

第Ⅱ部は，原案から第5版に至るまでの諸版の構造を，序文類と第3次区分までの分類表，および付帯する諸表等の引用と比較を通じてまとめる。

第5章「日本十進分類法の序文類の変遷」では，各版の冒頭に掲載された巻頭言，序説，凡例等について，改訂の時系列に沿って述べる。

第6章「日本十進分類法の分類表の変遷」では，各版の第1次～第3次区分表の変化や，助記表（補助表）およびその他の表，索引について述べる。もちろん，改訂の大部分は第4次区分以降（小数点以下）でなされているので，本章掲載の内容だけで各版の改訂をすべて追うことができるわけではないが，第3次区分まででも大小の変化を目の当たりにしていただけるだろう（改訂の要所は本文で言及する）。

また各章の合間には，本文に含むことが難しかった「筆者個人の視点」による NDC 史研究の余録を「コラム」として載せた。

巻末には，関連年表，参考・関連文献一覧，索引を設けた。年表は，本書で

採りあげた主要な出来事について収録した。文献一覧については前項で述べたとおりである。人名索引は，姓の順に排列した。事項索引は，NDC 以外の分類法や関連文献名，組織名等を収録した。

vii

日本十進分類法の成立と展開
もくじ

はじめに　i

第Ⅰ部　日本十進分類法の成立と展開
第1章　日本十進分類法の成立前夜 ——————————————————— *3*
　　1.　近代図書分類法の登場 ·· *3*
　　2.　わが国の分類法と十進分類法の伝来 ···················· *22*
　　3.　十進的分類法の普及と標準分類法の待望 ·············· *33*
　　4.　森清と間宮不二雄，青年圖書館員聯盟 ················ *54*
▶**コラム1　間宮不二雄の人となり** ————————————————— *64*

第2章　日本十進分類法の誕生 ——————————————————— *65*
　　1.　和洋圖書共用十進分類表案（1928年） ·················· *65*
　　2.　日本十進分類法　第1版（1929年） ····················· *71*
　　3.　NDCと同時期の一般分類法 ······························ *74*
　　4.　鈴木賢祐の支援：標準分類法をめぐる論争 ··········· *80*
　　5.　加藤宗厚の支援：NDCの実用普及へ ·················· *87*
▶**コラム2　間宮商店のあった場所** —————————————————— *96*

第3章　日本十進分類法の発展と批評 ———————————————— *97*
　　1.　NDCへの批評と展開 ···································· *97*
　　2.　日本十進分類法　訂正増補第2版（1931年） ········· *110*
　　3.　日本十進分類法　訂正増補第3版（1935年） ········· *112*
　　4.　日本十進分類法　訂正増補第4版（1939年） ········· *114*
　　5.　日本十進分類法　訂正増補第5版（1942年） ········· *115*
▶**コラム3　衛藤利夫へのリスペクト** ———————————————— *119*
▶**コラム4　NDCのユーザー登録** —————————————————— *120*

viii

第4章　日本十進分類法の展開 ——————————————— *121*

    1.　日本の「標準」への道程 ······························· *121*

    2.　分類委員会の誕生，国立国会図書館と NDC ·············· *131*

    3.　日本十進分類法 抄録第 6 版（1947 年）··················· *138*

    4.　日本十進分類法 縮刷第 7 版（1947 年）··················· *141*

    5.　日本十進分類法 縮刷第 8 版（1949 年）··················· *143*

    6.　日本十進分類法 新訂 6 版（1950 年）以降の NDC ·········· *144*

▶コラム 5　新訂 6 版について ——————————————— *155*

▶コラム 6　NDC の装丁をめぐるあれこれ ———————————— *156*

第Ⅱ部　日本十進分類法の変遷

第5章　日本十進分類法の序文類の変遷 ——————————— *159*

    1.　巻頭言および謝辞 ··································· *159*

    2.　本書の歴史 ··· *170*

    3.　凡例 ··· *172*

    4.　導言 ··· *174*

第6章　日本十進分類法の分類表の変遷 ——————————— *191*

    1.　第 1 次区分表 ······································· *191*

    2.　第 2 次区分表 ······································· *195*

    3.　第 3 次区分および細目表 ····························· *204*

    4.　助記表およびその他の諸表 ··························· *270*

    5.　相関索引等 ··· *278*

おわりに　*283*

関連年表（1871-1950）　*287*

参考・関連文献　*295*

索引　*305*

カバー・口絵撮影＝眞嶋和隆

第 I 部
日本十進分類法の成立と展開

明治・大正期，日本国内の図書館では基本的にその館固有の一館分類表を用いていた。

　それらの多くはアメリカのメルヴィル・デューイが考案・発表した十進分類法に倣って作成され，日本固有の事情である和漢書と洋書の双方に共用されることを目的として独自の改編がなされていたが，論理性に欠けていたり，主題索引が整っていないなど不整合もあった。

　間宮商店の森清は1929年に日本十進分類法（NDC）を発表した。青年図書館員連盟の会員のいる図書館を中心に，戦前日本の標準分類法として採用館が拡大していき，戦後はGHQの監督のもと，学校図書館や国立国会図書館でNDCが採用されるようになり，日本の標準分類法となった。

　ここでは，そこに至るまでの経緯やNDCに対する批評などを，おおむね時系列に沿って述べていく。

第1章
日本十進分類法の成立前夜

　日本十進分類法は，その名が示すとおりメルヴィル・デューイの「十進分類法（Decimal Classification）」に倣って生み出されたものである。本章ではまず西洋を中心に，体系化された学問が記号によって割り当てられ，十進記号を用いた体系を獲得するまでの流れとそれに対する影響，日本への波及について述べる。なお，NDC 登場後（1930 年代以降）の分類史については，若干の解説にとどめる。

1. 近代図書分類法の登場

　「文明・文化史における分類」の転換点をどこに求めるか考えると，いくつかの重要な転機を見いだすことができるが，「図書館史における分類法」の転換点といえば，マゼラン図書館の司書ノーデ（Gabriel Naudé, 1600–1653）の著書 "Advis pour dresser une bibliothèque"（『図書館設立のための助言』1627年）[1]，において示した，「図書館のための分類」の考案がひとつ大きなポイントであろう。

　その第 7 章 "L'ordre qu'il conuient leur donner"（「図書の配備にふさわしい秩序」）において，「資料をどこに置くべきか」という点から，分類の本質について言及している。

> 　ここに置かれる本は，必要に応じて利用可能となっていなければならないという理由から，それなしには，われわれの探求が目的を失い，労苦が無駄になってしまうのです。しかし，主題にしたがって本が分類されるか，

1　文献（d19）：ノーデ；藤野寛之訳『図書館設立のための助言』（2006），p.71 より

4 第1章 日本十進分類法の成立前夜

あるいは，特別な場所に置かれている本を容易に探しうるような何らかの手だてがなければ，それは不可能なのです。さらに，こうした秩序と配置なしには，どのような量の図書コレクションでも，それが5万冊であっても，図書館の名に値しないと断言いたします。

（訳・藤野寛之）

ここでは，主題を下位区分も用いて体系的に分類することや，資料の形態や受入時期などとも関連させてその排列方法に関するいくつかの工夫と助言が示されている。これは，分類表のように「形」をとって示しているのではなく，あくまで考え方としての分類（区分）を示すものであった。

図書分類前史（中世まで）

それより前の時代は図書館利用者も限られていたため，目録上で主題ごとに図書をまとめて記録するために書誌的分類が用いられていた。その歴史は紀元前3世紀頃，アレクサンドリア図書館の司書カリマコス（Callimachus, 310?BC-240BC）による蔵書目録"Pinakes"（『ピナケス』）における分類まで遡ることができる。

さらにそれ以前，紀元前7世紀のアッシュールバニパル王（Ashurbanipal, 在位668BC-627BC）のニネヴェ宮殿でも既に，粘土板文書をその記述内容や形式によって神学，魔術，医学，文学などのように仕分けていたことが知られている。つまり物理的には，図書館あるいは図書の誕生とほぼ時を同じくして「図書の分類」という概念自体は存在していたことになる。

「知の分類」として最初に成立したのはアリストテレス（Aristotle, 384-322BC）の分類である。彼は論理学のもと，学問を「理論」（Theoretical Philosophy：自然学・形而上学），「実践」（Practical Philosophy：政治学・倫理学），「制作」（Poetical Philosophy：詩学）に三分し，その下位にそれぞれの学問を配置した。なお「論理学」はこの体系内には位置づけられず，あらゆる科学の序論として位置づけたといわれている。そしてウァロ（Marcus Terentius Varro, 116BC-27BC）やプリニウス（Gaius Plinius Secundus, 23-79）といった，学問の分類や博物学に発展していく。

東洋においては前漢の時代，劉歆（りゅうきん）（32?BC-23AD）編纂による総合目録『七略』

（6BC）における分類がある。漢籍の分類はやがて晋の時代，荀 勗（?–289）による『中経新簿』で用いられた「四部分類」の形に至るように発展をかさね，7世紀・初唐の『隋書』で経部・史部・子部・集部の四部分類が成立した。

　古代から中世に至る中国の分類は，『七略』から『漢書』の流れを汲む七部の分類と，四部の分類が多少内容を変えつつも用いられてきたが，四部分類は18世紀の一大叢書『四庫全書』に用いられ，近世でもまだなお実用される分類となった。

　イスラム圏では10世紀後半，シーア派ムスリムの学者イブン・アン＝ナディーム（Ibn al-Nadim）が "Kitāb al-Fihrist"（『目録の書（フィフリスト）』，988年頃）において，書物を10章に区分している。この分類はピナケスの影響を受けたともいわれているが，この分類がイスラム圏の図書分類の基礎を築いた。

　17世紀にはオスマン帝国の学者キャーティプ・チェレビー（Kâtip Çelebi, 1609–1657）が "Kashf al-zunūn 'an asāmī al-kutub wa-al-funūn"（『諸書名と諸学問についての疑問の探求』）において，イブン・アン＝ナディームの分類をもとに書誌を分類していた。

学問の体系化

　中世の西洋では，大学の登場により学問の体系化が進んだ。分類もそれぞれの領域において，より細分化され体系化されたものがいくつも登場した。ゲスナー（Conrad Gesner, 1516–1565）の "Bibliotheca Universalis"（『世界書誌』，1545年）における21分野の分類は，図書（の目録）のための分類であったし，知の体系化に大きな変革をもたらしたのはベーコン（Francis Bacon, 1561–1626）の "The Advancement of Learning"（『学問の進歩』，1605年）であった。さらに体系化された学問の集大成としてディドロ（Denis Diderot, 1713–1784）とダランベール（Jean Le Rond d'Alembert, 1717–1783）らによる "L'Encyclopédie"（『百科全書』，1751–1772年）や，リンネ（Carl von Linné, 1707–1778）の "Systema Naturae"（『自然の体系』，1735年）における分類学などがそれぞれ著された。ノーデもまた，図書館で書誌を分類することを求められたのである。

　そして先述のノーデの提言（1627年）の後，書誌分類を「分類表」の形式と

6   第1章　日本十進分類法の成立前夜

して体系づけたのは，フランスの書誌学者ブリュネ（Jacques-Charles Brunet，1780-1867）であり，著作 "Manuel du libraire et de l'amateur de livres"（『書店および愛書家のためのマニュアル』，1810年）における分類，通称「フレンチ・システム」であったといわれる。このブリュネの分類は，ノーデが並べ立てた主題の分類をもとにまず五つのクラスに分け，その下位をそれぞれ5〜10の下位クラスに体系づけて分類したものであった。

　このブリュネの分類体系は当時のヨーロッパ諸国のさまざまな図書分類に影響を与えた。その中でも最大級のものは，大英博物館図書館の分類（1836年頃）であり，このメインクラス10区分は，ベーコンとブリュネの分類に影響を大きく受けている。

　このように欧米の図書分類法は，ベーコンとブリュネの影響が色濃いが，その源流は古代ギリシアまで遡ることになる。

公共図書館の登場と書架分類

　19世紀になるとアメリカをはじめ，公共図書館が登場した。これまで書誌学的な知識・経験を持たなかった利用者に資料を提示・提供するために，分類法には図書を書架上に物理的に排列する役割を担う「書架分類」としての機能が求められるようになっていた。

　このような必要性を受け，イギリス・マンチェスターのエドワーズ（Edward Edwards，1812-1886）による分類（1859年）や，ブラウン（James Duff Brown，1862-1914）とクイン（John Henry Quinn，1860-1941）による "Quinn-Brown Classification"（『クイン・ブラウン分類法』，1894年）をはじめとするいくつかの分類が考案された。

　そして，「記号を伴った図書分類表」は1870年，アメリカ・セントルイスパブリックスクール図書館のハリス（William Torrey Harris，1835-1909）が，ベーコンの学問体系を拠りどころとした書架分類法（Book Classification）を考案したことにはじまる。

　ハリスは，ベーコンの学問体系を逆順に配置する「逆ベーコン式（Inverted Baconian system）」によって，基本となるクラスを1〜99として約100種類用意し（表1-1），それらのほとんどには階層をもたせていない。十進分類では

表1-1 ハリスの図書分類表における100区分[2]

1 Science	50 Zoology
2 Philosophy in General	51 Ethnology
3 Philosophies and Philosophers	52 Archaeology, Antiquities
4 Metaphysics	53 Medicine
5 Ethics	54 Anatomy, Physiology
6 Religion	55 Materia Medica, Pharmacy
7 Bible	56 Pathology, Diseases, Treatment
8 Commentaries	57 Hygiene
9 Theology. Doctrinal. Dogmatics	58 Amusements, Recreations
10 Devotional, Practical	59 Useful Arts and Trades
11 Natural Theology	60 Military Arts
12 Religious and Ecclesiastical History	61 Mechanic Arts and Trades
13 Modern Systems	62 Commercial Arts, Business
14 Judaism	63 Productive Arts
15 Mythology and Folk-Lore	Art
16 Oriental and Pagan Religions	64 Fine Arts, General
17 Social and Political Sciences	65 Fine Arts, History
18 Jurisprudence	66 Poetry and the Drama, History and Criticism
19 Law	67 English Poetry
20 International Law	68 Foreign Poetry and Drama
21 Ancient, Feudal, and Civil Law	69 Prose Fiction
22 Common Law, Canon Law, Equity	70 Juvenile Literature
23 Statute Law, Reports and Digests	71 Literary Miscellany
24 Constitutional Law and History	72 Fables, Anecdotes, etc.
25 Law Treatises	73 Rhetoric, Elocution
26 Political Science	74 Orations and Speeches
27 Legislative Bodies and Annals	75 Essays
28 Administration	76 Collected Literary Works
29 Social Science	77 Literary History and Criticism
30 Economics	78 Bibliography
31 Education	79 History
32 Philology	80 Geography and Travel, General
33 Grammars and Textbooks	81 Geography
34 Dictionaries	82 Voyages
Natural Sciences and Useful Arts	83 American, Travels
35 Natural Science	84 Europe, Travels
36 Mathematics in General	85 Asia, Travels
37 Arithmetic	86 Africa, Travels
38 Algebra	87 Travels in Several Quarters
39 Geometry, Trigonometry, Calculus	88 Philosophy of History, civilization
40 Engineering	89 Historical Collections
41 Mechanical	90 Ancient History
42 Physics	91 History of United States
43 Electricity	92 America at large
44 Chemistry	93 British
45 Astronomy	94 Modern Europe
46 Natural History	95 Asia
47 Physical Geography	96 Historical Miscellany
48 Geology	97 Biography
49 Botany	98 Cyclopedias and Collections
	99 Periodicals, Newspapers, Journalism

---

2 文献 (d13):村島靖雄「圖書分類概論」(1932), p.57-60 をもとに作成

8　第1章　日本十進分類法の成立前夜

ないので記号（番号）の桁と体系は一致していない。時折字上げ（1や17など）
や，記号をもたない上位概念（35や64の前）が存在している。また，それぞれ
の記号の下位は必要に応じてアルファベット1字を加えて細分していた（例：
「65　Fine arts」「65a　Architecture」「65b　Sculpture」）。

十進分類法の誕生

　さらに大きな，図書分類法史上最大ともいうべき転換点となったのは，アメ
リカのメルヴィル・デューイ（Melvil Dewey, 1851-1931）が発表した "A Clas-
sification and Subject Index, for Cataloguing and Arranging the Books and
Pamphlets of a Library"（『図書館における図書・パンフレットの目録と排列のため
の分類法および主題索引』, 1876年）[3]，いわゆる "Decimal Classification"（十進分
類法：DCまたはDDC）の登場であろう。

　デューイ以前にも，十進式に分類体系をあてはめる図書分類は存在してい
た。アメリカの図書館学者セイヤーズ（William Charles Berwick Sayers, 1881-
1960）は，分類史とともに多数の図書分類法について解説した著書 "A manual
of classification for librarians and bibliographers"（『セイヤーズの分類マニュア
ル』, 1929年）[4]の中で，16世紀フランスの書誌学者ラ・クロワ・デュ・メーヌ
（François Grudé, sieur de La Croix du Maine, 1552-1592）が1583年に考案した
「100冊の図書を収めた100の書架」による区分が，十進分類法の原初のよう
な形態のひとつであると考えた。ただし，ソ連の図書館学・書誌学者シャムー
リン（Evgenii Ivanovich Shamurin, 1889-1962）の著書 "Ocherki po istorii biblio-
techno-bibliograficheskoi klasifikatsii"（『図書館分類＝書誌分類の歴史』, 1955-
1959年）[5]によれば，デュ・メーヌの分類は十進分類ではなく，7区分（と下位
の展開）による分類であったという。

　また，セイヤーズはもうひとつ，アメリカのサートレフ（Nathaniel Brad-

3　文献（d1）：Dewey "A classification and subject index for cataloguing and arranging the
　books and pamphlets of a library"（1876）
4　文献（d23）：セイヤーズ；藤野寛之訳『セイヤーズの分類マニュアル：図書館員と書誌
　学者に向けて』（2017），p.175 より
5　文献（d20）：シャムーリン；藤野幸雄訳『図書館分類＝書誌分類の歴史』第1巻（2007）

street Shurtleff, 1810-1874) が発表した "Decimal system for the arrangement and administration of libraries"（『図書館の配置と管理のための十進体系』, 1856年) を挙げているが, これもデュ・メーヌの体系に近いものであり, 記号法をもった分類法ではなかった。これは書架の配置図（模式図）に主題に応じて図書をどう配置するか, という分類である。

セイヤーズもシャムーリンも, 十進分類の根幹となるような体系についてこのように挙げているが, これらはいずれもデューイの分類体系とは無関係であると位置づけている。

また, ドイツの哲学者ライプニッツ (Gottfried Wilhelm Leibniz, 1646-1716) も図書館長だった時代, ゲスナーの影響を受けた分類から 10 区分の分類を考案しているが, これも, デューイの分類の体系とは関わりがない。

デューイが生み出したものは, （1）ハリスの分類の影響を受け, 伝統的なベーコンの分類体系を十進記号上に表現して理論的な順序を形成し, （2）理論や歴史, 辞書, 定期刊行物など各分野に共通する要素を共通の記号で表現することで助記性 (mnemonics) をもたせ, （3）主題を示す語から分類記号を検索する索引をも備えた, 機能と視認性, 分類作業の効率性を両立した最初の図書分類法であった。

デューイ十進分類法（DDC）

デューイ自身は DDC 第 1 版の前文[6]において, DDC の考案は 1873 年はじめのことであったと述べている。それは当時 21 歳, アマースト大学図書館の補助員だったデューイが, 50 余館の見学の末に考案したものであったという。

The plan of the following Classification and Index was developed early in 1873. It was the result of several months study of library economy as found in some hundreds of books and pamphlets, and in over fifty personal visits to various American libraries.

記号法の考案に際しては逸話がよく知られている。日曜礼拝の学長講話の最中に, 数字を十進法として用いて分類体系を表現することを思いつき, その瞬

6　Dewey 前掲 3, p.[3] より

10　第 1 章　日本十進分類法の成立前夜

間「Eureka!」と叫びかけたという[7,8]。このエピソードは，デューイの訃報を
伝えた当時の『図書館雑誌』においても次のように言及されている[9]。この頃
の雑誌編集は加藤宗厚だったが，どこから伝わったものだろうか。

　豫てから不滿を有つてゐた，從來の，本の主題によりその本の書架に於け
　る位置を固定して了ふ分類法，或は書名の ABC 順に依る書架の分類に大
　いに改良の必要を痛感し，禮拜堂に出て聖儀に列する間も，牧師の説教は
　うはの空で，只管圖書の分類についてのみ考へてゐたと云ふ。それが偶。
　或日，例の如くうはの空で牧師の説教を聞きつゝ，電の如く突然十進式に
　依る分類法に着想したのである。

　DDC の第 1 版は，わずか 42 ページしかない小冊子である。標題紙に続き，
p.3-10 が "PREFACE"（序文）であり，次に第 1 次区分を示す表（表1-2）が
1 ページ置かれる。

　第 1 次区分を示すこの表には名称はなく（序文では "Classes" と呼ばれた），ま
たそれぞれのクラスには分類記号が割り当てられていない。Philosophy が 1
に相当し，また，十進体系上 0 は総記（General）にあたるが，これは分類項目
として記載されていない。一見すると総記を
除く九つの単語が，コンマ記号で区切られて
並んでいるだけの表である。

　続いて，第 1 次区分の下位を 10 区分した
第 2 次区分（100 区分）が "DIVISIONS"（表
1-3）として各 1 ページ置かれている。この
表も現在の DDC における表とやや体裁が異
なり，10〜990 の 2 〜 3 桁の記号で表されて
いる。現在は第 2 次区分であることから，00
〜99 と 2 桁の記号で示されるものであるが，

表1-2　DDC 第 1 版の第 1 次区分
（Classes）[10]

PHILOSOPHY,
THEOLOGY,
SOCIOLOGY,
PHILOLOGY,
NATURAL SCIENCE,
USEFUL ARTS,
FINE ARTS,
LITERATURE,
HISTORY.

7　文献（b12-2）：竹内悊「メルヴィル・デューイ」（1984）『図書館を育てた人々 外国編 I
　　アメリカ』，p.78 より
8　文献（b16）：ウィーガンド；川崎良孝，村上加代子訳『手に負えない改革者：メルヴィ
　　ル・デューイの生涯』（2004），p.21 より
9　文献（b1）：［圖書館雑誌］編輯部「デユイー氏の逝去を惜みて」（1932）より
10　Dewey 前掲 3，p.[11] より

1. 近代図書分類法の登場　*11*

表1-3　DDC 第1版の第2次区分（DIVISIONS）[11]

0		500	Natural Science
10	Bibliography	510	Mathematics
20	Book Rarities	520	Astronomy
30	General Cyclopedias	530	Physics
40	Polygraphy	540	Chemistry
50	General Periodicals	550	Geology
60	General Societies	560	Paleontology
70		570	Biology
80		580	Botany
90		590	Zoology
100	Philosophy	600	Useful Arts
110	Metaphysics	610	Medicine
120		620	Engineering
130	Anthropology	630	Agriculture
140	Schools of Psychology	640	Domestic Economy
150	Mental Faculties	650	Communication and Commerce
160	Logic	660	Chemical Technology
170	Ethics	670	Manufactures
180	Ancient Philosophies	680	Mechanic Trades
190	Modern Philosophies	690	Building
200	Theology	700	Fine Arts
210	Natural Theology	710	Landscape Gardening
220	Bible	720	Architecture
230	Doctrinal Theology	730	Sculpture
240	Practical and Devotional	740	Drawing and Design
250	Homiletical and Pastoral	750	Painting
260	Institutions and Missions	760	Engraving
270	Ecclesiastical History	770	Photography
280	Christian Sects	780	Music
290	Non-Christian Religions	790	Amusements
300	Sociology	800	Literature
310	Statistics	810	Treatises and Collections
320	Political Science	820	English
330	Political Economy	830	German
340	Law	840	French
350	Administration	850	Italian
360	Associations and Institutions	860	Spanish
370	Education	870	Latin
380	Commerce and Communication	880	Greek
390	Customs and Costumes	890	Other Languages
400	Philology	900	History
410	Comparative	910	Geography and Description
420	English	920	Biography
430	German	930	Ancient History
440	French	940	Europe
450	Italian	950	Asia
460	Spanish	960	Africa
470	Latin	970	North America
480	Greek	980	South America
490	Other Languages	990	Oceanica and Polar Regions

（940〜990：Modern）

11　Dewey 前掲3，p.[12] より

12 第1章 日本十進分類法の成立前夜

第1版では（1）3桁を基本とする記号であることから末尾にゼロを置く（2）総記にあたる先頭のゼロは省略し，「010」を「10」と記述する というように示している。そして，実質的に100区分であるが，00（000）は表に記載されておらず，また70〜90と120は空白となり，これらには下位も含めてクラスは割り当てられていない。

この "DIVISIONS" を見ることによって，デューイが下位のクラスをどういう順序で位置づけたか，DDCのアウトラインを知ることができる。そして，この排列順序はハリスの分類体系（表1-1, p.7）を参考とした逆ベーコン式の体系であり，ハリスの分類とある程度の相似を認めることができる。ただ，一見すると似ている数字記号は，ハリスのように「順序」を示す記号として用いたのではなく，記号の桁数と階層（詳細度）を対応させる仕組みが与えられたのである。

続く p.13-22 が第3次区分（1,000区分），いわゆる本表に相当し，1ページがひとつのメインクラス（100項目）を示している。

第1版では，第2次区分と同様に総記を示す先頭のゼロを省略しているので，第3次区分においても記号は 0〜99 と 100〜999 というように1〜3桁で示され，十進記号というより数値に見える。また，記号に続けて分類項目の名辞が列挙されているのみで，注記の類は一切ない。

また，第1版では3桁より下位の区分は存在せず，時折，記号の桁数に拠らず，字上げ／字下げによって階層関係を示す箇所がある。表1-4は220／229の引用であるが，ここではまず「220と221，225，229」が階層関係にあり，そして「221と222／224」，「225と226／228」がそれぞれ階層関係をもつことを示している。前者は十進体系として記号の漸進と概念の階層関係が対応している

表1-4　DDC第1版 220の階層関係[12]

220	Bible.
221	Old Testament.
222	*Historical books.*
223	*Poetical* "
224	*Prophetical* "
225	New Testament.
226	*Gospels and Acts.*
227	*Epistles.*
228	*Apocalypse.*
229	Apocrypha.

12　Dewey 前掲3, p.15 より

が（22 の下位に 221 がある），後者はそうではない。22 と 222 の間には 221 が存在している。

このような階層の表現は他にも数か所みられる。十進記号を分類体系に用いていても，記号桁数と表上に示された概念の上下は純粋に対応していないというのは，十進分類法の誕生当時から常につきまとっていた問題である。これは，10 区分（正確には 9 区分＋0 総記）という「区分肢の数」による問題に起因するものであって，DDC だけの問題ではなく，今日の NDC においても散見されるところである。

本表に続く p.23-40 は "SUBJECT INDEX"（主題索引）である。当時は「相関（relative）」索引という名称ではなかったが，通常の図書に付される事項索引とも異なり，単に出現箇所（掲載ページ）ではなく「主題が体系のどこに位置づけられているか」を引く索引であった。語数は約 2,600 語と今日の基準から見れば決して多くはないものの，第 1 版で割り当てられた 1,000 区分に対する索引としては十分実用的であっただろう。

そして DDC 第 1 版最後の 2 ページ（p.41-42）は "EXPLANATIONS"（解説）であり，記述に対する一種の凡例である。

こうして見てきたように，全 42 ページの小冊子のうち分類表は 12 ページであり，最大の分量を割いているのは索引 18 ページである。デューイが索引を重視していたことは，ここからも窺うことができる。

そして DDC のもうひとつの特長である「助記性（mnemonics）」については，記号に特別な意味を持たせて（形式や地理的な要素など）共通して用いるという手法であり，これも画期的であった。序文では，歴史や言語で「1」が中国を示しているという助記機能の例を示している[13]。

> The arrangement of headings has been sometimes modified to secure a mnemonic aid in numbering and finding books without the Index. For instance, the scheme is so arranged that China has always the number 1. In Ancient History, it has the first section, 931: in Modern History, under Asia, it has 951: in Philology, the Chinese language appears as 491.

---

13 Dewey 前掲 3，p.5 より

14　第1章　日本十進分類法の成立前夜

この助記性についてはセイヤーズが後年，このように評している[14]。

　より重要で素晴らしかったのは，十進分類法（D.C.）の時間の経過のなか
に現れていた，主題とその結合と分析の正確な場を定めたさらなる方法で
あった。それは，記憶を助ける数字（「助記」記号）の姿で，一般類目，言
語，文学，歴史，地理，さらに，はるかに一般的な下位区分と結びつい
て，表記に織りこまれていた。一つの思考形式が常に共通の番号で表現で
きるならば明らかに有益である。

（訳・藤野寛之）

その後の DDC

　わずか全42ページの小冊子の刊行から始まった DDC は，20世紀初頭にか
けて欧米を中心に急速に普及していき，また改訂を重ねるごとに内容は拡充し
ていった。

　デューイは1931年に没するが，当時 DDC は12版（1929年）まで改訂が進
み，13版（1933年）まではデューイの意図が強く残された。

　ただ，体系の拡大にともない体系の不均衡や非論理的な構造なども増えるよ
うになり，15版（1951年）以降，その記号や体系の再整理を行うようになった。

　この大改訂により，世界で最も使用されている図書分類法という地位を保ち
続け，現在（23版・2011年）に至っている。

十進分類法後の図書分類法

　デューイの十進分類は画期的で，論理性と実用性とを兼ね備えていたもので
あったが，批判がなかったわけではない。

　特にクラスの排列順序は恣意的なものでなく，既に公共図書館で実績のあっ
たハリスの分類を援用したことで十分に説得力をもったものであったが，元を
ただせば250年以上前のベーコンの体系である。また，基本的にアングロサク
ソン系文化圏・キリスト教文化圏優先で作られた分類のうえアメリカ偏重で作
られたものであって，イギリスおよびヨーロッパ各国にとっても，必ずしもす

14　セイヤーズ　前掲4，p.180より

べてが有効というわけではなかった。

こうして，デューイへの対案としてのメインクラスの排列や，別の記号法を備えた分類法も多数生み出されることとなった。

件名分類法（SC）

先述したブラウンとクインの分類は批判を受けたが，後年，ブラウンはこれをあらためて "Subject Classification"（『件名分類法』：SC, 1897年）[15]と整理して発表した。

これは，DDC（というよりほとんどの一般分類法）が主題を「観点」によって分類しているのに対し，ブラウンは主題を観点ではなく1主題1か所とする特徴的な原理（one place theory）をもたせ，また，理論と応用を並置することを企図した分類であったが，主題の順序の問題もあり，また維持更新が不十分だったこともあって，広く普及することはなかった。

SCにおける主題の順を表1-5に示す（実際の表では項目名の後ろにそこに内包される概念が数行の解説として加えられている）。記号は，メインクラスを示す英字1字の下に，アラビア数字で下位クラスおよび下位区分（Main Subdivisions）などを付加して表現する。

表1-5　SCのメインクラス（Main Classes）[16]

A　Generalia.
B-C-D　Physical Sciences.
E-F　Biological Sciences.
G-H　Ethnological and Medical Sciences.
I　Economic Biology and Domestic Arts.
J-K　Philosophy and Religion.
L　Social and Political Sciences.
M　Language and Literature.
N　Literary Forms.
O-X　History, Geography, Biography.

15　文献（d3）：Brown "Subject Classification With Tables, Indexes, etc., For the Sub-Division of Subjects"（1906）
16　Brown 前掲15, p.11-12 をもとに作成

展開分類法（EC）

　DDC に対するアンチテーゼのような性格をもった分類法の中でも当時いちばん他の分類法への影響をもたらしたのは，カッター（Charles Ammi Cutter, 1837-1903）が 1891～1893 年に発表した"Expansive Classification"（『展開分類法』：EC）[17] であろう。

　カッターの分類は，DDC における主題の排列が「言語（400）と文学（800）」「社会科学（300）と地理・歴史（900）」というように乖離している箇所があることを問題視し，排列の順に「進化の順序（evolutionary order）」を取り入れようと試みたものである。

　EC は，小規模蔵書に対応するいちばん簡略な，補表を含めても 1 ページ半という「第 1 分類表（First Classification）」から，作られた中で最も詳しく，51 ページにも及ぶ分量をもつ「第 6 分類表」という，それぞれ蔵書量に応じた詳細度をもった列挙型分類表であった。基本的に英文字（一部アラビア数字を用いる）による記号であり，表が詳しくなるにつれて記号が増えたり，文字数が増えたりして「展開」していくことから名づけられた分類法である。さらに詳しい第 7 分類表まで作られる計画であったが，カッターの逝去によってこれは頓挫した。

　EC の第 1 分類表と第 2 分類表を表 1-6 と表 1-7 に示す。実際の表では項目を示す名辞だけでなく，その内容を示す文（Includes ～などのように）が添えられている。

　第 1 分類表（表 1-6）はもっとも基本となる（おおむねメインクラスに相当）表で，もっとも簡素である。ただし歴史 E を細分する必要がある際のための展開方法も補表として下部に示されている（採用すれば第 1 表と第 2 表の中間の詳細度となる）。

　第 2 分類表（表 1-7）は第 1 分類表よりやや規模の大きな図書館（今後拡大する予定の図書館）向けの詳細度をもっている。表 1-7 では，第 2 表の F と G の下位にある，地域を示す分類は省略した（例 F30　Europe, F39　France）。この

17　文献（d2）：Cutter "Expansive Classification. Part I: The First Six Classifications"（1891 -1893）

1. 近代図書分類法の登場　*17*

表 1-6　EC の第 1 分類表[18]

FIRST CLASSIFICATION
For a very small Library

A　Works of reference and works of a general character covering several classes

B　Philosophy and Religion

E　Historical sciences

H　Social sciences

L　Sciences and Arts, both Useful and Fine

X　Language

Y　Literature

Yf　　Fiction

E　Biography

F　History

G　Geography and Travels

表 1-7　EC の第 2 分類表[19]

SECOND CLASSIFICATION
For a Library that has grown larger.

A　Works of reference and works of a general character covering several classes

B　Philosophy and Religion

E　Biography

F　History

G　Geography and Travels

H　Social sciences

L　Physical sciences

M　Natural history

Q　Medicine

R　Useful arts

V　Recreative arts, Sports and games; Theatre, Music

W　Fine arts

X　Language

Y　Literature

Yf　　Fiction

18　Cutter 前掲 17, p.17-18 をもとに作成

19　Cutter 前掲 17, p.24-26 をもとに作成

18 第1章 日本十進分類法の成立前夜

ような2桁の数字はFとGで共通するものが用いられた。

第1表との違いは「L」だけだったものがL／Wに「展開」していることを見出すことができる。ECが特徴的なのは，第1表で与えた分類と第2表で与えた分類の記号が異なるというところである。これは記号の（桁数・文字数の）省略ではなく，その記号が示す概念の範囲が「展開」するために生じるものである。たとえば第1分類表で歴史（History）は「E」だが，第2分類表では「F」となる[20]。

国際十進分類法（UDC）

他にも DDC に倣うものとして，オトレ（Paul Otlet, 1868-1944）とラ・フォンテーヌ（Henri-Marie La Fontaine, 1854-1943）のもと，国際書誌学会（Institut International de Bibliographie : IIB）で策定された "Universal Decimal Classification"（『国際十進分類法』: UDC）がある。

この分類は "Manuel du Répertoire Bibliographique Universel"（『国際書誌収集マニュアル』，1905年）として詳細第1（国際）版が出版された。その記号はアラビア数字を十進記号として用い，体系はデューイの承認を得て DDC のそれを一部変更している。

日本では，少なくとも1925（大正14）年の第19回全国図書館大会では紹介されており，しばしば「ブラッセルの分類」と呼ばれた。現在日本では「国際〜」という訳が定着しており，それはおそらく1932（昭和7）年の林香苗編輯『國際十進分類』（醫學之部）に因むと思われるが，Universal の訳語としては，当時の語を用いるならば「万有」「普遍」といった語がより適切であっただろう。国際的な書誌情報流通も意図していただろうが，それならば International の方が適切であるし，「どの分野も詳細に」という意図からすれば，「普遍」と訳すべきではなかったか。

UDC はその後1927〜1933年にかけて詳細第2版に改訂され（このとき「国際十進分類法（Classification Décimale Universelle）」の名称が与えられた），のちドイツ語で刊行された詳細第3版（Dezimal Klassifikation）（1952年）を経て，現在の

---

20 より具体的な例は，本書第2章「1. 和洋圖書共用十進分類表案（1928年）」でも紹介する。

体系につながっていく。日本も含め世界各国（特に専門図書館など）で現在も使用される分類法となった。

米国議会図書館分類法（LCC）

いっぽう，EC の系譜に連なるものとしては，米国議会図書館において館長のパトナム（George Herbert Putnam, 1861-1955）が主導して編成した "Library of Congress Classification"（『米国議会図書館分類法』：LCC, 1901 年）がある。

これは 1897 年に新館に移転した過程で作られた分類だが，DDC，EC，ドイツの "Halle Classification"（『ハレ分類法』）それぞれを参考に体系が考えられ，EC のそれが採用された。ただし，表 1-8 に示すように，必ずしも体系は EC のそれをそのまま援用したわけではなく，科学や語学・文学などの位置

表 1-8 LCC のメインクラス[21]

A	General Works, Polygraphy
B	Philosophy, Religion
C	History—Auxiliary Sciences
D	History and Topography (Except America)
E-F	America
G	Geography
H	Social Sciences
J	Political Sciences
K	Law
L	Education
M	Music
N	Fine Arts (Architecture, Graphic Arts)
P	Philology (Language and Literature)
Q	Science
R	Medicine
S	Agriculture, Plant and Animal Industry
T	Technology
U	Military Science
V	Naval Science
Z	Bibliography and Library Science

21 村島 前掲 2, p.86-87 をもとに作成

20   第1章　日本十進分類法の成立前夜

がECと大きく異なっている。英字と数字の組み合わせによる単純な記号であり，議会図書館の蔵書にかならず適用されるよう文献的根拠（literary warrant）に基づいた分類ではあるが，細分展開については字順に頼るところがあるなど，必ずしも論理的な分類法であるとはいえない。だがこれもまた今日まで継承されている分類法である。

なお，LCCは成立当初から膨大な分量をもった分類表であり，「J Political Sciences」だけでも340ページに及んだという。

EC（表1-7，p.17）とLCC（表1-8，p.19）を比較すると，前半は用語や割り当てた記号は異なるものの，クラスの概念とその順序はほぼ共通していることがわかる。また日本でECの概要が紹介された際の表1-13（p.31）と比較すると，社会科学 Social Science の下位もECとLCCに差異があることがわかる。

分析合成型分類法（ファセット分類法）

欧米ではこの後20世紀前半，ランガナータン（Shiyali Ramamrita Ranganathan，1892-1972）による "Colon Classification"（『コロン分類法』：CC，1933年）やブリス（Henry Evelyn Bliss，1870-1955）による "Bibliographic Classification"（『書誌分類法』：BC，1940-1953年）といった，「ファセット分析」によって多面的に主題を記号表現できるように精緻で高度な「分析合成型分類法」が誕生する。これらの考え方はUDCやDDCに逆に影響を与えていくことになる。

世界図書分類法

いっぽう，DDCの影響は中国にも及び，19世紀から20世紀初頭にかけていくつかの十進分類法が登場している。それらのうち1925年，中華民国の図書館学者杜定友（1897-1967）による『世界圖書分類法』は，NDC策定時にも参考とされた（表1-9）。

1. 近代図書分類法の登場　*21*

表1-9　世界圖書分類法のアウトライン[22]

000	總記	500	自然科學
010	圖書學、書目學	510	數學
020	中國經籍（四書五經等）	520	天文學
030	普通書類	530	物理學
040	論文彙刊	540	化學
050	普通雜誌	550	地質學
060	普通學會	560	理科
070	新聞學法紙	570	生物學
080	叢書、善本	580	植物學
090	年鑑（傳記-091-099）	590	動物學
100	哲理科學	600	應用科學
110	外國哲學家	610	醫藥學
120	中國哲學家	620	工程學
130	形而上學	630	農業
140	哲論	640	化學工業
150	心理學	650	交通轉運
160	論理學	660	商業
170	倫理道	670	製造工業
180	占卜、雜技	680	機械貿易
190	宗教	690	家政及其他科學
200	教育化學	700	語言學
210	行政	710	普通與比較的
220	管理	720	中國
230	科目課程	730	英國
240	教授法	740	法國
250	教員	750	德國
260	初頭教育	760	日本
270	中等教育	770	俄國
280	高等教育	780	美國
290	殊特教育	790	其他小國
300	社會科學	800	文學
310	統計學	810	萬國
320	政治學	820	中國
330	經濟學	830	英國
340	法律	840	法國
350	行政及政府	850	德國
360	會社機關	860	日本
370	理財學	870	俄國
380	軍事學	880	美國
390	社會學	890	小國
400	藝術	900	史地
410	建築	910	萬國史地
420	中國字畫	920	中國
430	彫刻	930	英國
440	圖畫圖案	940	法國
450	裝飾手工	950	德國
460	印刷刻版	960	日本
470	撮影術	970	俄國
480	音樂	980	美國
490	演藝	990	小國

22　文献（d14）：文部省編『圖書分類法關係資料』（1935），p.13 より

2. わが国の分類法と十進分類法の伝来

　19世紀以前の日本では，図書分類は漢籍と国書の双方について考える必要があった。

　主要な分類といえば，平安時代の『日本國見在書目録』の漢籍分類（40家），鎌倉時代の『本朝書籍目録』の国書の分類（20部），江戸時代ではこれらの流れを汲んだ『彰考館目録』『群書類従』などが代表的なものであった。いずれも基本的には書誌分類法であり，西洋から近代図書館の概念が流入するのは19世紀後半（明治期）以後のことである。

東京書籍館・帝国図書館の分類とその源流

　1871（明治4）年，学術・教育を担う官庁として，神田の湯島聖堂に文部省が設立された。湯島聖堂はかつて幕府直轄であった昌平坂学問所の跡地であり，翌1872年，文部省は昌平坂学問所，蕃書調所などの蔵書をもとに，日本初の公共図書館である「書籍館」を設置した。

　書籍館は設置後短期間のうちに管轄する機関が変転し，場所も一時湯島から浅草に移るなど幾たびかの改組や資料の異動を経て1875（明治8）年に東京書籍館となり，さらに1880（明治13）年には東京図書館，さらに湯島から上野に移り，やがて1897（明治30）年にわが国最初の国立図書館である帝国図書館となった。これはのちに国立国会図書館に発展継承される。

　目まぐるしくその様相を変えたものの，東京書籍館がわが国の中心的な図書館の礎となったのは確かである。そして，わが国の本格的な図書館分類法もこの東京書籍館から始まっている。

　東京書籍館の六門分類法については，私立の公共図書館である大橋図書館（現在の三康文化研究所附属三康図書館）の竹内善作（1885-1950）が，1936（昭和11）年の論考「八門分類法の一研究」[23]において，「日本最初の近代的図書分類法」と称して分析している。

23　文献（e34, e35）：竹内善作「八門分類法の一研究（上，中）」（1936，1938）

2. わが国の分類法と十進分類法の伝来　23

表1-10　東京書籍館六門分類法[24]

門別種別	和書之部				漢書之部				新刊和漢書之部			
第壹門	敬神	釋教			五經	四書	孝經	總經	性理	修身	致知	神學
					儒家	諸子	釋教	西教	敬神	五經	四書	孝經
									儒家	諸子	釋教	西教
第二門	政書	職官	禮度	奏議	政書	職官	禮度	奏議	政書	職官	禮度	詔令
	教育				教育				交際	教育	通商	
第三門	天文學	數學	博物學		天文學	數學	博物學		天文學	數學	博物學	
	醫學	兵學	農學		醫學	兵學	農學	術數	醫學	兵學	航海學	
									工學	農學	術數	
第四門	歌集	畫學	墨蹟	尺牘	別集	總集	墨蹟		歌集	俳諧	別集	總集
	音樂	小説	小技		作詩作文	目錄	小説		書學	畫學	作詩作文	
									尺牘	音樂	小説	小技
第五門	傳記	雜史	史評	紀行	正史	編年	別史	傳記	編年	傳記	雜史	紀行
	年表	譜牒	考證	地理	史抄	雜史	史評	紀行	年表	考證	地理	
					年表	譜錄	考證	地理				
第六門	叢書	類書	雜著		叢書	類書	字書(雜著)		叢書	類書	字書	雜著
					新聞雜報				新聞雜報			

　この六門分類法は『東京書籍館書目』(1876 年) に記載され，「和書之部」「漢書之部」「新刊和漢書之部」三部それぞれが六門に分類されている体系であった (表1-10)。各門の下には特に記号なく下位区分の名辞が列挙されている。

　是等の内容に關しては書目の諸言で，『泰西各書籍院ノ例ト漢唐以降書目ノ體トニ因テ之レヲ斟酌ス』と云ひ。又凡例の第三則で，『六門中又小科目ヲ設クルモノハ泰西各國書籍院書籍書籍部分ノ法に倣フナリ然レドモ或ハ四庫全書簡明目錄等ヲ斟酌スルモノ無キニ非ス』と述べてゐる。

　成る程各細目の用語を仔細に檢すると，凡そ三分の一位は，四庫全書簡明目錄から採つたものゝやうに思はれるが，近代的圖書分類法の特徴とも稱すべき，記號法に關しては全く顧慮されてゐない。併し各部門の整序書く内容の列次に就て見れば，後の東京圖書館の明治十六年乃至明治十八年頃の分類と比較するに，頗ぶる整備したものである。而も唯泰西各書籍院の

24　竹内 前掲 23，文献 (e34)，p.2-3 より

24　第1章　日本十進分類法の成立前夜

表1-11　竹内による西洋諸分類の比較[25]

Brunet (1810)　French Scheme
　　Class I　Theology (1-10).
　　Class II　Jurisprudence (1-5).
　　Class III　Science and art (1-10).
　　Class IIII　Polite Literature (1-10).
　　Class V　History (1-6).
Royal Institution Classification (1857)
　　Class I　Theology (I-VIII).
　　Class II　Government, Politics, Jurisprudence. (I-XII).
　　Class III　Science and Arts. (I-XII).
　　Class IIII　Literature (I-XII).
　　Class V　Geography (I-II).
　　Class VI　History, Mythology, Archaeology, Biography (I-VI).
　　Class VII　British Geography, Antiquites, History and Biography (I-XI).

Harris's Classification (1870) Original Form
　　A　Science　　1 Philosophy. 2 Religion.
　　　　　　　　　Social and Political Science (3-6).
　　　　　　　　　Natural Science and Useful Arts (7-11).
　　B　Art　　　　12 Fine Arts, 13 Poetry, 14 Pure Fiction, 15 Literary Miscellany.
　　C　History　　16 Geography and Travel, 17 Civil History, 18 Biography
　　D　Appendix　19 Appendix—Miscellany.

　圖書區分に倣ふと云ふのみで，何人の分類法に依據したものか明白でない。自分は明治九年即ち西暦一八七六年以前に於て，これと分類理論を等しくするものを索めて次の如きものを得た。それ等は佛蘭西に於けるブリユエ，英吉利に於ける英國科學知識普及協会，並に北米合衆國に於けるハリスの各分類法等であるが，今それ等の主なる綱目を左に掲げる。

と，竹内はこの3表に続けてブリュネのフレンチ・システム，イギリス王立研究所（Royal Institution）の分類，ハリスの書架分類法の三つを採りあげ（表1-11），六門分類の配列順序がハリスの分類Aを3区分し第一門～第三門を構成，Bが第四門，Cが第五門，Dが第六門に相当すると証明した。さらに「その記

25　竹内　前掲23，文献 (e34)，p.2-3 より

號法を採用しなかつたのは，當時の文化の程度がまだ低かつたゝめと，また基準としたものが，後の百分された方式，即ちペオリア式ではなく，一八七〇年に發表された最初の形式であつたためではあるまいか」と，当時の日本の図書館事情を推察している。なお，「ペオリア」とはイリノイ州ピオリアのことである。また，ここで挙げられたハリスの分類は表1−1（p.7）の体裁と異なるが，本文にもあるように，ハリスはこの分類を最初に発表した後，より詳細に100区分し，それが表1−1に掲げたものである。

　竹内はこの論文の冒頭，1921（大正10）年に村島靖雄が行った講演『本邦現行の圖書分類法』[26]において「八門分類法は多分ハリスの分類に據つたものであらう」とした帝国図書館長・田中稲城（後述）の言に村島が賛同していたことに，竹内が疑義をもったことから始めている。

　竹内はそこから持論を展開し，東京書籍館の後身となった帝国図書館の八門分類法を創定した人物は，東京開成学校，東京教育博物館，東京図書館などを歴任した文部官僚・手島精一（1850-1918）を中心とするものではないかと掲げている。そしてこの六門分類法も手島を中心とし，館長の畠山義成，館長補の永井久一郎と共同で完成したものと推論を展開し，続編に委ねたが，その後手島の経歴を詳解した中編[27]は掲載されたものの，最終的な結論にあたる（下）は，掲載誌である『圖書館事業』（1935-1938年）の休刊（廃刊）によって，見出すことができない。

　ここで言及された村島靖雄（1885-1936）は，帝国図書館司書であり，のちに文部省図書館員教習所を設立した人物である。

　村島は図書館員教習所の「図書館分類法」講義資料をもとに編纂した『圖書分類概論』（1932年）[28]において，当時の国内外の図書分類法の概要と主題の配置を詳細に解説している。同書が出版されたのは1932（昭和7）年でありNDC刊行後のことだが，その序文によれば「十年前の舊稿」とのことであり，すなわち1920年代前半以前に書かれた物をもとにしたことがわかる。

　この『概論』は，NDCへの言及こそないが，アリストテレスやベーコンの

26　文献（e9）：村島靖雄「本邦現行の圖書分類法」（1922）

27　竹内　前掲23，文献（e35）

28　村島　前掲2

26   第1章　日本十進分類法の成立前夜

分類, ゲスナー, ノーデ, ハリス, ブリュネ, デューイやカッターなど主要な
ものにとどまらずかなり多様な分類を紹介しており, また同書の終盤で「第八
章　我國に於ける圖書の分類」「第九章　帝國圖書館の分類」「第十章　府縣立
圖書館の分類」と章をさいて国内の分類に言及している。当時, 図書分類法を
紹介した国内の文献としては最も詳しいものといえよう。

　そして, この第九章において, 帝国図書館 (東京図書館以前も含まれていると
思われる) の分類について,

　　帝國圖書館では其創立當時は藏書を先づ和書門, 漢書門, 洋書門に三大別
　　し, 各その分類を異にして居た。即ち醫書門は「本朝書目」に類した古式
　　なものにより, 漢書門は大體「四庫全書總目提要」の分類法に從つてゐ
　　る。洋書門は (略) 十門に分けられたが明治十七年頃改めて十八門とした。

と分類成立の経緯を示している。さらにこの後6ページにわたって洋書の18
区分 (一部の下位区分を含む) を列挙しているが, 続けて次のように八門分類法
について記している。

　　然るに此十八門は多きに過ぎ閲覽圖書或は増加圖書數の統計などを作成す
　　る際, 煩雑に亘り不便であるので後に取纏めて八門とし, 和漢書に對して
　　も適用することゝとなつた。爾來圖書の増加とともに分類は次第に微細に
　　亘るに至つたが, 其大綱は渝はることなく以つて今日に至つた。

八門分類法は, 1887～1888 (明治20～21) 年にかけて編成されたものである
(表1-12)。この八門の排列は確かに竹内のいうように, 六門分類法 (表1-10,
p.23) とは大きく異なっている。八つのメインクラスの下位に甲乙丙丁・漢数
字・イロハと階層を追って細分展開されている分類である。

2. わが国の分類法と十進分類法の伝来　　27

表 1-12　帝國圖書館分類法[29]

第一門　神書及ビ宗教		三　外國史	
一　總記		四　年表	
二　神書		乙　傳記	
三　佛教		一　總記	
四　洋教		二　本邦人傳記付系譜	
第二門　哲學及ビ教育		三　外國人傳記	
甲　哲學		丙　地理	
一　總記		一　總記及ビ萬國地誌	
二　倫理		二　本邦地誌	
三　心理		三　外國地誌	
四　論理		丁　紀行	
五　支那哲學 儒書及ビ諸子		一　内國紀行	
乙　教育		二　外國紀行	
一　總記		第五門　國家、法律、經濟、財政、社會、及	
二　普通教育		ビ統計學	
三　高等教育		甲　國家學	
四　特種教育		一　總記	
第三門　文學及ビ語學		二　國家論	
甲　文學		三　國法學及ビ憲法	
一　總記		四　行政法	
二　詩文		乙　法律學	
三　和歌		一　總記	
四　俳諧		二　刑法	
五　狂詩戲文等		三　民法	
六　戲曲、謠曲、俗曲等		四　商法	
七　小説		五　訴訟法	
八　演説		六　國際法	
九　書目		七　現行法令及ビ議會記事	
乙　語學		丙　經濟及ビ財政學	
一　總記		一　總記	
二　字書		二　經濟學	
三　速記		三　財政學	
第四門　歷史、傳記、地理、紀行		丁　社會學	
甲　歷史		戊　統計學	
一　總記及ビ萬國史		第六門　數學、理學、醫學	
二　本邦史		甲　數學	

29　文部省 前掲 22, p.57-69 より

28　第1章　日本十進分類法の成立前夜

一　總記	丙　美術及諸藝
二　算術	一　美術
三　代數	イ　總記
四　幾何	ロ　繪畫
五　三角法、微分、積分	ハ　彫刻
乙　理學	二　音樂
一　總記	三　寫眞及印刷
二　物理學	四　武藝
三　化學	五　遊技 茶道、圍碁、銃獵
四　天文、地文、氣象學	イ　能樂
五　博物學	ロ　演劇
イ　總記	ハ　相撲
ロ　生物學、人類學、動物學、植物學	丁　産業
ハ　地質學	一　總記
ニ　鑛物學	二　農業 付茶業
丙　醫學	三　園藝 付果樹栽培
一　總記	四　山林
二　生理及ビ解剖	五　牧畜及ビ養禽
三　藥物及ビ調劑	六　水産及ビ魚業
四　内科學	七　蠶桑及ビ製紙
五　外科學	八　商業
六　法醫學	イ　總記及ビ雜記
七　衞生學	ロ　外國貿易
八　獸醫學	ハ　銀行
第七門　工學、兵事、美術、諸藝及ビ産業	ニ　度量衡
甲　工學	ホ　交通
一　總記	ヘ　簿記
二　土木工事	九　工藝 機械工藝及化学工藝
三　機械工學 付電氣學	十　家政
四　建築學	第八門　類書、叢書、隨筆、雜書、雜誌、新
五　採鑛學	聞紙
六　測量	一　類書
七　航海	二　叢書
乙　兵事	三　隨筆
一　總記	四　雜書
二　陸軍	五　雜誌
三　海軍	六　新聞紙

十進分類法の伝来

いっぽう，竹内の論の冒頭で言及されたもう一人，田中稲城（1856-1925）は，1881（明治14）年東京大学を卒業後東大の准講師（のち助教授）となり，翌年には図書課取締を兼務，さらに東京教育博物館から文部書記官になった人物である。その後東京図書館兼務から館長となり（1893年），帝国図書館の創設によって初代帝国図書館長となった（1897年）。また，1892（明治25）年には日本図書館協会の前身となる日本文庫協会の設立発起人の一人にして初代会長となる。日本の図書館の草創期を担った立役者である[30]。

19世紀の終わりから20世紀初頭にかけて，文部大輔田中不二麿（1845-1909）をはじめとする文部省官僚らによる英米留学・視察が相次ぎ，これによってアメリカ式の図書館思想や実情が日本に紹介されることになった。

当時東京図書館にあった田中稲城は，1888（明治21）年8月から1890（明治23）年3月にかけて「図書館ニ関スル学術修行」のためアメリカ・イギリスに留学した。

1892（明治25）年，同じく東京図書館（のちに帝国図書館司書長）の西村竹間（1850-1933）は，日本初の図書館学書[31]といわれる著書『図書館管理法』[32]の「第五章　圖書排列法弁書函構造」において，

　　　近来米國人「デウイ」ナル者十進法ニヨリ数字ヲ以テ分類名ヲ表ハスノ法
　　　ヲ發明シ「カッター」氏ハ数字ヲ以テ著者名ヲ表ハスノ法ヲ發明セリ

と，短い一文の中でDDCとカッターの『著者記号法』を紹介している。この時点では，これらの存在と運用について紹介されたにとどまった。これが日本に初めてDDCの存在が知らされた文章である。

追って1900（明治33）年，文部省編『図書館管理法』[33]が刊行された。これは田中稲城の報告であり，その「第十　書籍陳列法」の「甲　分類法」の項に

30　文献（b11-1）：西村正守「我が国最初の図書館学者　田中稲城」（1983）『図書館を育てた人々　日本編1』

31　文献（b-21）：小林昌樹「西村竹間（1850～1933；帝国図書館初代司書官）の著作年譜及び人物文献目録」（2017）

32　文献（e1）：西村竹間編『圖書館管理法』（1892），p.23

33　文献（e2）：文部省編『圖書館管理法』（1900），p.57-69

30　第 1 章　日本十進分類法の成立前夜

おいて，次のように述べている。

　　　分類ノ方法ハ甚ダ多シ古來圖書館管理法中議論多クシテ未ダ一定セザル者
　　　蓋シ分類法ニ如ク者ナカルベシ而シテ其分類ヲ記スルニ當テ成ルベク簡單
　　　ノ記號ヲ用ヰ取扱ニ便セントシテ種々ノ研究發明ヲ爲シシ者少カラズ就中
　　　當時尤モ廣ク行ハルル（少クモ米國ニ於テ）かったー氏　開　展　法
　　　及びでうゐー氏ノ　十　進　法　トス

　ここでは，カッターの EC と DDC をそれぞれ（イ）開展法，（ロ）十進法
として，各分類法の記号法やクラスの概略を，当時としてはかなり詳細に紹介
している（日本語訳はされず，英語のまま掲載）。

　このうち（イ）開展法（EC）のアウトライン（表 1 –13）は，原著の第 4 分類
表[34]と第 5 分類表[35]の中間程度の詳細さであり，第 4 表と第 5 表をもとに独自
に抜粋・作表したのではないかと考えられる。

　また，（ロ）十進法（DDC）のアウトラインは Division（NDC でいうところの
綱・100 区分まで）を掲載している（表 1 –14, p.32；ただし注記の類は割愛した）。
これも同書が底本とした版次は不明だが，第 6 版（1899 年）以前のものであ
る。第 1 版のもの（表 1 – 3, p.11）と比べていくつか差異があることがわかる。

　カッターが EC を発表したのは 1891〜1893 年にかけてのことであり，田中
の視察時点ではまだ EC が発表される前のことであった。本書における EC の
紹介を見ると，帰国後も DDC だけでなく分類法について情報収集が行われて
いたことが窺える。

　なお同書では EC，DDC の紹介に続いて，

　　　開展法并ニ十進法共ニ直チニ之ヲ採テ和漢書分類ニ適用スル事ハ頗ル困難
　　　ニシテ假令其記號ヲ踏襲スルトスルモ大ニ増損ヲ加ヘザルベカラズ仍テ茲
　　　ニ帝國圖書館ニテ現行ノ和漢書分類ノ概略モ左ニ示スベシ

として『帝國圖書館分類法』（八門分類法）についても掲載している（表 1 –12,
p.27〜28）。上述のように東京図書館から帝国図書館に至るまでの間に諸外国の
分類を参考にしていたが，西洋式の学問体系や社会事情による分類が必ずしも

34　Cutter　前掲 17, p.33–38
35　Cutter　前掲 17, p.39–60

2. わが国の分類法と十進分類法の伝来　*31*

表1-13　EC（開展法）のアウトライン[36]

A	General works.	O	Zoology.
Ap	General periodicals.	Pw	Anthropology, Ethnology.
Ar	Reference Works.	Q	Medicine.
As	General societies.	R	Arts (General works, Exhibitions, Patents,
B	Philosophy.		Metric arts.)
Bh	Logic.	Rd	Mining and Metallurgy.
Bi	Psychology.	Rg	Agriculture.
Bm	Ethics.	Rt	Chemic and Electric arts.
Br	Religions.	Ry	Domestic arts.
Cc	Christianity.	S	Engineering and Building.
E	Biography.	T	Manufactures and Handicrafts.
F	History, Antiquities.	U	Military and Naval arts.
G	Geography, Travels, Maps,	V	Athletic and Recreative arts.
	Manners & Customs.	Vv	Music.
H	Social sciences.	W	Graphic and Plastic arts.
Hb	Statistics.	We	Landscape gardening.
Hc	Economics.	Wf	Architecture.
Hk	Commerce.	Wg	Sculpture.
Ht	Finance.	Wp	Painting and drawing.
I	Social problems.	Wq	Engraving.
Ik	Education.	Wr	Photography.
J	Government.	Ws	Decorative arts (including Costume).
K	Law.	X	Language.
L	Natural sciences.	Y	Literature.
Lb	Mathematics.	Yf	Fiction.
Lh	Physics.	Z	Book arts.
Lo	Chemistry.	Zp	Libraries.
Lr	Astronomy.	Zt	Bibliography.
M	Natural history.	Zy	Literary History.
Mg	Geology.		
My	Biology.		
N	Botany.		

36　文部省　前掲33，p.49-52 より

32 第1章 日本十進分類法の成立前夜

表1-14 DC（十進法）のアウトライン[37]

000	General works		500	Natural science
010	Bibliography		510	Mathematics
020	Library economy		520	Astronomy
030	General encyclopedias		530	Physics
040	General collections		540	Chemistry
050	General pediodicals		550	Geology
060	General societies		560	Paleontology
070	Newspapers		570	Biology
080	Special libraries. Polygraphy		580	Botany
090	Book rarities		590	Zoology
100	Philosophy		600	Useful arts
110	Metapysics		610	Medicine
120	Special metapysical topics		620	Engineering
130	Mind and body		630	Agriculture
140	Philosophical systems		640	Domestic economy
150	Mental faculties		650	Communication and Commerce
160	Logic		660	Chemical technology
170	Ethics		670	Manufactures
180	Ancient Philosophies		680	Mechanical trades
190	Modern Philosophies		690	Building
200	Religion		700	Fine arts
210	Natural theology		710	Landscape gardening
220	Bible		720	Architecture
230	Doctrinal theology. Dogmatics		730	Sculpture
240	Devotional and practical		740	Drawing. Design. Decoration
250	Homiletic. Pastoral. Parochial		750	Painting
260	Church. Institutions. Work		760	Engraving
270	Religions history		770	Photography
280	Christian churches and sects		780	Music
290	Non-Christian religions		790	Amusements
300	Sociology		800	Literature, including Fiction
310	Statistics		810	American
320	Political science		820	English
330	Political economy		830	German
340	Law		840	French
350	Administration		850	Italian
360	Associations and institutions		860	Spanish
370	Education		870	Latin
380	Commerce and Communication		880	Greek
390	Customs. Costumes. Fork lore.		890	Minor languages
400	Philology		900	History
410	Comparative		910	Geography and description
420	English		920	Biography
430	German		930	Ancient History
440	French		940	Europe
450	Italian		950	Asia
460	Spanish		960	Modern — Africa
470	Latin		970	North America
480	Greek		980	South America
490	Minor languages		990	Oceanica and Polar regions

37　文部省 前掲33, p.52–56 より

日本（あるいは東洋）の事情に最適のものではないことは明白であり，八門分類法はそれを考慮したものであった。

3. 十進的分類法の普及と標準分類法の待望

20世紀初頭の日本では，分類表を自館のために（一館分類表として）独自に作成しているところが多かった。館によっては，他館のそれを参考として自館に流用・応用をしていたところもあるが，複数館で使うことが前提として設計された統一的な分類（標準分類法）とはいえない。そして，分類表の構築にあたって，他館の事例を参考にする場合も，前述の『圖書館管理法』などを受けてか，3桁（ないし4桁）のアラビア数字を十進式記号として用いた分類表が多数登場することになる。中にはDDCの和訳をもとにしてDDCの一部を改変したものもあったが，いっぽう別の館では十進体系にすらなっておらず，数字記号は単なる順序を示す番号として用いたものもあり，分類の内容はさまざまであった。

村島靖雄は1921（大正10）年の講演『本邦現行の圖書分類法』[38]において，DDCの影響を以下のように述べた。

> 然るに最近十四五年間に至り我國の圖書館界は其量に於ても質に於ても長足の進歩を為し，其分類法に於ても帝國圖書館の式には記號が無い為めに分類整頓を行ふ上に甚だ不都合であることが痛切に感ぜられると同時に一方米國にてヂュウィーのデシマル・システムが盛に行はれ，その組織が簡單明瞭で而かも實に便利な記號迄も付いて居る。即ち我國の圖書館にも此れを採用したらよいと云ふ考へは誰しも自然と起つて來る道理であります。然るに歐米と我國との國情の相異はヂュウィーの式を其儘採用することを許しませぬ。されば此式を採用するとなれば，如何しても其精神だけを取り，其他は悉く新規に作り上げねばならぬ。之れは容易な業ではありません。

このように，擬似的・外形的なものばかりを含め，アラビア数字（あるいは

---

38 村島 前掲26

漢数字）を分類記号とする分類法が次々に登場した。それらの中で体系が整っている例を挙げると，1904年の京都府立図書館，1909年の山口県立図書館，1911年の石川県立図書館，1916年の新潟県立図書館，1921年の横浜市立図書館，1924年の東京市立図書館，日比谷図書館，1929年の長野県立図書館などがある。これらの中から，いくつかこの時代において特徴的なものを挙げる（長野の分類については第2章で後述）[39]。

山口縣立圖書館圖書分類表

1909（明治42）年に作成された『山口縣立圖書館圖書分類表』（十門分類表）は，館長佐野友三郎（1864-1920）がDDCの記号使用法に倣って100区分したものである。『山口圖書館和漢書分類目録（明治四十二年十二月末現在)』[40]では，蔵書目録がこの分類順に記載されており，「圖書分類綱目」として大きな一枚ものの分類表として付録されている。

なお，この前に作成された1904（明治37）年『山口縣立山口圖書館和漢圖書分類目録』[41]では，分類について以下のように記載されている。

> 分類及編纂法ハ主トシテ帝國圖書館和漢圖書分類目録ノ體例ニ依リ第五門法制經濟ノ部ニ於テハ別ニ東京帝國大學附屬圖書館和漢書目録ヲ參考セリ然レトモ其ノ細目ニ至リテハ一ニ，本館現在ノ藏書ヲ標準トシ便宜、取捨折衷セリ

このように，かつて山口図書館は八門分類表（表1-12，p.27～28）をもとに拡張展開した分類を採用しており，さらにそれをもとに十進体系化した分類に改めたというわけである。この体系は八門分類を根底としているので，DDCの体系とは異なっている。つまりDDCの十進記号法と，帝国図書館が実績をもつ和漢書を中心とした日本向けの体系というバックボーンを持って作られた分類であり，この時代の十進的分類法の中でも特に高く評価された。

この分類は一館分類法として作られたものだが，そのように評価されたこともあって，これを参考にした分類が多く派生している。太田為三郎が台湾総督

39　文献（e16）：乙部泉三郎『すぐ役に立つ図書の整理法』（1929）
40　文献（e4）：山口縣立山口圖書館［編］『山口圖書館和漢書分類目録』（1909）
41　文献（e3）：山口縣立山口圖書館［編］『山口縣立山口圖書館和漢圖書分類目録』（1904）

府図書館で使用した分類（1917年，後述），和田万吉が指導した名古屋市立図書館の分類（1923年）などはおおよそこの山口の体系に沿っていたし，1918（大正7）年には全国府県立図書館長会議でこの100区分を採択，翌年の『図書館雑誌』に掲載され，日本の標準分類法への道を作った（後述，表1-16，p.38）。

この山口図書館の「圖書分類綱目」において，すべての分類項目は3桁（1,000区分）であり，000〜993の項目が列挙されている（ただし実際の表記は漢数字を用いているので「〇〇〇」〜「九九三」）。表1-15（p.37）は，この分類のアウトライン（100区分まで）を抜粋した。なお，本来は縦書きで組まれているため，分類記号が漢数字で表記されているが，この表では視認性を考慮してアラビア数字に置換した（例：一二〇→120）。

この分類の特徴としては，おおむねオーソドックスな十進分類体系をとっているが，表を見ると，第3次区分にあたるものも第2次区分同様に上位に位置づけられているものが散見される（403 萬國史，435 亞非利加諸国史，436 亞米利加諸国史，461 萬國誌，724 電氣工學，784 海軍）。これらは，記号は下位だが概念的に上位に位置づけたものと思われる。また，610・620とも数学に，680・690とも医学にそれぞれ割り当てられている。下位を見ると前者は総記・総論的意味合い，後者は各論的意味合いが強く，後年の「大正五年現在」の目録[42]における「圖書分類綱目」では，その旨が項目名に付記されている（例：六一〇 數學 總記　六二〇　數學 各論）。これらはいずれも十進分類法では表現が困難な階層構造の問題に対する工夫といえよう。

全国府県立図書館長会議で採択された分類（1918年）の経緯については後述するが，『図書館雑誌』に掲載されたその分類「圖書分類綱目」を表1-16に挙げる（一部割愛。また，これも縦書き・漢数字であったものをアラビア数字に置換している）。

「山口圖書館所定ノ十進分類法ノ第二分類マデ」といわれたが，実用を考慮してか403 萬國史，435 亞非利加諸國史，436 亞米利加諸國史，461 萬國地，724 電氣工學，784 海軍だけは第3次区分まで掲載されていた。他方，610／620 數學，680／690 醫學は項目名だけが示され，一見すると下位に含むものが

42　文献（e5）：山口縣立山口圖書館［編］『山口圖書館和漢書分類目録』（1918）

36　第1章　日本十進分類法の成立前夜

不明である。暗に山口県の分類を参照せよ，と示唆していると思われるが，特
に補足説明などはなされていない。

　山口県の表1-15は100区分を基準に抜粋作成したものであり，府県立図書
館長会議の表1-16（p.38）は雑誌掲載内容をほぼそのまま転載（上述のように第
3次区分が展開されている部分は割愛）したものだが，その記述はほとんど同じで
あることが見て取れる。

　後年，加藤宗厚は図書館職員講習所の教材として使用するにあたって，山口
図書館の分類に対しいくつかの問題点を指摘しており[43]，かわりに東京市立図
書館分類表（後述），次いで刊行直後のNDC第1版を使用した。

　　（1）あまりに簡略に失するため特殊主題の所属に關して種々の疑義を生
　　ずる處があり，（2）類の區分及び排列上意に滿たぬものがあり，（3）帝
　　國圖書館分類表の踏襲なるが故に名辭、細目等にはかなり舊式に属するも
　　のがあり，（4）且つ入手困難等の事情もあつたのでその採用が躊躇され
　　たのである。

43　文献（e39）：加藤宗厚「N・D・C第五版を見る」（1942）

3. 十進的分類法の普及と標準分類法の待望　*37*

表1-15　山口県立図書館図書分類表のアウトライン[44]

000	總記	500	法制
010	書目	510	國家學
020	事彙	520	法律
030	叢書	530	古代法制
040	隨筆	540	經濟學
050	雜誌	550	財政學
060	新聞	560	社會學
070	郷土志料	570	風俗
080	少年文學	580	統計學
090	貴重書		
100	哲學	600	理學
110	宗教	610	數學
120	神書	620	數學
130	佛教	630	物理學. 化學
140	基督教	640	星學. 地文學
150	論理學	650	博物學
160	心理學	660	動物學、植物學
170	倫理學	670	地質學
180	支那哲學	680	醫學
		690	醫學
200	教育	700	工學
210	教育學	710	土木工學
220	實地教育	720	機械工學
230	普通教育	730	建築學、造家學
240	師範教育	740	採鑛冶金學
250	高等教育	750	造船學
260	特殊教育	760	航海
270	學校衛生、遊戲、躰育	770	兵事
280	社會教育	780	陸軍
		790	古代兵法、武藝
300	文學	800	美術
310	國文學	810	書畫
320	國文	820	彫刻
330	漢文學	830	蒔繪、漆器
340	歐米文學	840	製版、印刷
350	小説	850	寫眞
360	論説、演説、拔萃、批評	860	音樂
370	語學	870	諸藝、遊技
380	國語		
390	外國語		
400	歷史	900	産業
410	國史	910	農業
420	支那史	920	園藝
430	亞細亞諸國史	930	山林、牧畜
440	歐羅巴諸國史	940	水産、漁業
450	傳記	950	蠶業
460	地誌、紀行	960	商業
470	本邦誌	970	交通、通信
480	外國誌	980	工藝
		990	家政

44　山口縣立山口圖書館 前掲 40 付録をもとに作成

38 第1章 日本十進分類法の成立前夜

表1-16 府県立図書館長会議の圖書分類綱目[45]

000	總 記	500	法 制
010	書 目	510	國家學
020	事 彙	520	法 律
030	叢 書	530	古代法制
040	隨 筆	540	經濟學
050	雜 誌	550	財政學
060	新 聞	560	社會學
070	郷土志料	570	風 俗
080	少年文學	580	統計學
090	貴重圖書		
100	哲 學	600	理 學
110	宗 教	610	數 學
120	神 書	620	數 學
130	佛 教	630	物理學, 化學
140	基督教	640	星學, 地文學
150	論理學	650	博物學
160	心理學	660	動物學, 植物學
170	倫理學	670	地質學
180	支那哲學	680	醫 學
		690	醫 學
200	教 育	700	工 學
210	教育學	710	土木工學
220	實地教育	720	機械工學
230	普通教育	730	建築學, 造家學
240	師範教育	740	採鑛冶金學
250	高等教育	750	造船學
260	特殊教育	760	航 海
270	學校衞生, 遊戲, 體育	770	兵 事
280	社會教育	780	陸 軍
		790	古代兵法, 武藝
300	文 學	800	美 術
310	國文學	810	書 畫
320	國 文	820	彫 刻
330	漢文學	830	蒔繪, 漆器
340	歐米文學	840	製版, 印刷
350	小 説	850	寫 眞
360	論説, 演説, 拔萃, 批評	860	音 樂
370	語 學	870	諸藝, 遊技
380	國 語		
390	外國語		
400	歷 史	900	産 業
410	國 史	910	農 業
420	支那史	920	園 藝
430	亞細亞諸國史	930	山林, 牧畜
440	歐羅巴諸國史	940	水産, 漁業
450	傳 記	950	蠶 業
460	地誌, 紀行	960	商 業
470	本邦誌	970	交通, 通信
480	外國誌	980	工 藝
		990	家 政

45 文献（e8）:「圖書分類綱目」（1919）, 巻末付録（ページ付なし）より

臺灣總督府圖書館和漢圖書分類表

1917（大正6）年に発行された『臺灣總督府圖書館和漢圖書分類目録』[46]は，帝国図書館に長くあり，目録編纂規則の成立に大きく関与した総督府図書館初代館長の太田為三郎（1864-1936）が作成したものである。山口図書館の分類を基本としながら，日本と中国両方の事情を含んだものであるのが特徴的といえる。

巻頭の凡例でこの分類について，短いながらも十進分類法の特徴と機能について説明している。

> 分類法ハ巻首ニ附セル分類表ノ如ク十進分類法ニ據リテ之ヲ細分セリ十進分類法ハ米國デウィー氏ノ案出ニ係リ現今歐米ニテ最モ廣ク行ハルルモノナリ本館ノ分類法ハ之ヲ和漢書ニ適合シ得ル様折衷セルモノニシテ先ヅ藏書全部ヲ十門ニ大別シ更ニ一門ヲ十類ニ分チ必要ニ應ジテ一類ヲ十綱ニ以下順次目款ト細別スル方法ナリソノ記號ハ零ヨリ九ニ至ル數字ヲ用ヒ一見シテ〇ハ總類一ハ哲學ナルコトヲ明ラナシム又類目ノ彼此相關スルモノニハ互ニ參照ヲ附シ圖書ノ性質二類以上ニ渉ルモノハ概ネ之ヲ重出セリ

また，続く分類表自体が蔵書目録の目次を兼ねている。

表1-17（p.40）は，蔵書目録のp.5-56にわたって続く目次から得た表ではなく，後年，後述する文部省『圖書分類法關係資料』に採録された体系[47]を（原典と照合のうえ修正して）引用したものである。上で述べた山口図書館や府県立図書館長会議の和漢図書分類表のアウトラインとの類似性を見るためであるが，以下の点が蔵書目録（原典）と文部省資料（採録）で異なっている。

まず，原典は山口図書館のものと同様に縦書きで組まれているため，分類記号が漢数字で表記されていたが，採録時にはアラビア数字で表記されている。また，採録では十進記号だけでなく字上げ／字下げによる表現も見受けられる（300／500の中だけではあるが）。これは原典では確認することができず，採録時に設けられた表現の可能性もある。その他，項目名辞については原典と採録で異なる場合は，原典の表記にあわせた。

46　文献（e6）：臺灣總督府圖書館［編］『臺灣總督府圖書館和漢圖書分類目録』（1917）

47　文部省　前掲22

40 第1章 日本十進分類法の成立前夜

表1-17 台湾総督府図書館分類のアウトライン[48]

000	總　　類	500	法　　制
010	書目及書史學	510	政　　治
020	事　　彙	520	法　　律
030	叢　　書	530	古 代 法 制
040	隨 筆 雜 書	540	經　　濟
050	雜　　誌	550	財　　政
060	新 聞 紙	560	社 會 學
070	臺　　灣	570	風　　俗
080	兒 童 文 學	580	統　　計
090	希覯書、古書	590	植民、移住、新領地經營
100	哲　　學	600	理　　學
110	宗　　教	610	數　　學
120	神道、神書附和學	620	數 學 ノ 二
130	佛　　教	630	物理學、化學
140	基督教及回々教、雜教	640	星學、地文學、地震學
150	論 理 學	650	博 物 學
160	心 理 學	660	動物學、植物學
170	倫 理 學	670	地質學、鑛物學、古生物學
180	支 那 哲 學	680	醫　　學
190		690	醫學（續）
200	教　　育	700	工　　學
210	教 育 學	710	土 木 工 學
220	實 地 教 育	720	機 械 工 學
230	初等及普通教育	730	電 氣 工 學
240	高 等 教 育	740	建築學、造家學
250	師範教育及教員	750	鑛 山 學
260	專門及特殊教育	760	海事、造船、航海、航空附自動車
270	社 會 教 育	770	兵　　事
280	體育、學校衛生及遊戲	780	陸 軍 軍
290	學校建築及器具	790	海　　軍
300	文　　學	800	藝　　術
310	日 本 文 學	810	書　　畫
320	國　　文	820	彫刻、金彫及鑄物
330	支 那 文 學	830	蒔繪、漆器
340	歐米文學付東洋文學	840	製版及印刷
350	小　　説	850	寫　　眞
360	論説、批評、演説、拔萃	860	音　　樂
370	語　　學	870	諸藝、遊戲、娛樂
380	國語付朝鮮語、琉球語	880	同上（續）
390	外 國 語	890	
400	歴　　史	900	産　　業
410	日 本 史	910	農業付茶業
420	支 那 史	920	園　　藝
430	亞細亞諸國史	930	山林及牧畜、養禽、養蜂
440	歐羅巴諸國史	940	水産、漁業付鹽業
450	傳　　記	950	蠶　　業
460	地誌、紀行	960	商　　業
470	日 本 地 誌	970	交通、通信
480	支 那 地 誌	980	工　　藝
490	其他外國地誌	990	家政及家庭

---

48 文部省 前掲22, p.6, 8 をもとに, 前掲46, p.5-56 と照合しつつ作成

3. 十進的分類法の普及と標準分類法の待望　*41*

　このように表1-17と表1-15 (p.37)，表1-16 (p.38) とを比較してみると，一部を除いてほぼ同じ構造をとっていることがわかる。山口図書館や府県立の表と同様に，厳密な十進分類ではなく，610・620数学や680・690医学のように数学が第2次区分ふたつにまたがっているところが同じであり，この分類ではさらに「870　諸芸，遊戯，娯楽」が880にもかかっている。620は「數學ノ二」とあり，山口図書館の表現と差がある。いっぽう，690は採録では「醫學（續）」とあるが，原典では690は存在せず，「689　雑書」に続いて「691生理學，解剖學，組織學，醫科學」と続いている。880も採録では「同上（續）」とあるが，同様に「879　手品」「881　酒宴，會合」と続き，880は存在していない。

　なお転記にあたり，760は原典では「海、事造船、航海……」となっていたが，採録で「海事，航海……」となっていることと，原典で「761　海事」「762造船」とあるため読点の位置は誤字であると判断し訂正を行った。

　内容については，単に中国・台湾の事情にあわせた項目名の変更（070が「郷土志料」から「臺灣」へ，470が「本邦誌」から「支那地誌」へというように）だけでなく，270／290や730／790のように，体系それ自体が変更になっている箇所もあり，山口図書館の分類を単に台湾にローカライズしたものとも言い切れない。

　いっぽう，この原典（目次）では最大5桁まで使用した階層構造をもっていることがわかる。なお，5桁を要するのは「591　日本の移民，移住，新領地経営」の下位で「5913　朝鮮」の下位が細分されている箇所のみである。これは5913にこの分類表のメインクラス1桁を援用して「59131　事彙，辭書，書目」「59132　宗教及教育」「59133　文學，語學」……「59138　産業，交通」「59139　其他」というように構成されている。これは朝鮮の下位だけであり，「5912　樺太」や「5914　満州，関東洲」などは細分されていないが，このルールであれば他の移民・植民地についても援用可能であろう。

　細分は，すべての綱目にわたっているわけではなく，ある程度の文献的根拠に基づいて蔵書目録の内容と対応しているのかもしれないが，「862　聲楽」の下位が「8621　唱歌」「8622　各國國歌」「8627　詩吟」というように下位が展開されている。

42　第1章　日本十進分類法の成立前夜

また,「710　土木工學」の下位に「7101　事彙, 辭書」「7102　叢書」「7103 史傳付人名錄」……,「730　電氣工學」の下位には「7301　事彙, 辭書, 用 語集」「7302　叢書」「7303　史傳付人名錄」……,「750　鑛山學」の下位には 「7501　事彙, 辭書」「7502　叢書」「7503　史傳」……というように, ある程 度の助記性をもって記号が充てられているところも多々見られる。

　上で述べた山口図書館の目録ではここまで展開されていることはなかった （目録上見いだせなかった）が, これは太田による展開と思われる。

　他にも満洲, 上海, 台湾などではこのように日中双方にわたる分類がいくつ かあり, 1943年に裴開明（1898-1977）の『漢和圖書分類法（A classification scheme for Chinese and Japanese books)』などのように, 刊行されたものもある。

和漢圖書分類表並ニ索引

　1924（大正13）年に作成された東京市立図書館『和漢圖書分類表並ニ索引』[49] は, DDCや山口図書館の分類とはかなり異なる, 新しい分類である。

　いわゆる本表に先行して「分類表大綱」という表があり, これがメインクラ スに相当するが, ここでは9区分である。そしてそこに挙げられた項目は下位 の記号, 2桁に相当するものでも文字の大きさ, 位置づけで1桁と同じ扱いを している。

　表1-18ではこの「分類表大綱」を, 表1-19では第2次区分までを挙げた が, 例えば「200　宗教」と「240　哲 學」と「280　教育」は同格となるとい う, 厳密な十進記号体系ではない。これ もまた, 八門分類法の体系に近い。

　分類表大綱（表1-18）はメインクラス に相当する。0が割り当てられていない のと, 記号の桁数が体系と直接関係して いないのが特徴といえる。

表1-18　和漢図書分類表の分類表大綱[50]

分類表大綱				
1	一般書類			
2	宗教　哲學　教育			
3	藝術　文學　語學			
4	美術　音樂　演劇　娛樂　運動			
5	歷史　傳記　地誌			
6	法制　政治　法律　經濟　統計			
	社會　家庭			
7	理學　醫學			
8	工學　軍事			
9	産業　交通			

49　文献（e11）: 東京市立圖書館編『和漢圖分類表並ニ索引』（1926）

50　東京市立圖書館 前掲49, p.3 より

3. 十進的分類法の普及と標準分類法の待望　　*43*

表1-19　和漢図書分類表のアウトライン[51]

100	一般書類		600	法制（政治. 法律）	
110	圖書及圖書館		610	政治	
120	事彙		620	外交及國際法	
130	叢書		630	法律	
140	隨筆・雜書		640	經濟	
150	新聞・雜誌		650	財政	
160	協會・學會		660	統計	
			670	社會	
180	希覯書		680	風俗	
190	特殊文庫		690	家庭	
200	宗教		700	理學	
210	神道		710	數學	
220	佛教		720	物理學. 化學	
230	基督教 附 回教其他		730	天文學. 地文學	
240	哲學		740	地質學. 鑛物學	
250	心理學		750	生物學. 人類學	
260	倫理學		760	動物學. 植物學	
270	東洋哲學		770	醫學	
280	教育		780	基礎醫學	
290	實地教育		790	臨床醫學	
300	藝術		800	工學	
310	文學		810	土木工學	
320	日本文學		820	建築學	
330	支那文學		830	機械工學	
340	西洋文學		840	電氣工學	
350	小説. 戯曲		850	鑛山學	
360	論説. 批評. 演説. 式辭		860	海事. 航海. 造船	
370	語學		870	軍事	
380	國語		880	陸軍	
390	外國語		890	海軍	
400	美術		900	産業	
410	書畫. 骨董		910	農業	
420	彫刻		920	園藝. 畜産業	
430	漆器. 蒔繪. 陶器. 磁器		930	蠶業	
440	寫眞		940	林業	
450	製版. 印刷		950	水産業	
460	音樂		960	工業	
470	演劇		970	商業	
480	娯樂		980	交通	
490	運動. 競技		990	通信	
500	歴史. 地理				
510	世界史				
520	日本史				
530	東洋史				
540	西洋史				
550	傳記				
560	世界地誌				
570	日本地誌				
580	亞細亞地誌 附 太洋洲				
590	西洋地誌 附 アフリカ洲				

51　東京市立圖書館　前掲49, p.4-38 をもとに作成

44　第1章　日本十進分類法の成立前夜

　アウトラインとして第2次区分を表1-19（p.43）に抜粋したが，実際にはインデントでなく文字の大きさで上位・下位が示されており，2門の下に「200　宗教」「240　哲學」「280　教育」と三つのメインクラス的な分類が存在している。また，記号は3桁だけでなく下位区分として4桁まで記号が存在しており，小数点やそれ以下の細分は存在しない。10,000区分のうちで主題を表現する分類表であった。

　もうひとつの特徴は，索引として17ページ，約1,700語が用意されており，語から分類記号を検索することができる。当時としてはかなり実用的な分類であるといえ，他館でも使用されただけでなく，文部省の図書館講習所でも教材として使用された。

大阪府立圖書館分類表

　大阪府立図書館（現・大阪府立中之島図書館）は1904（明治37）年に開館し，当初は帝国図書館分類表，東京帝国大学附属図書館分類表を参考に和漢書23門，洋書22門の分類を作成していた。蔵書は当時形態別の固定排架であり，1922（大正11）年まで続いた。途中，この分類は1908（明治41）年に27門に改訂されている。1922年の本館増築にあわせて分類別排架に変更され，その際に書誌分類は27門を継続したが，書架分類は和洋とも10門に変更した。これはDDCに準じて27門分類を編成替えしたものであり，書架分類と書誌分類の二重の分類が行われていた[52]。

　当時の分類表を特集した『圖書館研究』2号（1924年，後述）には『大阪府立圖書館分類表』として非十進式ながら数字を用いて階層を表現した27門の分類表が掲載されている[53]。その解説では「之レハ最近同館ニ於テ施策研究中ノモノナリ」と添え書きされている。やや長い引用になるが，表1-20（p.45〜48）に引用する。クラスの排列順が原型となった帝国図書館の八門分類法（表1-12，p.27〜28）のそれと近いことがわかる。

52　文献（c3）：仲田喜弘「大阪府立図書館目録・分類の変遷」（1965）
53　文献（e10）：『見出カードノ話 附 分類法』（1924），p.33-38 より

3. 十進的分類法の普及と標準分類法の待望　　*45*

表 1-20　大阪府立図書館分類表のアウトライン[54]

（1）一 般 部	4　日本文學全集
1　神　　書	5　國　　文
1　總記及雜書	6　和　　歌
2　神　　書	7　連　　歌
3　佛　　教	8　俳　　諧
4　基　督　教	9　戲　　曲
5　其他諸宗教	10　謠　　曲
2　哲　　學	11　詞　　曲
1　總記及雜書	12　滑　稽　文　學
2　論　理　學	13　支那文學總記及雜書
3　美　　學	14　支那文學全集
4　心　理　學	15　漢　　文
5　倫　理　學	16　詩
6　支那哲學	17　傳奇. 雜劇
7　印度哲學	18　西洋文學　附其他諸國語文學
8　日本哲學	19　論文. 美術學. 講演. 格言
3　教　　育	20　小　　説
1　總記及雜書	21　幼 年 文 學
2　教育學附兒童研究	5　語　　學
3　教育制度及行政	1　總記及雜書
4　學　校　管　理	2　國　　語
5　教　　員	3　臺灣語. 朝鮮語
6　教　授　訓　練	4　外　國　語
7　普　通　教　育	5　支　那　語
8　高　等　教　育	6　印　度　語
9　實　業　教　育	7　英　　語
10　實業補習教育	8　獨　　語
11　專　門　教　育	9　佛　　語
12　特　殊　教　育	10　露　　語
13　女　子　教　育	11　蘭　　語
14　學校外教育	12　西　班　牙　語
4　文　　學	13　伊太利語　羅甸語
1　總記及雜書	14　希臘語　古典希臘語
2　文　學　合　集	15　速記　タイプライティング
3　日本文學總記及雜書	6　歷　　史

54　前掲 53, p.33-38 より

第1章　日本十進分類法の成立前夜

1	歴　史　學	7	議院法. 選舉法
2	萬　國　史	8	行　　政
3	日　本　史	9	政　　黨
4	東　洋　史	10	拓植. 移住
5	支　那　史	11	政治論説及雜書
6	印　度　史	**10 法　　律**	
7	其他亞細亞諸國史	1	總　　記
8	西　洋　史	2	法　理　學
9	歐羅巴諸國史	3	刑　　法
10	亞米利加諸國史	4	民法附登記法
11	亞非利加諸國史	5	商　　法
12	南洋諸國史	6	訴　訟　法
7 傳　　記		7	國際法. 外交. 條約
1	總記及雜書	8	判　決　例
2	日　本　人	9	法　　令
3	支　那　人	10	裁判所構成法
4	歐　米　人	11	古　代　法　制
5	其他外國人	12	儀式典禮. 有職故實
8 地誌及紀行		13	新領土舊法制
1	總記及雜書	14	外　國　法　制
2	萬　國　地　誌	**11 兵　　事**	
3	日　本　地　誌	1	總記及雜書
4	亞　細　亞　地　誌	2	陸　　軍
5	支　那　地　誌	3	海　　軍
6	中央亞細亞　西伯利亞. 沿海州地誌	4	兵器. 旗章
7	印度其他亞細亞諸國地誌	5	古代兵法及支那兵法
8	歐羅巴地誌	6	武　　藝
9	亞米利加地誌	**12 社　　會**	
10	亞非利加地誌	1	總記及雜書
11	南洋諸國地誌	2	社會改良. 社會事情. 社會主義
12	漂流記. 探檢記	3	血族. 婚姻　男女問題
9 政治. 行政		4	生活. 社交
1	總記及雜書	5	救　　濟
2	法　　制	6	風　　俗
3	國　家　學	**14 醫　　學**	
4	政治學. 政體. 國體	1	總記及雜書
5	國　法　學	2	解剖學. 組織學
6	憲　　法	3	生　理　學

3. 十進的分類法の普及と標準分類法の待望　47

4	衞 生 學	2	音 　 樂
5	診 斷 學	3	舞樂. 能樂. 倭舞. 其他舞曲
6	治療法及處方　按鍼術及灸點	4	演劇. 操. 淨瑠璃
7	藥學. 調劑	5	遊戲. 遊藝及娛樂總記
8	病理學. 免疫學	6	運動. 遊戲
9	内 科 學	7	遊藝. 娛樂
10	外科學. 繃帶學	18	總記及雜書
11	精 神 病 學	1	書目. 書史. 解題
12	皮膚病學. 黴毒學	2	辭彙. 類書. 索引. 年鑑
13	泌尿生殖器病學	3	叢 　 書
14	眼 科 學	4	隨 　 筆
15	耳鼻咽喉科學	5	雜書. 祕傳書
16	齒科學口腔外科	6	學會. 一般學術講演集. 一般論文集
17	産婦人科學. 産婆學	7	新聞. 雜誌
18	小 兒 科 學	（2）經濟商業部	
19	法 醫 學	19	經 　 濟
20	和 漢 古 方	1	總 　 記
15	産 　 業	2	經 濟 學
1	總記及雜書	3	生 　 産
2	農業總記及雜書	4	勞 　 働
3	作物. 耕種. 栽培. 園藝	5	貨 　 幣
4	茶業. 珈琲	6	保 險 貯 金
5	糖 　 業	20	財 　 政
6	蠶 　 業	1	總記及雜書
7	林 　 業	2	各國財政史及財政事情
8	畜 産 養 蜂	3	財 政 學
9	水産及漁業	4	財務行政. 國庫
10	鹽 　 業	5	租 　 税
16	美 　 術	6	關 　 税
1	總記及雜書	7	歳入歳出. 豫算及決算
2	書 　 畫	8	國債. 地方債
3	繪 　 畫	9	會 計 法 規
4	書篆刻. 花押	10	地 方 財 政
5	彫 刻 塑 像	11	戰費及償金
6	文 房 具	12	專賣. 官營事業
7	工 藝 美 術	21	統 　 計
17	諸 　 藝	1	統 計 學
1	音樂歌舞總記	2	統 計 表

48 第1章 日本十進分類法の成立前夜

22	商　　業		6	地 文 學
	1	總記及雜書	7	氣 象 學
	2	商業經營及實務	8	博物學總記
	3	銀　　行	9	生 物 學
	4	會　　社	10	植 物 學
	5	倉　　庫	11	動 物 學
	6	取引所. 相場. 放資	12	細 菌 學
	7	外 國 貿 易	13	地 質 學
	8	度 量 衡	14	鑛 物 學
	9	會計. 簿記	15	人類學. 人種學. 考古學
23	交通. 運輸	26	工　　學
	1	總記及雜書	1	總記及雜書
	2	水　　運	2	土 木 工 學
	3	鐵　　道	3	水 力 工 學
	4	通 信 總 記	4	衛生工學. 都市工學
	5	郵　　便	5	建 築 學
	6	電　　信	6	機 械 工 學
	7	電　　話	7	電氣工學. 電氣工業
	8	雜交通運輸	8	鑛山學. 鑛業

（3）理學工藝部

24 數　　學　　　　　　　　9 造 船 學

　1 總　　記　　　　　　 10 航海術. 航海業

　2 算　　術　　　　　　 11 飛行機及航空術. 自動車類

　3 代 數 學　　　　27 工　　業

　4 幾 何 學　　　　　 1 總記及雜書

　5 三 角 法　　　　　 2 特　　許

　6 解析幾何學　　　　 3 工藝意匠圖案

　7 函數論. 微文積文學　 4 化 學 工 業

　8 和算及支那算法. 珠算　 5 金屬工業. 金工

25 理　　學　　　　　 6 木工. 竹工

　1 總記及雜書　　　　 7 皮 革 工 業

　2 力　　學　　　　　 8 製紙工業. 紙製品

　3 天文學. 歷學　　　 9 纖 維 工 業

　4 物 理 學　　　　 10 雜 工 業

　5 化　　學　　　　 11 印刷. 製版. 出版. 製本. 表具

　　　　　　　　　 12 寫　　眞

3. 十進的分類法の普及と標準分類法の待望　*49*

標準分類法への待望論とその否定

だが，当時の分類法の多くは DDC のような（あるいは模倣した）「分類の記号に数字を用いる（そしてその多くは十進記号として用いられる）」ことの利便性がまず優先され，学問分野の排列・展開の理論的背景や相関索引の役割については二の次になっていたようである。山口県や東京市，大阪府のもののように，八門分類法に依拠（あるいは準拠）していれば当時の日本において一定の効果はあったと思われるが，多くの分類はそうしなかった。しかしながら，幾度となく「複数の図書館で統一的に用いる分類表」すなわち「標準分類法」の策定に向けた機運が生じている。

1910（明治 43）年の日本図書館協会総会において「各図書館における分類法を一定すること」が議題に上がったことがある。これは結果として否決された。

また，1918（大正 7）年 6 月には文部省が召集する全国府県立図書館長会議で「標準図書分類法設定ニ関スル件」が議題となり，北畠貞顕（京都府立），佐野友三郎（山口県立），並河直弘（石川県立），今井貫一（大阪府立）を委員とする討議の結果，翌年『山口縣立圖書館圖書分類表』の 100 区分を標準分類法として「府県立図書館における図書分類法を統一する」決議がなされた。同年の『図書館雑誌』39 号には会議報告として

　　五、圖書館分類法協定ノ件
　　昨年ノ會議ニ於テ附托セラレタル委員會ニ於テ山口圖書館所定ノ十進分類
　　法ノ第二分類マデヲ採ルコトトシ協議ノ結果左記原案ノ通リ可決ス
　　　　　　　　　　　　　　　　　（圖書分類綱目ハ本誌巻末ニ掲載ス）

と掲載されたが[55]，これも結局実現には至らなかった。この分類が先述の，表1-16（p.38）に挙げたものである。

1921（大正 10）年に村島靖雄が行った講演『本邦現行の圖書分類法』[56]では，冒頭この分類を挙げ，「演題の本邦現行の圖書分類法と云ふのは主として此分類法を指して居る」としながらも，まだこれに従うところは多くないことを述

55　文献（e7）:「府縣立圖書館協議會」(1919)

56　村島　前掲 26，p.7 より

50　第1章　日本十進分類法の成立前夜

べている。

このことについて加藤宗厚は後年，このように分析している[57]。

何故にこのような結果を招いたかを考えてみると，（1）当時は未だ分類の理論的研究が進んでいなかったために分類表の作成が比較的安易に考えられたこと，（2）百区分表だけでは府県立や大市立図書館で実用的でなかったこと，（3）山口の主綱表の区分排列にはやや不当のものがあったこと，（4）少々うがった見方をすれば当時の館長の中には新分類表を自ら作るということが腕の見せどころであって，他人や他館の分類表をそのまま採用することは沽券にかかわるという意識が濃厚であったと思われる。

日本図書館協会では，『図書館雑誌』21年1号（86号，1927年）において「昭和の新年を迎へて標準分類制定速成案を提唱す」と題し，図書館管理運営上「何等かの具體案を示して共同研究の目的を定めて一日も早く着手せざる可からず」とする三つの課題の先頭に

一　標準分類表の制定

昨年度に於て開かれたる同種會議には，必ず提案を見たるものにして，第一着手として研究目的にするは如何？

と掲げている[58]。上のように再三提起や決定がなされてもいっこうに個々の館が分類変更に踏み切らない事情を窺うことができる。

公共図書館以外での標準分類法への期待

公共図書館以外では，全國専門高等學校圖書館協議會（のちに全國専門諸學校圖書館協議會）において大会の主要議題の一つとして常に分類の標準化が挙げられていた。同会は1924（大正13）年設立，翌年には（1）同種学校で協議のうえ分類法を一定すること，（2）新設学校図書館には分類法を一定することが提案された。その流れを受け1926（大正15）年に関西学院図書館司書の中島猶治郎（1887-1966）がDDCを原案とした「標準分類表」の具体案を提示したということがあったが，結局これもまた十分な議論や手続きを経ることはな

57　文献（e56）：加藤宗厚「NDCの将来」（1967），p.4 より

58　文献（e13）：「昭和の新年を迎へて標準分類制定速成案を提唱す」（1927），p.39 より

く，成案には至らなかった。

これに対して鈴木賢祐は問題点を事細かに指摘し，中島を批判したうえで，次のように断じた[59]。

分類法統一，標準體系に關する問題はもつと根本的に研究する必要があるといふ結論を得るに充分であらうと思ふ。

（中略）

素人の間でならば兎も角圖書館人の間で、圖書分類と知識もしくは科學の分類とが全然同一視され勝ちなことである。（略）今日の日本ではなほ、圖書分類法一般に關する理論をもつと普及徹底させる必要はないであらうか。

結局，高等諸学校においても標準分類法については長きにわたって未解決のままであった。加藤宗厚の分析では，以下のようにまとめられる[60]。

このようにして高等諸学校における標準分類法問題は各部門とも好結果を見なかったようである。その理由としては（1）各学校とも担当分野を徹底的に研究することは資料的にも時間的にもその余裕がなかったこと、（2）この種の作業には全体を統括する適任者をもつことが絶対に必要であるにもかかわらず、それが得られなかったこと、（3）たとえ統一表ができたとしてもこれによって各館が分類変更を行えるという見とおしが得られないこと、（4）新設校に対する強制力の疑問などが作業完成の熱意を失わしめる結果におわったものと考えられる。

標準分類法の使用例

そのような中，限定された地域内ながら，ある特定の分類表が標準分類法のように統一的に用いられた，いくつかの事例があった。先述した東京市の『和漢圖書分類表並ニ索引』は冊子として印刷され，索引がついた十進分類法であったことから他府県の図書館にも影響していたという例がある。また神奈川県では1928（昭和3）年に作成した『和漢図書十分法分類表』を県内図書館に配布し共通に用いたという例がある。

59　文献（e14）：鈴木賢祐「「標準分類表」中島氏案の難點」（1928），p.34 より
60　加藤 前掲57，p.5 より

52　第1章　日本十進分類法の成立前夜

1930 年当時の分類

　他に当時のわが国の分類を知る史料として，文部省が 1935（昭和 10）年に発行した『圖書分類法關係資料』[61] がある。

　黎明期の漢書分類，日本国見在書目録や欽定四庫全書，本朝書籍目録，群書類従など，山口県の分類，帝国図書館や台湾総督府，東京や京都，名古屋，大阪の分類，NDC，東京帝国大学や東京文理科大学の図書館分類といった国内の主たる分類表，海外も杜定友の分類やフレンチ・システム，DDC，UDC，EC，LCC，SC，CC，BC など，当時の主だったものは一通り（体系の概要だけであるが）収録されている。

　序文や解説等が一切なく，対象読者などが不明な一冊だが，「圖書分類法自習問題」に 1 章を割いていること，また，その問題において NDC に関する設問が多く含まれていることから，おそらく文部省図書館職員講習所での教材であり，加藤宗厚が編集に関与し，使用したものではないかと思われる（加藤宗厚と図書館職員講習所，NDC との関係については次章で述べる）。

「似非」十進分類法への批判

　衛藤利夫（1883-1953）は，戦後の混乱期にあって日本図書館協会の再建に貢献が大なる人物として知られているが，分類研究者としてもまた高名であった。間宮不二雄をして「我國ニ於イテ D.C. 研究者トシテ夙ニ令名ノ高イ」[62] とまで言わしめ，満鉄奉天図書館長であった 1926（大正 15）年には『圖書分類ノ論理的原則』[63] を著している。これは分類の基礎理論から DDC の仕組みなどを詳細に解説し，また UDC についても「ブラツセルノ國際圖書學會」（ベルギー・ブリュッセルの Institut International de Bibliographie）の分類として紹介している一冊であり，当時の国内としてはかなり高度な理論書であった。

　この中で衛藤は，当時多数存在した国内の分類の多くが，「記号に数字を用いること」の利便性ばかりがまず優先され，学問分野の排列，展開の理論的背

61　文部省　前掲 22

62　文献（d12-1）：間宮不二雄「譯者序文」『DEWEY 十進分類法導言』（1930），p.11 より

63　文献（e12）：衛藤利夫『圖書分類ノ論理的原則』（1926）

3. 十進的分類法の普及と標準分類法の待望　　*53*

景や相関索引の役割については二の次になっていたことに対して，以下のような指摘をしている[64]。

> 例ヘバ**デユヱー**ノ十進法ニシテモ，コレヲ我流ニ日本化シタ表ヲ見ルト，記號ガ十進スルト云ウ皮相ノ作用ヲ模シタノミデ，真ニ**デユヱー**ガ苦心シタ，ソノ内部的構成ヲ見テ居ナイ．一野蠻人ガ米國ノ都市見物ニ行キ，電燈ノ便宜ナノヲ見テ，ソノホヤヲシコタマ買ヒ込ンデ蠻地ニ歸ツタト云フ咄ガアル．極メテ無造作ニ十進分類法ヲデッチ上ゲタリ，自分ダケノ御都合次第デコレヲ改作シタリスル日本ノ圖書館業者ハ，謂ハ゛記號ト云フホヤヲ買ツタヤウナモノダ．電燈ニハホヤ以外ニ，電力装置ト云フ内部的構成ガ要ルコトヲ御存ジナイ．無機的ナ分類表ヲ前ニシテ，コノ本ヲ何處ニ入レヨウカト，矢鱈ニ頭ヲヒネツテ，無理ニ嵌メ込ムコトヲ案ジ煩ツテヰル分類當事者ヲ見ルト，自分ハ悲惨ニモ，蠻地ニ持チ歸ツタ電燈ノホヤヲ，木ノ枝カ何カニ嵌メ込ンデ，火ノツカナイノヲ不審ガツテ居ル件ンノ野蠻人ヲ聯想スル．

いくら火屋（電燈のガラス筒部分）が便利そうに見えても，配電装置という設備的背景がないと電燈として機能しない。火屋（＝十進記号）という表層しか見ていない野蛮人（＝英米に比べ著しく遅れている日本の図書館人）たちにはその内部構造（＝論理的な体系）を考慮していないから，機能する電燈（＝論理的な分類法）が作りえないという，痛烈な皮肉であった。

　衛藤の考えは森清にも影響を与え，森は NDC の原案でもこの件を指摘している[65]。

> 我國デモ今日 decimal system ノ形式ヲ採ッテ作ラレタ分類表ハカナリ多イガ，然シソノ殆ンド總テガ只外觀ダケノ便利即チ十進記號ノミヲ適用セルモノニシテ，D.C.ノ根本タル助記的精神等ヲ汲マナイ似テ非ナルモノデアッテ所謂『似而非』十進分類表ト云フベキデアル。尚 Dewey ノ分類表ハ，ソレニ相關索引ヲ附セルコトニ依リテ，利用效果ガ増大シ得ルニモ不拘，我國デ作ラレタ分類表ハ極メテ少數ヲ除キタル以外ノモノハ，殆ンド體系ダケデ，索引ガ伴ッテ居ナイ。タメニ扱者ノ代ル度ニ，又同一扱者

64　衛藤　前掲 63．p.VII–VIII より
65　文献（a1）：森清「和洋圖書共用十進分類表案」(1928)．p.18 より

ニテモ時ニヨリテハ，甲乙置籍場所ヲ異ニスル如キ不便ヲ來スノデアル。

故ニ分類表ニハ出來ルダケ詳細ナル索引ヲ必要トスル。

この文はさらに後段で DDC における相関索引（Relative Index）の重要性を述べており，森が作る分類法にも相関索引が備わっていることで他の多くの十進的分類法（的分類表）と一線を画す，と主張している。

さらに森は後年自著でも以下のように当時の分類法の数々を評している[66]。

十進分類法はわが国でも 1905（明治 38 年）に採用された京都府立をはじめ公共図書館は殆ど十進法によっていたといわれるが，これらは単に数字を十進的に使ったに過ぎず，DDC の特色とされる助記性，柔軟性，展開性を顧みられていないばかりでなく，粗略な表であった。

4. 森清と間宮不二雄，青年圖書館員聯盟

NDC の「原編者」として知られる森清（1906-1990）は，自身のことを「趣味的に何の知識も経験もないのに自分の本や雑誌などを学校の教科目に分けたり，記録を作ってきた」[67]「私は子供の頃から“物を仕分したり記録をとる”ことを愉しみとする妙なクセがあり，教科目分類や大阪府立の分類を参考にして一つの表を作ったりしていた」[68] と語っている。そのエピソードは朝日新聞でも採りあげられたほどで，森の談話として「本を教科書，辞書，参考書などと分類してよろこんでいたし，最初に図書館へ行ったのも，そこではどんなふうに本が整理されているか知りたかったからだ」とあり，記事では森を「生まれながらに“分類”の素養があったわけだ」と次ぐ[69]。

今日，NDC は「森清が考案・作成したもの」という認識が一般的だが，森の「個人著作」といわれる時代にあってもそのすべてが森の独創であったわけではなく，その誕生の経緯から発展に至るまで実に数多くの人物がこれに関与

---

66 文献（e55）：もりきよし『NDC 入門』（1982），p.30 より

67 文献（b14）：もり・きよし『司書 55 年の思い出』（1991），p.12 より

68 文献（b7-1）：もり・きよし「思い出は，感謝のなかで」『圖とわが生涯 後期』（1971），p.33 より

69 文献（b2）：「生来“分類”が大好き 国立国会図書館司書 森清氏（本とともに）」（1960），p.6 より

している。

前節で挙げた衛藤利夫による十進分類法（的分類表）への批判もそのひとつだが、なにより NDC への最大の寄与者として、間宮不二雄の存在が挙げられる。

間宮不二雄と分類法

間宮不二雄（1890-1970）は今日、「間宮商店」の創業者であり「青年図書館員連盟」を結成した人物として語られる。

間宮商店は「図書館用品店」と一般に紹介されるように、カードや書架など、各種の家具や事務用品の生産販売が主たる業務であったが、同時に、図書館学に関する多数の図書・雑誌を編集・発行、販売していた。第二次世界大戦にともなう経済の悪化と、1945（昭和20）年3月の大阪大空襲による店舗消失により閉店を余儀なくされたが（第4章「1. 日本の「標準」への道程」参照）、東京・丸の内と福岡にも事務所を設けていた。

また、当時の若手図書館員のパトロン的存在であったことも知られているが、間宮は実業家であると同時に、彼自身がまたひとりの研究者であって、単なる出資者にとどまらない。『圖書館辭典』[70] や DDC12 版 Introduction の翻訳である『DEWEY 十進分類法導言』[71] など多くの編著書・訳書もあり、そして森との出会いは、間宮や森のもうひとつの研究領域として知られる「ローマ字研究」というつながりから出たものであった（後述）。

間宮は用語用字の問題にも関心が強く、中華民国の図書館学者である杜定友とも協力して「図書館」を一字で表す「圕」の字を考案したこともあり[72]、また「カタログ（catalogue）」に対する当て字として「型録」という語を初めて使用したともいわれている[73]。

研究者としての間宮の関心は、特に分類法の研究にあったといえる。間宮は1903（明治36）年、13歳のときに丁稚として丸善書籍部に入社し、そこで業務用として独自の分類表を作成している。

70　文献（d4）：間宮不二雄『圖書館辭典：歐和對譯』（1925）

71　文献（d12）：Dewey；間宮不二雄譯『DEWEY 十進分類法導言』（1930）

72　文献（e44）：間宮不二雄「「圕」ノ文字ニ就イテ」（1943）

56 第1章 日本十進分類法の成立前夜

明治44年（1911）当時丸善KK大阪支店在勤中，同店で取扱う内外の図書，それらの印刷目録，並びに顧客に送る Maruzen's Announcements の名簿編成に一貫性を与えるため，一つの分類表を編成した。これはタイプライターで正副三通を作り，それぞれに日本語の名辞を添記したもので，題して：

"Classification: 8 classes; adopted to the Circulation dept. of the Maruzen Co., Osaka Branch. Osaka: Mamiya, 1911. 50p. 20cm"

というのであった。本表はその後，同社の京都及び福岡両支店にも利用せしめるため，副本各一冊を分ち，手元には一冊だけが残されていたのであるが，昭和20年3月14日（1945）米空軍の爆撃のため，一切が烏有に帰され，その際この地上にただ一冊しか残存していなかった本表も，犠牲となり，今は『図書館学及書誌学関係文献合同目録』の片隅に，僅かに書名が記録されているだけとなった。この分類表編成にはDCの6版（？）で，小豆色総革三方金装釘のものを参考にしたことを記憶している。

この回想[74]からは，間宮自身がDDCの影響を受けており，かつ図書分類法の構築に強い関心を寄せていたことが窺える。なお，この間宮の分類表（便宜的に「間宮案」という）や間宮とDDCの関わりについては，1930年に間宮が訳した『十進分類法導言』の訳者序文[75]にもう少し詳細な記述があり，「1911年ニ出來タ私ノ分類表ト Dewey D.C. ノ第12版トオ比ベルト，其ノ基礎項目ニ於テサエモ次ノ如キ相違ガアル」と述べ，DDC12版のメインクラスの配置と間宮案（A／Hの八つのメインクラス）との比較も行っている（表1-21）。ここで興味深いのは，間宮案は8区分でありながら八門分類法（表1-12，p.27～28）とは相似していないことと，DDC12版ではデューイが考案し提唱した Sim-

---

73　丸善時代の間宮の同僚であった井筒（文献（b4-1）：井筒静之助「間宮さんとお化け屋敷」『間宮不二雄の印象』（1964））の文中に，以下の記述がある。
　　私が初めて，「丸善文房具型録」—この型録と云うあて字はたしか間宮さんが大阪で使い初めと思う—約百頁，四六倍判を作った時，一般からは割合好評で，いささかよい気持で居たら「印刷屋の活字の見本帳みたいだね」と，痛い批判をしたのも間宮さん。

74　文献（e55-1）：間宮不二雄「日本十進分類法普及化に想う」（1965），p.386より
75　間宮　前掲71，p.8より

4. 森清と間宮不二雄，青年圖書館員聯盟　*57*

表1-21　間宮案とDDCのメインクラス比較[76]

間　宮　案		D.C. 12 ed.	
1911		1927	
ナシ		000	General Works
A	Philosophy*	100	Filosofy
B	Sociology	200	Religion
C	Philology	300	Sociology
D	Natural Science	400	Filology
E	Useful Arts	500	Pure Science
F	Fine Arts	600	Useful Arts
G	History	700	Fine Arts
H	Literature	800	Literature
ナシ		900	History

*Philosophy ノナカニ Religion オ含マシメ，General works ナルモノニワ全クナ
イ．辞書類ワ大部分Bノ言語學中ニ入レタ．但シ特殊科學ノ辞書ワ各々其特殊ノ
類ニ入レタノデアッタ．

pler Spelling による表記（Filosofy, Filology）が見られることである。

　Simpler Spelling（Simpler spelings などとも記述）とは，「英単語の綴りでは発音しない文字が含まれていることがしばしばあり，より発音に近いよう単語を表記したほうがよいのでは」というデューイの合理性に由来するものである。つまり Philosophy は Filosofy，Philology は Filology と表記し，この綴字法によって DDC12版（11・13版も）の標題は "Decimal Clasification and Relativ Index" となる（Classification と Relative）。ほかにも，Catalogue を Catalog と略した語は現在も流布しているし，彼自身の名も Melville から Melvil と改めた（Dewey も Dui と綴った）。この独特な綴りは，デューイの文体の難解さとあわせ，12版の理解と翻訳を妨げたと間宮は語っている。それは英語と日本語の壁だけでなく，間宮の弁によれば，同国人であるセイヤーズでさえも「悪口ニ近キ程ノ酷評」をしたほどであった。

　いっぽうデューイは DDC12版において，巻頭に "Speling" と注意書きを設けた上，Introduction の最後（p.49-63）で詳細な解説[77]を設けている。

76　間宮 前掲71，p.9 より

58   第1章　日本十進分類法の成立前夜

Simpler spelings ar strongly recommended for jeneral adoption by both American and Endlish filolojic associations, including nearly all prominent skolars in English now living. We regret prejudis which certain uzers wil feel against these chanjes, but after careful study of all objections urjd, we find the weight of skolarship, reazon which sum must endure before the great benefits of rational orthografy can be secured.

　間宮商店はこの DDC12 版の日本総代理店となり（価格は 30.00 円とそれなりに高額であった），そのためか 12 版は DDC 諸版の中では他版に比べ国内にも現存しているものが多い。

　なお，上の回想において，間宮案の策定にあたって参考にした DDC について「DC の 6 版（？）」と書かれていたが，『十進分類法導言』の訳者序文において，間宮本人がこう言及している。

　　當時 America カラ取寄セタ原書ノ形状ワ現今ノモノニ比スルト小形デ又薄イモノデ，總モロッコ革デ表裝サレ，三方小口ワ色附ニナッテイタ第5版カト記憶シテ居ル．

間宮商店

　間宮は，1915（大正4）年に丸善を退社，アメリカ留学を経て翌年，東京・銀座の黒沢商店に就職し，事務機器などの販売に従事する。1921（大正10）年，黒沢商店を退職して，大阪市北区本庄中野町（現在の北区本庄東）で「M・フヤセ商会」を創業し，タイプライターや計算機，目録カードを主に扱った。同年のうちに，大阪市西区江戸堀に事務所を借りている。

　そして本格的に図書館用品を扱うようになったのは翌 1922（大正 11）年のことであり，大阪市北区木幡町 21（現在の北区西天満 3 丁目 13 付近）に移転し，合資会社間宮商店を創業した。

　間宮商店は当時の広告において「日本ニ於ケル最モ充實シタル圕用品ノ専門製造所」と称し，「圕デ必要トスル總テノ器具——大ハ書架ヨリ小ハペン尖ニ到ルマデ」ひととおり扱っていたが，それら文具や家具，機械の販売だけでな

77　文献（d5）：Dewey "Decimal Clasification and Relativ Index" Ed.12 rev. and enl.（1927），p.49-63

く，設計相談の請負や設計者の斡旋も行い，またいくつかの出版物も刊行していた。

その出版物のひとつに『圖書館研究』（1923-1928年）がある。同誌は家具や図書館事務用品など主に同社の商品広報に関係するような用品関係の記事が多かったが，しばしば用品との関係も含め，目録や分類に関するものも含まれた。同誌第2巻（1924年）では特集「見出カードノ話　附　分類法」[78]が組まれている。特集は附録として『帝國圖書館八門式分類表』（表1-12, p.27～28）『大阪府立圖書館分類表』（表1-20, p.45～48）『山口縣立圖書館圖書分類表』（表1-15, p.37）の三つの表を「我國現行ノ圖書館分類表トシテ好参考資料タルベキヲ思ヒ茲ニ附録トシテ讀者ノ清覧ニ供ス」と引用紹介し，さらにその末尾でこう呼びかけた。

> 御願ヒ！！！
> 本誌ノ参考ト致シ度クニ付キ貴館
> ノ圖書分類表御寄贈ヲ願ヒマスレバ
> 至極幸甚ニ存ジマス。
> 合資
> 会社　間宮商店編輯部

この特集記事からは，1920年代前半に図書館ごとの分類法が存在していたこと，そして，間宮商店がこれらについて積極的に情報を収集していることを推察することができる。森清による間宮の評伝ではこの特集を「当時の分類表を批判し，分類の標準化を提唱している」ものであったと振り返る[79]。

間宮文庫

1927（昭和2）年，間宮商店は大阪市南区安堂寺橋通四丁目5（現在の中央区南船場3丁目10付近）に移転する[80]。この新店舗の2階には，「園用品」の「陳列場」とともに「間宮文庫」が設けられた。これは約2,500冊の和洋図書からなる業務参考文献コレクションであり，その分類を任された森は，こう回想す

78　前掲53
79　文献（b11-3）：もりきよし「外から図書館を愛した人　間宮不二雄」『図書館を育てた人々　日本編1』（1983），p.135より
80　本書コラム2（p.96）参照

る[81]。

　この文庫は間宮氏の理想で，内外の図書及び図書館に関する文献を収集して，近隣の図書館員に貸出をしていた．私は，間宮氏の指導を受けながら分類は DDC12 版で 4 ケタ（但し一般の図書は 3 ケタ），図書記号は著者名の頭字のみ，目録は ALA 規則に準拠した．和書は初めにローマ字で記述し，漢字をカッコで付記し，和洋混配を採用した．間宮文庫の整理は私によい勉強になり，不明な点は間宮氏から具体的に指導を受けた．またNDC を作る素因となったわけである．

青年図書館員連盟

　そして間宮は店舗の 3 階を拠点として，1927（昭和 2）年 11 月 15 日，「青年圖書館員聯盟」（League of Young Librarians：LYL）を発足させた[82]。その綱領として謳われたのは以下の五つである。

　1．圖員ノ教養ノ向上．
　1．圖管理法準則の確立．
　1．圖設立經營ノ指導．
　1．圖員ノ社會的地位待遇ノ改善．
　1．單一圖聯盟結成ノ促進．

　この「図書館管理法準則の確立」を実現すべく，連盟は NDC だけでなく『日本目録規則』（Nippon Cataloging Rules：NCR）や『日本件名標目表』（Nippon Subject Headings：NSH）を後に世に送り出すことにつながっている。NSH と現在の『基本件名標目表』（Basic Subject Headings：BSH）との間には著作としての直接の連続性はないとされるが，BSH の出発点は当初 NSH の改訂という目的と重なっており，いわゆる今日の「三大ツール」の基盤を残したという点ひとつのみをとっても，連盟の存在意義は大きい。

　連盟には初代首席中尾謙吉（大阪府立図書館）のもと，衛藤のような論客もいたし，帝国図書館の加藤宗厚や和歌山高等商業学校の鈴木賢祐といった斯界の俊英が集い，諸外国の最先端の論考を精力的に翻訳・紹介していった。

81　もり 前掲 67, p.9 より
82　文献（c1）：青年圖書館員聯盟本部『青年圖書館員聯盟十年略史：1927-1937』（1937）

たとえば彼らは連盟の機関誌『圖 研究』1巻1号（1928年）においてリチャードソン（Ernest Cushing Richardson, 1860-1939）による分類研究の基本文献『分類法ノ理論及實際（Classification Theoretical and Practical)』[83]や近代分類法史『分類ノ過去五十年（1876-1926)（Classification 1876-1926)』[84]の翻訳を寄せている。

前者は訳文に先立つ加藤の序文において

必ズシモ分類法研究上最古ニシテ最良ノ典籍デハナイカモ知レヌガ、尠クトモ圖書分類法ノ研究者トシテハ必讀ノ参考書デアルトイツテモ差支ヘハアルマイ。圖學ノ研究書目ニハ必ズ此ノ書ガ掲ゲラレテ居リ、近刊ノ分類法ハ必ズ本書ニ其ノ根據ヲ求メテ居ル。

と評している[85]。既に斯界の教育研究の重鎮であった今沢慈海や村島靖雄らの名を挙げて、彼らもこの文献を論拠にしていたと紹介する。

一方後者の文献はDDCの発表50年という節目にあたり、19世紀末から20世紀初頭にかけての分類事情とDDCの発展について以下のように論じる[86]。

1876年ノ十進分類法ハ、圖書ノ急激ナ増加ニ連レテ漸次分化發達シ、終ニ今日ノヤウナ部厚ナ標準形トナリハテハ巨大ナブラッセル形トナリ、今日デハ數千ノ圖デ使用サレテキル。ソレカラ生ミ出サレル分類法統一ノ價値ハ測リ知ルコトガデキナイ。コノ成功ノ秘鍵ハ何デアルカトイフニ、アル程度マデハソノ十進記號法ノ原理トソレニ含マレル助記的（mnemonic）特質トデアル、ガソレト殆ンド同程度ニ、極メテ精巧完全ニデキテキル主題索引ノ備ハツテキルコトモ與カッテ力ガアル。

『圖研究』は当時の国内のさまざまな事例が中心であったが、これらのように海外の文献などが掲載されることもあった。『図書館雑誌』とは趣を異にする雑誌であったといえよう。

間宮は連盟において書記長を、森は会計主任（1929～1931年）および評議員、のち理事を務めた。他にも評議員や理事には、衛藤利夫、関野眞吉、竹林熊

83　文献（d8）：Richardson；加藤宗厚譯「分類法ノ理論及實際」（1928）
84　文献（d9）：Richardson；鈴木賢祐譯「分類ノ過去五十年（1876-1926)」（1928）
85　Richardson　前掲83, p.14 より
86　Richardson　前掲84, p.68-69 より

62 第1章 日本十進分類法の成立前夜

彦，波多野賢一，太田為三郎，天野敬太郎，仙田正雄，武田虎之助，小野則秋ら，今日にも業績が伝えられている名を多数見いだすことができる。

森清と間宮不二雄

　森が間宮と出会ったのは1921（大正10）年，大阪ローマ字運動の月例会においてのことであった。当時森は15歳，間宮は31歳で，翌年12月より森は合資会社間宮商店に就職する。森は自伝の年譜において1927（昭和2）年からは「地方出張が多く，傍ら間宮文庫の整理及び商品型録の改訂に携わる」と記している[87]。

　今日では一般に「NDCは間宮文庫を整理するために考案された」と伝えられているが，単にそれだけが目的でなく，森が若年の頃からあたためていた私的な分類案がNDCの原型としてまず存在し，これに間宮の研究成果や，連盟や間宮文庫が集めた海外の分類理論や事情を知るための資料が整っていた環境により刺激されたところも大きい。そして，それを発表するに至ったのは間宮の強い推薦によるものであった。

　また，当時の森は間宮文庫専従あるいはNDC専従という立場にあったわけではなく，あくまで間宮商店の「店員」であった。NDCが刊行された翌月には約1か月の札幌出張など他の業務をこなしている。

　そして，森は妹を結核で失うなどの事情もあって神経衰弱に陥り，1930（昭和5）年末には間宮商店を退職している。その後1931年に鳥取県立図書館に司書として赴任後，神戸市立図書館，上海日本近代科学図書館，華中鉄道付属図書館を経て戦後，国立国会図書館に移ることになるが，間宮は彼が没する1970年まで，一貫して森とNDCを支援し続けた。

　間宮の，森あるいはNDCに対する想いはたびたびNDCの序文や，戦後のNDCに関する記事などに見ることができる。単に青年図書館員連盟の一員において策定され，間宮商店から刊行された一刊行物であるという責任以上に，間宮が森にとって生涯の「師」であり続けたその一端であるといえよう。

　森の生涯の転機に間宮が関与したものを抜き書きしてみる。

87　もり 前掲67，p.44より

森の評伝[88]によるならば，実業学校商業科を出た森を間宮商店に就職させたのは間宮であり，間宮商店の業務として全国（朝鮮・満州・台湾・樺太を含めて）の主要図書館を巡り，間宮文庫の整理を通じて NDC の刊行を果たす。

森が間宮商店を退職した後も何かと間宮は森を支援しており，翌年，県立鳥取図書館から森が招聘されると，正式採用に向けて半ば強引に図書館長と談判している。清子夫人との結婚の橋渡しや，神戸市立図書館に移る機会も間宮が関わっていた。そして海外での勤務についても助言を与えている。

戦後の混乱期，森が帝国図書館に勤めるにあたって森の面倒をみたのは当時日本図書館協会事務局長を務めていた衛藤利夫であり帝国図書館長の岡田温であったが，NDC の扱いをめぐって彼らに檄を飛ばしたのは，やはり間宮であった。

このように，間宮商店・青年図書館員連盟に身を置いた森清の周辺には，加藤宗厚や鈴木賢祐といった若く理論的な図書館員たちと，衛藤利夫や太田為三郎をはじめとする豊かな識見，洋の東西を問わず DDC12 版をはじめとする分類法やその理論といった多数の文献が集まっていた。そして，それらを結ぶ中心には間宮不二雄がいた。

こうして，NDC 誕生の土壌が整った。

88　文献（b18-1）：石山洋「森清の生涯と業績：間宮不二雄との交流を軸として」『図書館人物伝：図書館を育てた 20 人の功績と生涯』（2007）

コラム 1
間宮不二雄の人となり

　本書を書くにあたり，評伝や自伝なども数多く参考にした。どうしても NDC をめぐるエピソードを中心に追いかけることとなったが，間宮の場合は刊行された自伝も多く，それだけ逸話の多さでは間宮が群を抜いている。

　その中でも特徴的な 1 冊が，間宮と丸善時代をともにした前田哲人が私家版として編集・発行した『間宮不二雄の印象』（本書巻末文献 b4）である。前田にとっても間宮は恩人であったが，その間宮についての思いを間宮の知己・友人たちに手紙で尋ね，それらを連ねたのがこの本であった。ここでは図書館関係者だけでなく，ローマ字研究や丸善時代，プライベートな交友関係も多数含まれている。当時の図書館界の関係者も錚々たる顔ぶれだが，編者である前田が図書館関係者でないこともあり，連絡がつかなかった人物も多かったことであろう。だが，既に鬼籍に入っていた衛藤利夫の場合は夫人からの文章が寄せられている。

　この本のスタンスがかなり個人的な立ち位置で編まれているので,「業績を讃える」ということだけでなく，間宮の横顔をそこかしこに垣間見ることができ，間宮がどれだけの人に慕われたかを硬軟両面から知る一級の文献である。

　鈴木賢祐をはじめ何人かは，間宮がとにかく「筆まめ」であったことを証言する。間宮から「手紙の返事はなるべく即座に書いて，信債は作らない主義」と聞いたと鈴木は語る（文献 b4-2）。

　また，間宮の言動を「教訓」として語るのは戸澤信義だ（文献 b4-3）。「人の名をよく憶えておられる」「手紙の返事を直ぐ出される」（ここでも手紙のことが言及される）「ながら族の動作を排斥せらるる」。最後の項は，つまり仕事への集中力である。間宮自身がそう心がけているのはもちろんだが，間宮が遅れがちな図書館整備の現場を視察した際に，くわえ煙草をしていた職人の口から煙草をもぎとり怒声をとばした，というエピソードが印象に残る。

　没後に刊行された自伝『圏とわが生涯』後期（文献 b7）によれば，間宮は 1970（昭和 45）年 10 月 24 日，丸善時代からの友人であった玉井弥平の 13 回忌法要で椿山荘に赴き，法要の後の庭園散策中に倒れてそのまま息を引き取った。その急死前後の様子は，間宮の葬儀を仕切った森が，居合わせた何人かの証言や葬儀の際の弔辞などを同書でまとめている。そして，その森自身は間宮の逝去の日，分類委員会に出席していたとのことであった。

　間宮は最期の日まで，丸善，森，NDC と奇縁で結ばれていたのかもしれない。

第2章
日本十進分類法の誕生

　間宮商店に勤務し，青年図書館員連盟に参加した森清は，連盟機関誌に
NDC のプロトタイプにあたる分類表案を公開した。そして翌年，『日本十進分
類法』の名を与えられて刊行された。本章では NDC がどのように展開し，ど
のように支持されていったかについて述べる。

　なお，本章および次章で NDC 各版の構成についても概説するが，詳しい内
容の解説や表の引用は第Ⅱ部・第5〜6章にて行う。

1.　和洋圖書共用十進分類表案（1928 年）

　1928（昭和3）年4月，森清は『圖研究』1巻2号において「和洋圖書共用十
進分類表案」[1] を発表した。続く7月，同3号にもその案の続きとして相関索
引等[2] が掲載された。以後この二つを総称して本書では「NDC 原案」（または
単に「原案」）と呼び，1巻2号掲載のものを「記事前半」，3号掲載のものを
「記事後半」と呼ぶ。

　森は後年，この原案は間宮不二雄に説得されて公表に至ったものである，と
回想する[3]。

　　私にとって分類表の試作は，あくまで個人的な趣味ないし愉しみであって
　　少年の頃から試みていた．したがって図書館の実用に供するつもりはな

1　文献（a1）：森清「和洋圖書共用十進分類表案」（1928）
　　なお，NDC9 版「解説」xii ページでは「和洋図書共用十進分類法案」と誤記されている。
　　また，図書館学テキスト等においても「和漢図書〜」あるいは「〜分類法案」などと記さ
　　れていることがある。
2　文献（a2）：森清「和洋圖書共用十進分類表案Ⅱ 相關索引」（1928）
3　文献（e58-1）：もり・きよし「NDC 五十年雑記」（1979），p.391 より

66   第2章　日本十進分類法の誕生

く，公表など考えてもいなかったわけである．本を仕分けることに関心が
あった私は，初め教科目による分類表を，のち図書館で使用していた表に
倣って 15 部門分類表（1922）などを作っては，また改めるというノート
にすぎなかった．間宮文庫の整理で DDC（12 版）を使って分類するうち
に，デシマル・システムの妙味に惹かれて十進法による試案を作成してい
た次第である．それを間宮先生の強い要請で「圕研究」に発表し，つづい
て「索引」を寄稿した．

原案の構成は DDC の影響が色濃い。しかしこれは DDC の「本表」つまり
体系だけを模倣し，数字による十進記号を用いて主題を並び連ねたということ
ではなく，助記性や相関索引（Relative Index）など DDC が評価されるに至っ
た要素の数々を含めて「模倣」したものである。これこそ森が序文でいうとこ
ろの「似而非」十進分類表とは「似て非なる」点であろう[4]。

記事前半（序文，分類表）

記事前半は 41 ページにわたっており，その冒頭の 5 ページを費やしてこの
分類表案成立に至る経緯を説明し（章見出しがないため，本書では便宜的に「序
文」という），5 ページ目の半分に「基礎項目」（現在の NDC における「第 1 次区
分表（類目表）」に相当），続く見開き 2 ページで「第一要目表」（「第 2 次区分表
（綱目表）」に相当）を載せ，残り 33 ページが「細目表」，最後の 1 ページが「助
記表」（おおむね「補助表」に相当）である。

これら個々の内容と特徴については，第 II 部で後の NDC 各版と比較しつつ
解説する。

記事後半（索引）

記事後半は前半の続きとなる 47 ページの記事を載せている。

これは特に解説文などを持たず，記事のほぼすべてが索引であり，相関索引
が大部分を占めるが，地名や言語の索引などもある。これらについて詳しくは
第 6 章「5.　相関索引等」（p.277-281）で解説する。

4　本書第 1 章「3.　十進的分類法の普及と標準分類法の待望」参照

原案の体系・排列順

　序文（詳細は p.160〜161）において森は，記号法は DDC の十進分類法を参考にしつつも，主題の順序についてはカッターの EC を参考にしたと述べた。

　表2-1は，現在の NDC 解説で用いられている比較の表を応用して，EC，DDC と NDC 原案の体系順を比較したものである。なお，表2-1の EC は，文部省編『図書館管理法』（1900年）掲載の表1-13（p.31）を底本として重要なもの（インデント上位のもの）のみを抜粋し，DDC の項目名は原案策定に直接参考にしたと思われる 12 版[5] に拠った。

　表2-1には主要な項目を挙げたが，例えば EC のクラスB（および Br の下

表2-1　EC，DDC，NDC 原案体系順の比較

EC (1891)		DDC12 (1927)		NDC 原案 (1928)	
A	General works	000	General works Prolegomena	000	總記
B	Philosophy	100	Filosofy	100	哲學及宗教(精神科學)
Br	Religions	200	Religion		
E	Biography			200	歷史科學
F	History, Antiquities				
G	Geography, Travels, Maps, Manners & Customs				
H	Social sciences	300	Social sciences Sociology	300	社會科學
		400	Filology		
L	Natural sciences	500	Pure Science	400	自然科學
Q	Medicine				
R	Arts (General works, Exhibitions, Patents, Metric arts)	600	Useful arts	500	工藝學，有用技術
				600	産業
Vv	Music	700	Fine arts	700	美術
W	Graphic and Plastic arts				
X	Language				
Y	Literature	800	Literature	800	文學
Z	Book arts				
		900	History		
				900	語學

5　文献（d5）：Dewey "Decimal Clasification and Relativ Index" Ed.12（1927）

位に配された Cc）は，実際は表 2-2 のような体系である。

表2-2　EC, DDC, NDC 原案における哲学・宗教の排列順

EC		DDC12		NDC 原案	
B	Philosophy	100	Filosofy	100	哲學及宗教（精神科學）
Bh	Logic	160	Logic　Dialectics	117	論理學. 因明
Bi	Psychology	150	Psychology	140	心理學
Bm	Ethics	170	Ethics	150	倫理學
Br	Religions	200	Religion	160	宗教. 神學

　NDC 原案では論理学が 110 哲學の下位に置かれていること，また宗教が体系上 100 の下位にあることで階層がやや異なるが（これは現在の NDC でも同様），EC と同じ順をとっていることがわかる。しかし，宗教の下位は異なる（後述）。ここでは，EC の順は DDC とは異なっている。

　また，原案の排列順は EC のそれとおおむね近似していても，必ずしも EC を無原則に模倣あるいは援用したものではない。たとえば社会科学（および関連領域）は表 2-3 のようになる。

表2-3　EC, DDC, NDC 原案における社会科学の排列順

EC		DDC12		NDC 原案	
H	Social sciences	300	Social sciences	300	社會科學
Hb	Statistics	310	Statistics	350	統計學
Hc	Economics	330	Economics	330	經濟學
Hk	Commerce	380	Commerce　Communication	670	商業
Ht	Finance	336	Public finance　Taxation	340	財政學
I	Social problems	360	Associations　Institutions	360	社會學及社會問題
Ik	Education	370	Education	370	教育
J	Government	320	Political science	310	政治學
K	Law	340	Law	320	法律學

　統計が社会科学の先の方に置かれている EC の排列順はむしろ DDC のそれ（310）と同じで，350 に置いた NDC が独自性を見せている部分でもあり，DDC とも異なっている。また，NDC の商業は 600 産業の下に置かれ社会科学とは切り離されており，この構造は過去何度も批判を受けつつ，現在も踏襲されている。

　排列順が EC とも異なるのは特に下位のクラスでは当然のことといえるが，

1. 和洋圖書共用十進分類表案（1928 年） *69*

表2-2でも例に挙げた EC の Br 宗教学（Religion）の下位を見るとこのような
例がある。

　EC では Br 宗教学（Religion）に続いて Bt 宗教（Religions）と展開され，Bt
は「ユダヤ教とキリスト教を除く（Except Judaism and Christianity）」と注記さ
れている。「仏教（Buddhism）」は第6分類表までみても列挙されていないが，
巻末の索引で仏教を検索すると，第1～2分類表では B，第3分類表では
Br，第4分類表では Bt，第5分類表では By，第6分類表では Bz にそれぞれ
位置づけられることがわかる（Buddhism……B，^{3}Br，^{4}Bt，^{5}By，^{6}Bz）。これに C
キリスト教とユダヤ教（Christianity and Judaism）が続き，Ca がユダヤ教，Cc
がキリスト教となる。

　表2-4では，EC の第6分類表^{6}の排列をもとに抜粋したものと，DDC12
版と NDC 原案を対応させてみた。DDC および NDC にはキリスト教とユダヤ
教を包括する分類はない。また上でも述べたように EC では分類表に仏教は列
挙されていない。DDC12 版では仏教はバラモン教と同じ「294　Brahmanism
Buddhism」に位置づけられている（ヒンズー教も 294.5）。いっぽう NDC では
ユダヤ教は「199　雑宗教」にある。排列順は EC と NDC 原案は近似してい
るとはいえ，EC では仏教，NDC ではユダヤ教を「その他の宗教」として位
置づけていることに変わりはない。

表2-4　EC，DDC，NDC 原案における宗教の排列順

EC		DDC12		NDC 原案	
Br	Religion	200	Religion	160	宗教．神學
Bs	Natural theology	210	Natural theology	163	神學
Bt	Religions	290	Nonchristian religions	180	佛教
Bz	Local religions	294	Brahmanism Buddhism		
C	Christianity and Judaism				
Ca	Judaism	296	Judaism	199.3	ユダヤ教
Cb	The Bible	220	Bible	193	聖書
Cbf	Old Testament	221	Old Testament	193.1	舊約聖書
Cbp	New Testament	225	New Testament	193.5	新約聖書
Cc	Christian theology	232	Christ　Christology	191	教義神學．信條論
D	History of the Christian Church	270	General hist. of church	198	教會．牧師．儀典

6　文献（d2）：Cutter "Expansive Classification"（1891-1893），p.61-111 より

原案から NDC へ

　森は，この原案の対象を「公共図書館を主要目的」としたうえで，その表題どおり国内刊行書を主とし，外国書にも共通に用いることができる分類法を企図していた。

　また，序文（記事前半）の末尾で

　　此ノ體系ガ決シテ萬全ノモノトハ信ジナイノハ勿論ノコト，未完ノ部モ追
　　追ト充シテ行ク考デアルカラ，是非ノ論ヤ不備ノ點等ニ就テハ高教ヲ借マ
　　レザランコトヲ祈ルモノデアル.

と述べ，さらにこのように結んだ。

　　ことわりがき
　　○細目表ノ或部分ハ細カク分類シ（900ノ如ク），又或部分ハ大別ノミヲ掲
　　ゲテ（430ノ如ク）アルガ，コレ等ニ對シテハ別ニ理由ハナイ．粗略ノ箇所
　　モ追々ト細別シテユクツモリデアル．故ニ本表ノ區分ガ平均ヲ缺デキル點
　　ニ就テハ次ノ機會マデ待タレン事ヲ望ム.
　　○相關索引モ本誌上ヘ同時ニ附スル考ヘデアッタガ時間的都合ノタメ不已
　　得次號ヘ廻ス事ニシタ.
　　○本案ハ私ノ業務ノ餘暇ニ作ッテミタモノデ未ダ不十分ノ處モ多々アル事
　　ト考ヘルガ，是等ニ對シテハ大方ノ示教ヲ待ッテ研究ヲ繼續シテミタイト
　　考エテキル.

　相関索引はこの予定どおり記事後半に掲載され，その文末においては，次のように記している。

　　斷リ書キ
　　1．本號ニテ私ノ分類表案ハ大體纏マリマシタ.
　　2．總表及索引ノ校正ガ不十分ノ為メ，多少誤植モアリ，又其後研究ノ結
　　果訂正ノ必要ヲ感ジテ居ル點モアリマスガ何レ本索引發表後ニ於テ，諸君
　　カラ御批評又ハ種々御注意モ頂ケルコトヲ豫期シ，夫等ヲ一括シテ將來
　　適當ノ機會ニ發表サセテ頂キ度イト考ヘマス.
　　3．各位ノ忌憚ナキ御批評ヲ切望致シマス.

　いずれも森の「未完」という考えを窺い知ることができる文章だが，この

「追々」「次の機会」「将来適当の機会」は1年を経ずして訪れることとなった。

2. 日本十進分類法 第1版（1929年）

　1929（昭和4）年8月25日，間宮商店から『日本十進分類法：和漢洋書共用分類表及索引』第1版・350部が刊行された[7]。

　この日は森の23歳の誕生日であり，『日本十進分類法』の名を選定推薦したのは間宮である。師の親心といえよう。

第1版について

　第1版の装丁は臙脂色のクロス装，菊判であり，定価は4.50円（連盟会員は4.00円）であった。現代の物価に換算すると9,000円程度ではないかと推測される。

　『青年圖書館員聯盟會報』第2年第9號（1929年）にはNDC発売の広告が以下のとおり掲載されている（図2-1，p.72）。

　　ワガ國ニ於ケル圖書分類法問題ニ對スル劃期的業績＝N.D.C.ノ出版

　　（略）

　　先ズ100頁ニ亘ル總表ト，5,000ニ及ブソノ相關索引オ見ラレヨ！而シテソノ十進的構造ト助記的要素ノ遺憾ナキ應用オ討究セラレヨ！！而シテ亦ソレヲ批判セラレヨ！！！

　またこの第1版に関しては明治薬科大学図書館の藤田忠雄が森の喜寿記念論文集に外装，内容についての考察を寄せている[8]。

　　NDC初版，正確には「日本十進分類法─和漢洋書共用分類表及索引─編者森清　第1版（間宮商店　昭和4年）」（同書標題紙による）は，戦前～戦後の半世紀を超える年月にわたり，日本の図書館界の最も重要なツールの一つ，というよりは一つの法典的な存在となり，とくに司書としての職業的な使命感にもえる若き男女青年にとってはある種の聖典であり，シンボ

7　文献（a3）：森清『日本十進分類法』（1929）
8　文献（b13-1）：藤田忠雄「NDC初版について：日本十進分類法初期諸版論序説」（1983）
　『知識の組織化と圖書館：もり・きよし先生喜壽記念論文集』，p.53-57

72　第2章　日本十進分類法の誕生

ルであった「日本十進分類法」（全版）の嚆矢の書であり，発端の書であることはいうまでもないことである。この資料の存在の重みを，それを手にして実感することのできた筆者は，その機会に恵まれていない人たちのため，同書の編纂の順序に従った解題を試みることにする。

本書では，藤田の記述を参考にしつつ，NDC の本体およびそれに先行する「序文」的なコンテンツ（序説・使用法など，本表に先行して掲載される一連の解説

58　　青年圖書館員聯盟會報　　第2年第9號

ワガ國ニ於ケル圖書分類法問題ニ對スル
劃期的業績＝N.D.C.ノ出版

日本十進分類法

NIPPON DECIMAL CLASSIFICATION

森　清　編

菊判216頁　半裁シロース表装

定價 ¥ 4.50　（L.Y.L.會員ニハ特價 ¥ 4.00）

先ズ100頁ニ亘ル總表ト，5,000ニ及ブソノ相關索引オ見ラレヨ！而シテソノ十進的構造ト助記的要素ノ遵憾ナキ應用オ討究セラレヨ!!而シテ亦ソレオ批判セラレヨ!!!

―――某大圖溟ヨリノ來信―――
前略――森業御彙纂ノ十進分類法御上梓ノ由斯界ノ爲ニ慶賀ノ至リ
孜分類ノ相關索引ハ載ニ便利ニテ當館ニテモ絕ニズ我粉上参考ト致シ
居リタル次第，各圖ニモ購入方勸誘致シ取纏メ近日註文致シ度存ジテ
居マス。――後略

――――――
發　行　所
合資　間　宮　商　店　會社
大阪市南區安堂寺橋通四丁目五
電話的版 2532　振替大阪 59869
電信略號オサカ　エフマミヤ（センバ局）
東京事務所 東京市丸ノ内ビルディング547,電話丸ノ内(23)1874
福岡事務所 福岡市外箱崎町 工科前

――――――
すぐ役
に立つ **圖 書 の 整 理 法**
乙部泉三郎著
四六判 50頁 ¥ .50　送料 4錢
著者ノマエガキニ曰ク「圖書ノ整理法ヲ色々アリマス。本書ニ説明シマシタ
ノハ最モ一般的ナ，實際的ナ方法デス。理論ヨナルベク省キマシタ。短刀直入
整理ニ須要ナ點ダケオ極メテ平易ニ書キマシタ」ト。
初メテ書物オ整理ナサルガニヲ是非御一望オ御スヽメシマス。
合資　間　宮　商　店　會社

図2-1　『青年圖書館員聯盟會報』第2年第9號（1929年）より

2. 日本十進分類法 第1版（1929年）　73

的記述）の構成内容や改訂での変更点につき解説していく（個々のコンテンツに
ついては本書第Ⅱ部で扱う）。

第1版の構成

　第1版の序文は，間宮による「敍」1ページと森による「はしがき」1ペー
ジ，さらに「序説」5ページ，「導言」11ページ（Ⅰ　分類法ノ組織，Ⅱ　使用指
針，Ⅲ　特殊取扱法）と続く。

　その後が分類表であり，「主綱表（MAIN CLASSES）」（第1次区分），「要目表
（SUMMARY）」（第2次区分）の表が各1ページ置かれ，いわゆる本表である
「總表（GENERAL TABLES）」と続く。第1次および第2次区分表の名称は後
の NDC 各版とも異なり，また第3次区分表はまだ存在していない。そこに
「助記表（MNEMONIC TABLES）」が続く。原案の表よりも種類が増え8表に
なっているが，3ページで収まっている。

　そして「相關事項名索引（RELATIVE SUBJECT INDEX）」は4表用意され
た。DDC に倣ったものであるが，これだけの手厚い索引は国内では珍しいも
のであった（東京市の分類にも索引は用意されていたが）。

第1版への補訂

　第1版に対しては翌1930（昭和5）年1月，間宮商店から全8ページの「日
本十進分類法（第1版）補訂表（List of Alternations and Errata of Nippon Decimal
Classification, 1st ed.）」が発行されている。誤植の正誤表以外にも，項目名称の
変更や下位の区分などが一部変更されている。

　たとえば611「農政學」は（他の綱目にあわせて）「農業經濟學」に変更になっ
ているが，もっと大きなものでは，「666 海藻」ハ「666 養蛙 Frog culture」
ト訂正，というように，まるで違うものに置き換わったようなところもある。

　表6-14（p.215〜224）に挙げた第3次区分（当時の表現では「第3段」）にも変
更が出ている箇所があるが，これは補訂前のものをそのまま記載した（原案
（表6-13，p.205〜214）および第2版（表6-15，p.227〜236）との比較のため）。

74　第 2 章　日本十進分類法の誕生

3. NDC と同時期の一般分類法

　NDC の第 1 版が刊行されたことは無論今日からみればわが国の図書館史上大きな出来事であるが，わが国の分類法史上からも，この 1929（昭和 4）年 8 月という月は特筆すべき月であったといえる。

　この 1 か月のうちに，乙部泉三郎『日本書分類表』[9]（8 月 1 日発行『すぐ役に立つ圖書の整理法』付録），毛利宮彦『簡明十進分類法』[10]（同 15 日発行『図書館雑誌』掲載），そして森清『日本十進分類法』（同 25 日発行）と相次いで一般分類法・表（案）が公刊されたのである。

　NDC も含めこの三つの一般分類表の登場は，前章で述べてきた一館分類表の時代から，複数館で用いることのできる標準分類法の時代へと転換していく時機であり，その意味においても 1929 年 8 月は特別であったといえよう。

　しかしここから，「標準分類法」というものをめぐる論争が巻き起こることになる。

乙部泉三郎『日本書分類表』

　当時，県立長野図書館にあった乙部泉三郎（1897-1977）は，同年 3 月に開館した県立長野図書館のために作成した分類表を著書『すぐ役に立つ圖書の整理法』[11] の付録として公開した。同書は受入から目録，分類に至るまで一連の整理技術を概説した 23 ページの本文だが，付録であるこの分類法は解説も含め 24 ページが割り当てられている。

　冒頭「分類表の説明」で，この分類のメインクラスの排列順の根拠とその成立について次のように述べている（続けて，総記の意味と位置づけも述べる）。

　　圖書舘員と讀者とのお互の便利の上から極力實用的にと云ふ趣意に下に作
　　製しました．此分類法は各種の圖書全部を次の九門に分けました．その順

9　文献（e17-1）：乙部泉三郎「日本書分類表」（1929）『すぐ役に立つ圖書の整理法』，p.1-24

10　文献（e18-1）：毛利宮彦「簡明十進分類法」（1929）「圖書分類法の一つの私案」，p.214-221

11　文献（e17）：乙部泉三郎『すぐ役に立つ圖書の整理法』（1929）

3. NDC と同時期の一般分類法　　*75*

序は先づ初めに精神あり．次に物質あり．そこに社會が成立し．社會には
秩序．風俗が生れ．技術として實用的なるものと趣味的なるものとが生ず
る．醫學．工學等の諸技術．産業．藝術は社會より發生する技術的なもの
である．そしてこれ等を記録するのに横には文學があり．縦には歴史があ
ると云ふ一個の私見から此分類法の基礎を作りました．

　これに「第一表　基礎表」（第1次区分）と「第二表　大綱表」（第2次区分）
が1ページずつ続き，「第三表　日本書分類表」12ページが掲載され，さらに
相関索引に相当する「分類表索引」8ページが収録されている。

　原則として記号は十進記号3桁にとどまるが，「418　各科教授法」と「470
教科書及其參考書」は3桁の後ろに小数点をつけて4〜5桁の記号を充ててい
る。

　また，冒頭の「分類表の説明」中に「共通區分」が各所に適用されているこ
とが述べられているが，

　　これは總記形式區分と云つて必要に應じて本分類表を更に發展させる場合
　　にも役立ちます。

と一種の補助表（当時の表現では「助記表」）の
役割をもつことをうかがわせる。

　そして，この分類の出自は一館分類法だ
が，一般分類法として使われることを目的と
したことを述べている。

　表2-5と表2-6（p.76）には，第一表（基
礎表）と第二表（大綱表）を挙げた。この並
びを見ると，DDCやLCCを意識しているの
は確かだが，NDCともECとも違うクラス
の排列であることがわかる。表2-6は掲載
にあたって若干レイアウト（分類記号と名辞の
間のスペース）を調整した。また，46の項目
名の間だけ「，」で区切られているように見

表2-5　『日本書分類表』基礎表 [12]

第　一　表
基　礎　表

0	總　記　類
1	精神科學類
2	自然科學類
3	社會科學類
4	教　育　類
5	應用技術類
6	産　業　類
7	藝　術　類
8	文　學　類
9	歴　史　類

12　乙部　前掲9，p.3より

76 第2章 日本十進分類法の誕生

表2-6 『日本書分類表』第二表 大綱表[13]

00	郷土資料	50	應用技術類
01	圖書目録	51	醫學
02	圖書館	52	臨床醫學
03	百科事彙	53	衛生. 藥學
04	小册子	54	土木工學
05	叢書. 全集	55	機械工學
06	雜誌	56	電氣工學
07	新聞	57	鑛業. 鑛山學
08	稀覯書	58	造船. 航海
09	兒童圖書	59	造家學
10	**精神科學類**	**60**	**産業類**
11	西洋哲學	61	農業
12	東洋哲學	62	工業
13	倫理學	63	商業
14	心身論	64	養蠶業
15	心理學	65	林業
16	宗教	66	園藝
17	神祇	67	牧畜. 養禽. 養蜂
18	佛教	68	水産. 漁業. 鹽業
19	基督教	69	食品製造業
20	**自然科學類**	**70**	**藝術類**
21	數學	71	美術
22	物理學	72	書畫
23	化學	73	工藝美術
24	寫眞	74	彫刻
25	天文學	75	音樂
26	地文學. 地質學	76	演劇
27	生物學. 人種學	77	印刷. 製本
28	植物學	78	運動遊戯
29	動物學	79	娯樂諸藝
30	**社會科學類**	**80**	**文學類**
31	政治	81	日本文學
32	憲法. 議院法	82	支那文學
33	法律	83	歐米文學. 各國文學
34	經濟	84	小説戯曲
35	軍事	85	言語學. 語學辭書
36	統計	86	國語學
37	交通. 通信. 殖民	87	支那語學
38	社會思想	88	英語
39	社會問題	89	歐州語
40	**教育類**	**90**	**歴史類**
41	教授論	91	日本史
42	學校教育	92	東洋史
43	普通. 高等. 師範教育	93	西洋史
44	專門教育	94	傳記
45	社會教育. 特殊教育	95	地誌
46	獨學檢定. 學校案内	96	日本地誌
47	教科書及其他參考書	97	東洋地誌
48	家事	98	歐州地誌
49	風俗	99	アメリカ アフリカ 太洋洲. 極地地誌

13 乙部 前掲9，p.4 より

えるが，これは誤字と見なさずそのまま転記した。

　乙部は青年図書館員連盟の会員であり評議員であったが，図書館現場にあったため NDC 成立の過程には直接関与していなかったと思われる。原案や NDC 第1版の序文等にも乙部の名はない。なお，同書の広告は，NDC 第1版の広告に併載されていた（図2-1，p.72）。

毛利宮彦『簡明十進分類法』

　かつて早稲田大学図書館におり，アメリカ留学を経て退職後，当時「図書館事業研究会」を主宰していた毛利宮彦（1896-1956）は，『図書館雑誌』117号に「圖書分類法の一つの私案」[14]と題してこの分類を公開した。

　その前文では国内外の分類法に対する著者の考えを述べ，

　　D.C の斯種圖書館方面での強味も亦、こ、に在りと信ずる。此のポピユラリテイーの點からして、我國從來の分類法に就いてみると、ホンノ今少し許りの手入れで、可なり效果的になるらしく考へられる。公平に觀て日本の分類法なるものも、相當苦勞して成長して來たのであるから……。一口に言へば在來のものを材料とし、これを整理すればい、。

とし，3桁の記号を7ページにわたって載せている。この記号は十進記号に見えて，実はメインクラスに相当する最初の10区分は記号を持たず，その見出しのもとに区分が展開される形式を採っている。DDC をはじめ多くの十進分類法は0を総記とし1／9を区分肢に充てているが，この分類では0／9を使用するのが特徴といえよう。

　表2-7（p.78）ではこの分類表から，2桁部分を抜粋した。詳しくは表の後に解説が続くが，クラスの排列順は地誌・歴史を除いて NDC に近い。この記事の文末では，この分類の作成にあたっては「大正十五年に発表の，東京市立図書館の新分類表を，最も多く参考にした」と述べている（東京市の分類は表1-18および表1-19，p.42～43参照）。

　続いて「簡明十進分類法」解説が2ページにわたって述べられる。その要点は以下のとおりである。

14　文献（e18）：毛利宮彦「圖書分類法の一つの私案」（1929）

78　第 2 章　日本十進分類法の誕生

表 2-7　『簡明十進分類法』のアウトライン[15]

一般圖書		理　　學		文學・語學	
000	地方誌料	400	理　　學	800	文　　學
010	書　　目	410	數　　學	810	日 本 文 學
020	圖 書 館	420	物　理　學	820	和歌・俳句
030	事彙・年鑑	430	化　　學	830	物語・小説
040	叢書・全書	440	天　文　學	840	脚本・歌謠
050	隨筆・雜書	450	地　質　學	850	支 那 文 學
060	新聞・雜誌	460	古 生 物 學	860	外 國 文 學
070	協會・學會	470	生　物　學	870	語　　學
080	稀覯圖書	480	植　物　學	880	日　本　語
090	兒童圖書又ハ委託圖書	490	動　物　學	890	外　國　語
哲學・宗教		醫學・工學		地誌・歷史	
100	哲　　學	500	醫　　學	900	地　　誌
110	東 洋 哲 學	510	基 礎 醫 學	910	日 本 地 誌
120	西 洋 哲 學	520	臨 床 醫 學	920	東 洋 地 誌
130	論　　理	530	工　　學	930	西 洋 地 誌
140	心　　理	540	土 木 工 學	940	風俗・習慣
150	倫　　理	550	建　築　學	950	傳　　記
160	宗　　教	560	機 械 工 學	960	歷　　史
170	神　　道	570	電 氣 工 學	970	日　本　史
180	佛　　教	580	鑛　山　學	980	東　洋　史
190	基　督　教	590	造船學・海事	990	西　洋　史
政治・法律・軍事		農業・工業			
200	政　　治	600	農　　業		
210	國　　家	610	農業・茶業		
220	行　　政	620	畜産業・養禽		
230	外　　交	630	蠶業・養蟲		
240	植　　民	640	林業・鑛業		
250	法　　律	650	水産業・漁業		
260	内　國　法	660	工　　業		
270	外　國　法	670	化 學 工 業		
280	軍　　事	680	製 造 工 業		
290	統　　計	690	家　　政		
經濟・社會・教育		美術・技藝			
300	經　　濟	700	美　　術		
310	生産・分配	710	建築・造庭		
320	交換・消費	720	彫刻・工藝		
330	商　　業	730	書畫・骨董		
340	交　　通	740	印刷・寫眞		
350	財　　政	750	技　　藝		
360	社　　會	760	音　　樂		
370	社 會 問 題	770	園　　藝		
380	教　　育	780	娛　　樂		
390	制度・實踐	790	運　　動		

15　毛利 前揭 10, p.214-221 をもとに作成

一、デユーウキー氏の十進法を基本とし、之に我が國の特殊的立場からして、類、綱の配置其他に手加減を加へたこと。

元來デユーウキー氏の十進法そのものヽ類、綱の配置には、歐米に於てはずいぶん以前から非難されてゐる。その排列の順序といふことにも異論があり得るが、寧ろ配分の不當といふことの方が、缺點としては大きい。

(略)

かヽる事實に徴し本分類表に於ては、社會科學を二類に分け醫學及工學に一類を與ふると同時に、哲學と宗教、語學と文學とは各一類に合併することにしたのである。これで大體平均し得たことヽと思ふ。

というように，DDC を根底にしつつその「欠点」を解決すべく類のレベルで手を入れたこと，毛利案と DDC との比較を述べている。

二、地理別を一定して其の記號を記憶的たらしむべく共通にしたこと。

ここでは，地理的な区分について日本・東洋・西洋の区別の必要性に言及し，「成るべく簡易なる形式に依る，記憶的の共通利用を試みた」として記号を充てたことを述べる（いわゆる助記性について）。この中で特徴を挙げるとするならば，地理に関する記号が「國別と言語別との二種あることも必要とされてゐない」としていることである。

三、類綱の中で普通必要と認められたものには、「總記」を配置したこと。

ここでは，DDC では本表上で省略されている下位の項目（綱）でも 9 種類の形式を列挙したことを述べている。「補助表（助記表)」という考えによっていない。

我國圖書館に於て實施されてゐる所のものは、隨所第二位の「綱」に於てもこれを設くるのであつて、之は圖書館の規模からして大體四位の細分を避けやうとしたことが、一因である。

なお，毛利はこの後も継続してこの分類を改訂した。1936（昭和 11）年に刊行した『圖書の整理と運用の研究』[16]には別冊付録として「簡明図書分類表」[17]が付されたし，さらに 1940（昭和 15）年には独立して冊子として刊行された[18]。そして，『圖書の整理と運用の研究』は戦後 1949（昭和 24）年にも『圖

16　文献（e32）：毛利宮彦『圖書の整理と運用の研究』（1936）

17　文献（e32-1）：毛利宮彦『簡明十進分類表並兒童圖書分類表』前掲 16 別冊附録

80 第 2 章 日本十進分類法の誕生

書館學綜説』[19] と改題して改訂されているが，ここではこの分類は掲載されていない。

4. 鈴木賢祐の支援：標準分類法をめぐる論争

この時代の図書分類法に関する研究者の一人として，当時和歌山高等商業学校図書課にあった鈴木賢祐 (1897-1967) がいる。彼の評伝[20] によると，

> 一九二七（昭和二）年『図書館雑誌』に「わが国図書館の浄化」の一文が登場。以後堰を切ったように次々と論文を発表。青年図書館員聯盟の結成も刺戟になったのか，一九二八年聯盟から『圖研究』が創刊され，発表の舞台が広がる。

とある。鈴木は連盟の結成当時から常にその中核にあり，宣言や綱領は鈴木の手になるものであった。評議員や理事員なども歴任している。また，戦後の日本図書館協会にあっては分類委員会の委員として長らく NDC に関わっている。

森が NDC の原案を発表した当時の鈴木は 31 歳前後であったからまさしく「少壮」とよぶにふさわしい年代だったが，当時の鈴木はベーコン (Corinne Bacon, 1865-1944) の『圖書分類』("Classification"，原書 1916 年) の翻訳[21] 刊行をはじめ，『圖研究』『図書館雑誌』などの誌上にカッター，ボーデン，リチャードソン，セイヤーズ，ブラウンなどの文献を次々訳出していた。

その性格は，上述の評伝によれば「きびしい人」「矜持と気骨」「峻烈」，そして「反骨」という表現を用いて語られており，特に『図書館雑誌』において鈴木はしばしばきびしい論調で批評を行っている。鈴木が遺した文献の数々を追うことで，分類法をめぐる議論が当時どのように展開していたかが如実にわかるが，特に鈴木が対象としていたのは，図書館独自の一館分類法よりも，複数の図書館で統一的に用いられる「標準分類表」への批評であった。

---

18 文献 (e37)：毛利宮彦『簡明十進分類表並索引』改訂増補 2600 年版 (1940)

19 文献 (e49)：毛利宮彦『図書館學綜説：圖書の整理と運用の研究』(1949)

20 文献 (b11-4)：升井卓弥「反骨の図書館学文献学者 鈴木賢祐」(1983)『図書館を育てた人々 日本編 1』，p.148-149 より

21 文献 (d6)：ベイコン；鈴木賢祐譯『圖書分類』(1927)

前章でふれた中島猶治郎への批判[22] もそのひとつだが，奇しくも同月に揃って刊行された乙部泉三郎，毛利宮彦，森清の三つの分類法に対する論評こそ，鈴木の真骨頂と言えるのではないだろうか。

鈴木による比較検証

鈴木はこの三つの分類表を対象とし，『図書館雑誌』誌上において「どれが標準分類表か？：乙部案—毛利案—森案」[23] と題して2回にわたる比較レビューを行った。

鈴木はこの論考の冒頭において，以下のように述べている。

　　今日のわが國の圖書館界において、當にやるべく又やつてやりばえのする仕事の數ある中に、わけても標準分類表の構成は、最も重要、且つ最も花々しい仕事の一つである。

そして鈴木はこれらの三つの表を，量的な面よりも質的な部分をまず基準とし（もし量を基準とすればもっとも評価されるのは単行書であるNDCであることは自明である），一定以上の公平性をもって比較検討している。

　　一、でき得る限り事物の順序には從はねばならない。(中略) それ故に分類法は複雑の順序、歴史の順序、換言すれば進化の順序に從はねばならない。

　　二、緻密にできてゐなくてはならない。

　　三、純粋記號、又は十進数字を含む混成記號を用ひ、如何なる新主題の挿入にもたへるやうな、記號法を具へてゐなくてはならない。

　　四、詳細な索引（列擧索引又は相關索引）を具へてゐなくてはならない。

　　　　　　　　　　　　　　　（本文をもとに構成，一の（中略）は原文ママ）

という「分類表の標準」を設け，これをもとに三つの表を比較した。この「標準」は鈴木の独創ではなく，リチャードソンの考える「實用分類法の標準」[24] をもとにしており，一・二はリチャードソンの原案を，三・四はリチャードソ

22　文献（e14）：鈴木賢祐「「標準分類表」中島氏案の難點」(1928)

23　文献（e19，e20）：鈴木賢祐「どれが標準分類表か？　乙部案—毛利案—森案」(一，二) (1929)

24　文献（d8）：Richardson；加藤宗厚譯「分類法ノ理論及實際」(1928)

ンへの対案として，セイヤーズの見解[25]を汲んで整理したものである。

まず（一）順序の面について，乙部案はブラウンの件名分類法（SC）のような「一種の客観的進化順序」ではないかと推測するが，排列として効果的でなく「われわれの観念をもつては理解し難い」としている。また毛利案に対しては DDC を毛利が独自に改善したものとしているが，結局のところ「大體において朝三暮四的であると評するの外はあるまい」とする。そして森案つまり NDC に対しては，論拠としてまず EC の順序が理論的であるとした上で，それを十進記号に変換したという点で評価している。全面的に高い評価をしたわけではないが，「何れにもせよ，森案が圖書館用分類表として，われらの標準の第一要件に充分適合してゐることは明らかである」と結論づけた。

次に（二）緻密の度については，量的な要素が絡んでくるため単行書である NDC にアドバンテージがあるのは間違いない。しかしそれも，毛利案の解説を引き合いにして，蔵書量に対する緻密の度について分析を行っている。また NDC についても「極めて仔細に見て行けば」取り扱いの不均等などのような「あら」があるとは指摘しているが，結局「われらの標準の第二の要件に適合する一般分類表は，私の知つてゐる限り，わが國で森案が唯一のものである」と締めくくる。

続けて（三）記号法としては至って簡潔に「三案共に十進法である」ということでこの点においては三つの分類に対して特に甲乙をつけていない。

最後に（四）索引について，まず索引を持たない毛利案は除外し，乙部案と NDC の差は「詳細」の差つまり本表における項目の数に起因するものであるとする。

最終的には NDC を「わが國における近代圖書館事業始まつて以来の大収穫であり，斯業の發達程度を物語る好個の記念碑である」とまで賞賛した。

毛利宮彦の反論

だが，当時の鈴木の活動の場が青年図書館員連盟の『圕研究』にあったこともあり，この批評は結果的に連盟の身内である森の NDC を高く持ち上げたも

25　文献（d10，d11）：Sayers；加藤宗厚譯「セイヤーズの分類入門」（一，二）（1928–1929）

のとも見ることができた。鈴木の考察は公平な視点であったといえるが，NDC を称揚する文章には若干の意図を感じなくもない。したがって，当然この論考は当事者である毛利の反論[26] を呼ぶこととなる。

毛利は，鈴木の批評の対象に自己の「私案」が採りあげられたことにまず反論している。特に量的な面で他の 2 者に及ばないことから「索引どころか所要の綱目に参照を附することさへも，差し控へた」と弁明する。そのうえで，鈴木が論題に掲げた「標準分類表」という語に対しその定義と解釈，比較の手法について批判した。

　そもそも「標準分類表」といふ言葉は——英語ではスタンダード・クラシフヒケーションとでも言ふのか——餘り耳にせぬ語であるが，譬へ在り得るとしても、或は殆ど意味を成さぬのではないかと思はれる。何故なれば、「標準」と言ふからしては「最高」とは意義を異にするとしても普通には三つも四つも標準は在り得ないであらうし、若し在りとすれば「標準の標準」が必要であつて、何のことかサツパリ解らなくなつて終ふからである。今これを事實に徴してみても、數ある内外の圖書の中に斯ることを、標榜してかゝつたものは殆どないであらうし、D・C・E・C・L・Cの諸法に對しての如き、何れも「代表的」又は「典型的」の分類表としての意味に於て、これを推薦し説明し或は夫々の長短につゝいて批判するのである。言ふまでもなく「代表的」又は「典型的」といふ言葉は、その卓絶を推稱した形容詞であつて、極めて自由な語意のものである。誰か是等諸法の一つを採つて、之こそ「標準分類表」なりと言ひ得るものぞ。然し乍ら茲に或る人があり、ヨク前人未發の見地から、唯一の分類表の偶像を建立しやうとも、蓋しそれは頗る勝手であらう。

さらに毛利は NDC に対し「未だ之を手にしてゐない」としながらも，鈴木の文章から「蔵書冊数と分類の精粗の問題は全く度外視されてゐて，「圖書在つての分類表」でないこと」を問題視している。また，NDC の目的が「圖書の分類のためのものか，目録の分類のためのものか，或は両者のためのものか，それとも何れでもないのか」と書架分類・書誌分類への対応に関する疑問

26　文献（e21）：毛利宮彦「所謂「標準分類表」の批評について」(1930)

84 第2章 日本十進分類法の誕生

を呈した。

仙田正雄の論考

この毛利の反論は，さらに天理図書館司書の仙田正雄（1901-1977）の論考[27]
を招いた。仙田はその冒頭で，

> 我々圖書館の一員として、特に分類表に對して、或る程度の實際的必要性
> と、或る程度の興味的本能性に唆かされて、可なり面白く讀まして頂くこ
> とができた。

と書き始めるも，この鈴木の批評とそれに対する毛利の反論を指して「喧嘩」
と位置づけ，また図書館実務に携わる多くの人々を置き去りにした研究者の
「戦国時代」と評し批判した。

> 私は、此の一文を草することに依つて、此の論争の渦中に、好んで捲き込
> まれに來たのではない。又人の喧嘩を買つて出る程の、俠客氣も、今の所
> 持ち合せてゐないのを残念に思ふ。
>
> （略）
>
> 凡そ、戰國時代は、即ち群雄割據の時代である。自家勢力の擁護中長を、
> 是事とする以外の何者もない時代であつて、是では、無辜の民が助からな
> かつたのみならず、國家道德的にも、最も深い堕落を招來するの、危險を
> 冒さねばならぬ時代であつたのである。此の危險と不統一とを一掃して、
> 泰山の安きに國家を置いたのは、嘗ては武力であつた。日本圖書館の現狀
> は見方によれば、戰國時代を思はせる。所謂大家名士が、各所に番踞し
> て、俺の圖書館が一番善いのじやと計り、嘯いてゐられる。所謂獨自の見
> を、ぎごちなく、主張或は實行してゐられて同じ色合いを標榜する、同じ
> 程度の圖書館に於てすら、其の經營管理に於て、協同を欲せず、各館百種
> の絢爛さである。
>
> 而して、意見、討論等研究的態度に於ても、兎角個人主義的であり、相互
> 排除的で、自己を超越した脱俗さ、恬澹と寛容さがない。

次いで仙田は「標準化」という語をめぐって論を展開する。この論考は全体

27　文献（e22）：仙田正雄「道具の標準化に就て」（1930）

的には分類に限ったものではないが，事の発端がこの鈴木と毛利の論争であることから，文中で分類について次のように述べている。

> 例へば、分類に於ても、十進法や展開法などの外來文化を、随分と昔から輸入され乍ら、そして様々な功徳を、頭の中で繰り返し乍ら、色々の困難を豫想し得るとしても、未だに日本化乃至は獨創に於ける、定評的なものを、見出し得なかつたではないか。十進法に於て、森氏の分類表は、よしや未完成のものとするも、此の意味から、日本圖書館界に取つて、大なる収穫でなければならない。

なお仙田もまた連盟の評議員や理事員を歴任している。ただし，この投稿はそれらに就任する前のものであり，また連盟の会員番号はやや後ろのものであるから，この投稿時点で会員であったかどうかはわからない。仙田は，戦前・戦後にわたって目録・分類・件名に関して多く著作を遺し，NDC 新訂 6 版・7 版には諮問委員として携わっている。

鈴木の再反論

そして鈴木は毛利の反論に対し，再度反論[28]を示している。

「標準分類表」に対する，あるいは鈴木が示したリチャードソン，セイヤーズの基準に対する，そして DDC を引き合いに出した分類の（NDC の）精粗に対する毛利の疑義あるいは批判を受け，それらを事細かに引用し，対論を示して反論した。

鈴木の文には毛利の指摘に対してところどころ「およそ見當違ひ」「妄言」という過激な表現まで用いているが，今日から見ればそれでも鈴木の言説のほうが毛利よりも冷静で客観的に思える。他方，仙田の論考に対しては冒頭「私のひそかに言はんと欲してゐたことの多くを見出す」と賛意を示している。

毛利の再反論

毛利からこの鈴木に対する再度の意見表明は見られないが，6 年後の 1936 (昭和 11) 年に「N・D・C 第三版を見る」[29]という NDC への批評を『図書館雑

---

28 文献（e23）：鈴木賢祐「標準分類表はあり得る，ある」（1930）
29 文献（e33）：毛利宮彦「N・D・C 第三版を見る」（1936）

誌』に投稿し，その冒頭で以下のように述べている。

　　鈴木賢祐氏の「標準分類法はあり得る、ある」に於ける、「堂々の論陣を
　　張つて欲しい」といふ要求に、直接對してゞはない。然し乍ら、此文に言
　　ふところの事柄そのものが、自ら同氏の關心事となるに足るならば、又以
　　て一石二鳥の幸とするものである。

　続けて3版を基準としたNDC批評の論を展開するが（第3章「3.　日本十進分
類法　訂正増補第3版（1935年）」，p.108-110参照），それに先立ち，「再び「標準」
に就て」と題して一項設け，

　　リチャードソン氏の示した分類法の基準を金箇玉條として、一様に「標
　　準」のマークを附けやうとしても、それは凡そ意味のないことであると言
　　へやう。

などの文章をもって鈴木への再々反論を試みている。

　なお，この文では鈴木のことを「曾て熱心な標準分類法論者でありN・D・
Cのスポークスマン（代辯者）である一人」と称している。

和田万吉の論考

　この誌上論争が繰り広げられた翌年にあたる1931（昭和6）年2月，日本図
書館協会の顧問であった和田万吉（1865-1934）が「分類法式の畫一に就いての
一考察」[30] を寄稿した。

　和田は日本の図書館学を拓いた人物の一人であり，日本図書館協会（旧称・
日本文庫協会）の創設にも関与した創立以来の会員で，まさに斯界の重鎮であっ
た。目録法の権威であった太田為三郎とも帝国図書館の同僚であり，長らく交
流があり，和田自身にも分類や目録に関する著作が多い。

　和田はこの論考において「各館で共通的に利用の出来る圖書分類表」の有用
性について認めながらも，「到底完全無缺と謂ふべき分類表は出來難いことの
やうに想はれる」と述べる。それは分類する者の力量に問題があるということ
であり，ここまでの論争とは一線を画する。

　また，DDCをはじめとする十進分類に対して「明治以前の古本に属する圖

30　文献（e26）：和田萬吉「「分類法式の畫一に就いて」の一考察」（1931）

書をいきなり十進分類法に充嵌めようとしても無理を生ずることもあらう」とも述べる。「何でも新しがつて外國の様式を採用したく思ふのも笑止の至り」とまで表し，本国においても DDC がそのまま表どおり採用されている館はないのではないか，と述べてみせた。

文学博士号を持ち，出版史についても造詣の深い和田は，外国式の図書分類法では国内書を分類することは困難であるということから十進分類法に疑問を呈し，標準分類法が成立しがたいという自説も交えながら，この文の真の目的は毛利と鈴木の「喧嘩」を仲裁することにあると窺わせる。

だが鈴木はこの和田の論のいくつかの指摘や示唆に対して「望外の喜び」と称し殊勝な姿勢を見せるも，それを上回る数々の「疑問の點」を挙げてみせた[31]。事実上の反論であり（先の評伝では「館界の大御所和田万吉氏に対して反駁の論を章し」とある），当時国内で用いられていた多数の分類表を例示した上で標準分類表の利点を述べた。

この中で NDC に関する記述で特筆すべきは，和田の考察において NDC について一切言及されていないことを指して，次のように指摘した点である。

　これが何人によつても容易に入手し得られる公刊物であることも亦極めて大いなる強みである。さればわが國の現存分類法を論ずるに方たつて，この N・D・C は到底無視され得ない存在である。ところがこれ程のものが一向に博士の「考察」の舞臺上に登場して來ないのは何故であらうか。

5. 加藤宗厚の支援：NDC の実用普及へ

NDC 第 1 版は，1929（昭和 4）年のうちに青森県立図書館で採用されたのを皮切りに，国内いくつかの図書館で使用され始めた。

当時，理論面から NDC を支援していたのは鈴木賢祐であるが，主に実務面から支援していたのは，当時帝国図書館員であった加藤宗厚（1895-1981）であったといえる。森自身も「NDC は産み出したのは私だが，出版，校正その他全面的に育てて下さった間宮氏，加藤氏が育ての親というべきであろう」と

31　文献（e27）：鈴木賢祐「分類の標準化に關する若干問題」（1931）

88　第2章　日本十進分類法の誕生

述懐する[32]。

　加藤は，曹洞宗の家に引き取られ育ち，後に僧侶となるが，図書館教習所（のちの講習所）を修了したのち，小学校教員のかたわら帝国図書館のパートタイム嘱託となった。やがてそれが本務となったのち，文部省社会教育局を経て，国立図書館長，そして国立国会図書館支部上野図書館長となった人物である。

　この教習所の講義における井出菫の講義で分類研究に大きな関心をもった加藤は，青年図書館員連盟の古参会員でもあり，鈴木や仙田らとは異なり評議員や理事という立場ではなかったが，現在の『基本件名標目表』（BSH）の前身といえる『日本件名標目表』（NSH）[33] を編纂したり，メリル（William Stetson Merrill, 1866-1969）の分類規程を翻訳したり（『MERRILL ノ分類規程』）[34] など，若くしてさまざまな活動をしていた。また，1930（昭和5）年からは『図書館雑誌』の編集にも携わっており，そのためか，この時期連盟関係者の掲載が少なくない。

　また，加藤は東京にあったが森に対して手紙でNDCについての交流があり，森は「初版が刊行されると加藤（宗厚）さんから分類表について，疑義を正す手紙をしょっちゅう戴いたり，お答えしたり，また教えて下さったりしました」と証言している[35]。

　そして，戦後のNDCに対しては，文部省あるいは国立図書館の立場としてGHQとの交渉の場に立つことも多く，NDCを日本の標準分類法に仕立てた最大の立役者である。日本図書館協会分類委員会の初代分類委員長として果たした役割も大きい（後述）。

　この加藤が遺した文章からも，NDCや森がどのような立場にあったか，またNDCが普及していく過程の端緒を窺い知ることができる。

32　文献（b14）：もり・きよし『司書55年の思い出』（1991），p.12 より

33　文献（e24）：加藤宗厚『日本件名標目表』（1930）

34　文献（d7）：Merrill；加藤宗厚譯述『MERRILL ノ分類規程』（1928）

35　文献（e53）：「座談會 NDC を語る」（1950），p.222 より

図書館講習所での使用

　当時の加藤は，1929（昭和4）年より図書館講習所の分類法担当を担っており，当初は「当時もっとも詳細な分類表であった」東京市立日比谷図書館の分類表を使用していたが，NDC が刊行されるとすぐ試用に入った。後年，加藤は「おそらくこれが NDC の使用の最初であろう」と述べた[36]。

　また，1935（昭和10）年には文部省から『圖書分類法關係資料』[37] が発行されたが，おそらくこの講習に関連した教材と思われる。

　全53ページのこの冊子の前半部分は，本書でこれまで採りあげてきたような各種図書分類表や，アリストテレスからベーコンに至るまでの学問分類（「學ノ分類表」）のアウトラインが掲載されている。それぞれの分類やその記号法に対する説明文等はなく，単に表のみの掲載であるが，DDC や EC，LCC，SC だけでなくブリュッセルの国際書誌学会（Institut International de Bibliographie）における "CLASSIFICATION DÉCIMALE UNIVERSELLE"（C.D.U.）すなわち UDC（助記表も含め詳細に掲載）やドイツ工業規格（Deutscher Normenausschuss）における "DEZIMAL-KLASSIFIKATION" なども採りあげている。また，著者記号表や件名標目表についても海外例がいくつか紹介されていた。

　そして，p.40–42 の3ページに「6 圖書分類法自習問題」にいわゆる演習問題が，6項・97問にわたって掲載されている。いくつか抜き出すと次のようなものであり，NDC についてもかなり本質に迫るような高度な問題が載せられていた。

　Ⅰ　理論ニ關スル問題

　1　圖書分類ノ意義及ビ其ノ必要ヲ述ベヨ

　2　分類ノ理論的原則トハ何ゾ

　3　Tree of Porphyry 及ビコレト分類トノ關係ヲ説明セヨ

　Ⅱ　實習ニ關スル問題

　2　圖書ノ分類番號及ビ件名標目ヲ賦與スルニ當リ圖書内容ヲ把捉スル

36　文献（e55-2）：加藤宗厚「NDC・その生い立ちと戦前までのこと」（1965）「NDC・7 版へのあゆみ」p.388 より

37　文献（d14）：文部省『圖書分類法關係資料』（1935）

手續如何

4 「圖書ハ最モ特殊ノ標目ノ下ニ分類セヨ」トイフ意義ヲ説明セヨ

5 分類法ニ於ケル主題（subject）ト對比セラル、形式（form）トハ何ゾ

Ⅲ N.D.C. ニ關スル問題

1 N.D.C. ノ組織ヲ説明セヨ

3 次ニ揭ゲル N.D.C. 要目中ノ一ツノ區分ヲ説明シ、且ツ之ヲ批評セヨ

180 330 470 620 720

15 N.D.C. ノ 1 門（100）ノ構成ト日本ニ於ケル十進分類諸法トヲ比較セヨ

23 N.D.C.477-478 ノ細目表ヲ作レ

Ⅳ 和漢分類表ニ關スル問題

3 乾隆四庫分類ノ綱目ニ N.D.C. 番號ヲ配當セヨ

4 日本及ビ支那ノ現代圖書館分類ニオケル經部ノ取扱法ニツキテ知ル所ヲ記セ

Ⅴ 歐米分類表ニ關スル問題

1 Francis Bacon ノ學ノ分類及ビソノ圖書分類表ヘノ影響ヲ述ベヨ

Ⅵ 記號、排列、索引等ニ關スル問題

2 圖書館ニ於ケル圖書ノ排列ハ必ズシモ分類番號順ニヨラナイ、カ、ル實例ヲアゲ且ツ其ノ便否ヲ述ベヨ

5 日本ニ於ケル著者記號ノ諸法ヲアゲ、簡單ニソノ組織ヲ説明セヨ

「分類規程試案」と標準分類法論争

　加藤は講習所の経験を活かして，『図書館雑誌』にメリルの分類規程の日本版ともいうべき「分類規程試案」を投稿した[38]。これは，NDC の序説や使用指針では説明しきれていない主題同士の関係（影響関係や因果関係）や翻訳や解説の扱い，形式区分や時代区分などいわゆる一般分類規程に相当する部分と，

---

38 文献（e28）：加藤宗厚「分類規程試案」（1931）

個々の主題（特殊主題）に対する分類規程の 139 項目からなっている。

　一例を挙げると，「時代區分」において

　（二四）特定の時期を限れる主題の圖書

　　最初に主題によつて分類し、次に時代區分によつて細分せよ。

と，また個々の主題に対する分類規程としては

　（三〇）　圖書館

　　建築、經營、管理に關するものは其の種別（專門圖書館、普通圖書館）の如

　　何を問はず 012-014 に分類し、015-016 は一覽報告のみを分類せよ。

というように，具体的な運用の指針となるものであった。これについて加藤
は，以下のように説明する。

　　本案は Merrill の Code for classifiers 一九二八年版を中心とし、Sayers の
　　A short course in practical classificaiton, with speeial reference to the
　　Decimal and Subject schemes. 1922 及び Dewey の Decimal classification
　　に現はれたる規程と余の經驗に基き比較的穩當と認めたるものを日本十進
　　分類法の順に排列したものである。

　これが発表されたのは 1931（昭和 6）年 4 月の『図書館雑誌』であり，第 2
版の刊行の少し前である。加藤と森の関係からして，ある程度は第 2 版に影響
を与えたであろうことは疑いないが，第 2 版を見るかぎりにおいては，加藤の
案の直接的影響は感じられない。

　実務面からみてこの「分類規程試案」は有用であり，当時の NDC に対する
ガイドラインとして果たした役割も大きいが，さらに，前項で述べた標準分類
法をめぐる『図書館雑誌』誌上論争に連なる部分も含んでいる。

　本稿はその冒頭，「標準分類表の必要」という節からはじまり，今後創設さ
れる公共図書館に対して NDC を推奨しているが，その文において，まず和田
万吉の「画一不可能論」[39] についてこのように述べた。

　　余は分類法の晝一問題については晝一の可能不可能の問題と晝一の必要と
　　いふ問題を區別して考へたいと思ふ。

　　分類法晝一の困難は余も亦是を十二分に知つて居る積りである。よしそれ

39　和田　前掲 30

92　第2章　日本十進分類法の誕生

　　が畫一されたとしても、これが適用と新題目の添加を任意に行つたならば
　　再び再統一を暴露しなければならぬことも當然であると思ふ。これ余が先
　　にメリルの分類規程の譯術にあたつて「分類表ノ統一ハ必ズシモ圖書分類
　　ノ一致ヲ意味セズ」と斷言した所以である。

として，続いて標準分類法について見識を述べている。

　この一連の文章について加藤は，上述した回想[40] において「昭和5年以降筆
者は図書館雑誌の編集を担当していたので理論上鈴木氏に賛意を表しながらも
積極的に意見を述べることを差しひかえざるを得なかった」と述懐し，次いで
和田の画一不可能論に対しては「当時の大図書館の主宰者の意見を代表するも
のであったと思われる」と考察している。

　さらにこの「分類規程試案」がNDCを扱うにあたって，森が「図書館員で
ないこと」や「若輩であること」を理由とした批判に対して，反論と森への擁
護を記している。

　　然らば今後創設さるべき公共圖書館分類は如何なる分類表によるを可とす
　　べきか。これ昨夏の標準分類法問題の論點であつたのである。余は敢えて
　　本會員森清氏の「日本十進分類法」を推奨しやうと思ふ。固より本分類法
　　が完全無缺なりと言ふのではない。然しながら過去に於ける我國十進分類
　　法の多くが名のみの十進法であつて、Dewey の眞意を解されて居なかつ
　　たに對して氏の分類法は驚くべき機構を包藏して居ると思ふ。
　　世人動もすれば氏が圖書館員ならざるの故を以つてこれを非なりとし、甚
　　しきは一店員の習作なるの故を以つて一顧の値なしとするものがある。し
　　かし學問の領域に國境なく年齒の多少はない。況んや其の職を以つて人を
　　卜し學を云々するが如きは我等の與し得ざる所である。わが Dewey は
　　D・C、の導言に「この分類表及索引の計画は遠く一八七三年に創まり、
　　それより以前長年月に亘り、圖書館管理上より圖書及び小冊子等を實際的
　　に研究し、又五十有餘の圖書館を自ら實地踏査した結果である」と述べて
　　ゐる、一八七三年は彼の滿二十二歳の時である。「それより以前長年月
　　……」といつても恐らく三五年を遡ることは出来まいと思ふ。かくして彼

────────────

40　加藤　前掲36

は爾後半世紀以上世界の圖書分類界を支配するいわゆるD・Cを發表したのである。爾来版を重ぬること十二その間多くの賛否の論も戰はされたが、第三位までの項目は微動だもして居ないのである。

有爲有能なる一年は無爲無能なる十年に優る我等は圖書館管理の全般に關する二十年乃至三十年の尊き經驗者にも敬意を表すると共に、この未開の分野に於ける眞摯なる研究家に對しても相當の經緯を拂ふべきであると思ふ、特に圖書館の祿を食みつゝ圖書館研究に生涯を委ねんとする人の少き現今に於いては圖書館外の圖書館研究者に對しては余は寧ろ感謝の念をさへ有するものである。

この一文については，後日の回想で「当時の大先輩と称する人々に対する私の憤まんをなげつけたもの」と述懐している[41]。さらに続けて，当時のNDCや青年図書館員連盟，そしてそこに属する加藤がどう評されていたかについて，以下のような記述がある。

当時の図書館雑誌は斯界の長老の書誌学や公式的な図書館論を中心とするものだったので若い図書館員の寄稿はほとんど無視されていた。青年図書館員聯盟の團研究はこれら新人に自由の論壇を提供したのである。当時の図書館界には種々の暗流があり、東西の対立もかなり強かったので帝国図書館の一職員であった筆者が團研究にまずしい寄稿を続けることはかなり帝国図書館長を刺激したようであった。

これら一連の回想において「斯界の長老」「大図書館の主宰者」「大先輩と称する人々」と使い分けてはいるが，ほぼ同一の集団であろうことは疑いなく，加藤（と鈴木，あるいは連盟）は，和田もまたその1人とみなしていたであろうことを覗わせる。

選定図書目録での使用

また加藤は，『図書館雑誌』編集の立場を活用して，1930（昭和5）年8月以降『図書館雑誌』付載の「日本圖書館協會選定 新刊圖書目録」に，NDC10区分の下に排列していた（その下位は書名の五十音順である）。凡例では

---

41 加藤 前掲36

94 第2章 日本十進分類法の誕生

　　　1　分類ハ森清編「日本十進分類法」ニ據ル
　　　2　各部門内ニ於ケル排列ハ書名ノ五十音順トス
　　　3　著者ノミナルトキハ著ヲ省ク
　　　4　發行地ハ東京ナルトキハ記號ヲ略ス
　　　5　分ハ分類番號件ハ加藤宗厚編「日本件名標目表」ニヨル件名
　　　6　△印ハ專門的　×ハ極メテ通俗的ナル内容ナルコトヲ表ス

とし，5にあるとおりに各図書にNDCによる分類と加藤のNSHによる件名
が与えられていた。

「自昭和5年4月至7月」[42] から0類3冊のうち2件を抜粋すると

新　聞　學　概　説　　棟尾松治　　嚴　松　堂　　　5月　　387頁　　3.20
　　　　　　　　　　分070　　件新聞業

内　　参考圖書の知識　　田中　敬　　圖書館事業研究會　　7月　　305頁　　4.80
外　　　　　　　　　　毛利宮彦
　　　　　　　　　　分019　　件参考書，圖書目録＝解題

といったように，NDCとNSHを実用していた。

　後年，加藤は自伝[43] において，このことを「『図書館雑誌』の『選定図書目
録』に森清編『日本十進分類法』の「分類番号」と私の『日本件名標目表』に
よる「件名」を付して二つのツールの実験を試みた」と，これが「実験」で
あったと述べている。

　加藤の回想[44] ではこれについて

　　選定目録にNDC，NSHが使用される以前には分類は「哲学―論理学」，
　　「日本文学―和歌」の如くし，件名はその時々の思いつきで標目を与えら
　　れるので何等のよりどころがなかった。すでにNDC，NSHが刊行された
　　のであるから，これを試用することは一つの進歩であると考えて，編集長
　　であった早稲田の小林氏の了解の下に使用したものである。しかし，一般
　　からは何等の批判も反響もなかった。

と述べている。が，実際は加藤の独断によるところが強く，これは後日いくつ

42　文献（e25）：「日本圖書館協會選定新刊圖書目録」（1930）
43　文献（b10）：加藤宗厚『最後の国立図書館長：ある図書館守の一生』（1976），p.108より
44　加藤　前掲36

かの批判を招くことになった（これについては次章で述べる）がそれ以上に，一般分類法の効果を図書館や図書館員たちに知らしめる効果があったといえよう。

　加藤は，鈴木のように論説によってNDC普及を後押しすることはできなかった（差し控えていた）というが，講習所や図書館雑誌での使用をはじめ，「実用」することによって普及させる道をとった。ある意味において，鈴木より大胆といえるかもしれない。

　そしてこのような「実践」の経験と蓄積による普及が，戦後のNDCにつながる道を拓いたのである。

コラム 2
間宮商店のあった場所

間宮商店が創業した「北区木幡町」と，青年図書館員連盟の本拠地となった「南区安堂寺橋通」の店舗があった場所は，現在の地図では特定が難しい。

大阪の地名・地番は昭和期に大きく再編されたため，「およそこの辺り」ということは確認できるが，地図では番地が省略されているものが少なくなく，また昭和初期の大阪は地下鉄や道路の整備でたびたび道路や街路の拡幅が行われているので，適当な地図を見つけることが難しいのである（大阪で役所などに尋ねれば早々に解決したかもしれないが）。

関東在住の筆者は，年に1〜2回程度は大阪に行くことがあるものの，なかなか本腰を入れた調査などをすることもなく，心斎橋界隈を歩くことはあっても，調査まですることはなかった。だがある日，ふと思い立って国立国会図書館のデジタルコレクション（図書館送信限定資料）を調べたところ，当時の番地が記入された昭和6年と昭和9年の大阪地図を見つけて，ようやく場所を特定に至ったのである。

この特定の経緯や現状については『図書館雑誌』2017年11月号に探訪記を寄稿したので参照していただきたいが（文献f4），木幡町は現在の北区西天満・国道1号線沿いのビジネス街（上写真の中央・工事中のビル）であり，安堂寺橋通は現在の中央区南船場・心斎橋にほど近い商業地である（下写真）。

特にNDC誕生の地となった安堂寺橋通の跡地は，現在三井住友銀行と関連企業の入るビルが建つ繁華街である。間宮は「私は大阪で仕事をするからには1日でもよいから船場で」と，その地への愛着を自伝で述べていた（文献b6）。

筆者は2017年の（NDC第1版の刊行にあわせて）8月25日にその地を訪ねてきた。

暑い日だった。そして，本書の刊行を打診いただいたのはその翌日のことであり（本書「おわりに」参照），筆者にとって忘れえぬ日となった。

第**3**章
日本十進分類法の発展と批評

　刊行された NDC は，青年図書館員連盟の会員のいる図書館を中心として
徐々に普及を始めたが，必ずしも国内のすべてから歓迎されたわけではなかっ
た。いっぽう NDC は，批判や反省を受けて，改訂を重ねていく。本章では，
当時 NDC に寄せられた当時の批判について，また，改訂された NDC の経緯
について述べる。

1. NDC への批評と展開

　前章，鈴木賢祐や加藤宗厚の項でもふれたが，黎明期の NDC，森清，青年
図書館員連盟（鈴木や加藤ら）に対してはたびたび批判，批評が寄せられてい
る。中には鈴木のレビューに端を発した毛利宮彦の反論，和田万吉の画一不可
能論のような「標準分類法論争」のように NDC という枠を超えたものにも波
及したが，NDC を名指ししたものも 1930 年代に見られた。

　森本人は，これらに対して目立ったリアクションをとっていない。前章にも
記したように，鈴木，加藤，あるいは間宮による「反論」のほうが目立つ。沈
黙を保っていたともいえる状態であったが，森は後年，NDC50 年を迎えた際
の回想において，

　　NDC 初版ができあがると，まず衛藤先生から励ましの書信をいただき感
　　激した．NDC は画期的な労作として館界に迎えられたともいえるが，東
　　京では概して冷やかな眼でみられたことも事実である．
と述べている[1]。

1　文献（e58-1）：もり・きよし「NDC 五十年雑記」（1979），p.392 より

98 第3章 日本十進分類法の発展と批評

ここでは，いくつか顕著な批評やそれに関連した動きをとりあげてみる。

フェローズによる抗議

この当時の DDC の改訂編集者であったフェローズ（Jennie Dorkas Fellows, 1873-1938）は，かねてより間宮や青年図書館員連盟と交流をもっていた。

フェローズは，DDC 改訂において日本の歴史（952 Japan）を下位展開することについて，連盟に相談を持ちかけていた。また，間宮が DDC12 版 Introduction を和訳するにあたって，間宮からフェローズに対して直接質問の手紙を送っていたし，それを『十進分類法導言』[2] として刊行する際には，デューイ本人から写真とメッセージが贈られている。

そのような縁からか，フェローズの手元には『圕研究』が送られていたようである。フェローズの名は連盟 10 年史の会員名簿にはないため[3]，これは例外的に寄贈されたものと考えられる。そこで NDC 原案を目にしたフェローズは 1928 年 7 月 24 日付で"A PROTEST AGAINST DEVIZED D.C. SYSTEM"（改變十進分類法ニ對スル抗議）[4] を寄せた。これは題名こそ邦題が付されているが，本文はすべて英語原文のまま『圕研究』1 巻 4 号（1928 年 10 月）に掲載された。

On Pages 125-161 of Toshokan Kenkyû, number 2, is what appears to be an entirely new decimal system, and again I must protest most vigorously, on the ground of the incalculable and disastrous confusion which will inevitably result if numbers are assigned to different subjects from those with which for more than 50 years they have been identified, and which have become so familiar as indicating those subjects that some persons use the numbers instead of the words in their notes and lec-

---

2 文献（d12）：Dewey；間宮不二雄譯『DEWEY 十進分類法導言』（1930）

3 連盟の団体会員としてはハーバード大学の Chinese-Japanese Library と米国議会図書館の Accession Division が名を連ねていた（1935 年当時）。これらに与えられた会員番号からすると，発足・『圕研究』創刊当時の会員ではないと思われる。

4 文献（e15）：Fellows「A prostest [sic] against divized D.C. system（改變十進分類法ニ對スル抗議）」（1928）
　掲載時に誤植があり，PROSTEST と誤記されていたが，正しくは protest（抗議）である。なお，DIVIZED は本来 devised だが，これは simpler spelling による記述である。

tures and in preliminary drafts from which printers' copy is to be prepared. We do not wish to place any obstacle in the path of such persons as may with to devise new systems of classification or new expansions of the Dewey system, but we do ask, for the sake of users of either the old system or any new system or expansion, that a notation be adopted which shall not cause in the minds of users of either the old system or the new that confusion which will be unavoidably be created if for the new system a notation is used which is identical in form with the old but which carries different meanings, and such confusion will be quite as great a disadvantage to users of the new system as to those of the old.

これによれば，フェローズの認識としてはNDC原案とは単独の分類表ではなく「DDCの改変（devise）」であり，それが「DDCの体系を知る図書館利用者を妨げる」というのがその要旨であった。

この「抗議」に対しては鈴木賢祐が同誌2巻2号（1929年4月）で「日本十進分類表の立場」[5]と題して解説・反論を行っている。ここでいう「日本十進分類表」とはNDC（の誤記）あるいはNDCの第1次区分表（第6章「1. 第1次区分表」参照）のことではなく，森のNDC原案を含む日本のさまざまな十進法的分類表の総称である。

冒頭，鈴木はこの「抗議」が的外れのようなものであるとまず述べている。

Fellows女史ノヤゥナ，日本ノ事情ニ疎イ外國人ニ對シテ，日本十進分類表ノ立場ヲモット理解サセルコトヲ試ミルツモリデ，女史ノ「抗議」ヲ吟味スルトトモニ，ソノ中デハ問題ノ圏外ニ置カレテキルガ到底無視スルコトノデキナイ若干ノ點ヲ明ラカニシヨゥトスルニ過ギナイ.

続く本論で「森氏ノ案ヲ含ムスベテノ日本十進分類表ノ立場ニ就イテ」と，NDC原案のみならず同時代に国内に多数あった各種の分類表について，DDCを参考にはしたものの，日本の事情にあうように十進記号を用いて構成されたものであることの説明を行っている。

---

5 文献（e16）：鈴木賢祐「日本十進分類表ノ立場：Dorkas Fellows女史ノ「改變十進分類法ニ對スル抗議」ニ對シテ」(1929)

スベテノ十進記號法ト分類體系トノ結合ニヨル分類法ヲ，「十進分類法」
ト總稱シ――現ニ日本デハ一般ニサゥシテヰルガ――得ルトスレバ，本稿
ノ主題トスルトコロハ，單ニ十進分類法ノ體系ノミノ範圍ニ止マリ，十進
記號ノ利幣得失ハ，コレトハ全ク別問題ナノデアル．

続き，DDC にもリチャードソンやセイヤーズらによる理論的批判があるこ
とや，50 年以上にわたる歴史がかえって使いづらさを増していること，地域
によっては主題の展開がそぐわないこと，言語事情や宗教事情を反映させた出
版点数からしても不適当であることなどを次々と反論し，以下のように述べ
る。

結局，分類表ハ圖書ノ分類ノタメニ存在スルノデアッテ，圖書ノ分類ガ分
類表ノタメニ存在スルノデアラゥ筈ガナイ．D.C. ガ日本ノ圖ニ取ッテ有
用デアル限リ推奨スベク又使用スベシ，サゥデナイ限リ，ソレヲドゥシテ
使用スベキカニ肝膽ヲ啐ク間ニ，須ク日本圖ニ最モ好適ナ體系ノ構成ニ力
ヲ注グベキデハアルマイカ．

またこの文章では抗議への反論に続き，国内の分類について以下のように述
べている。

日本デハ今日，十進記號法モシクハソレニ似タ記號法ヲ取リ入レタ分類表
ガ殆ンド到ル處デ使用サレツツアルガ，ソレラハ殆ンド盡ク D.C. トハ似
テモ似ツカナイモノデアルノミナラズ，ソレラ自身モ亦殆ンド相異ナルモ
ノデアル．大正 8（1918）年日本圖書館協會ノ，中小圖ニ對シテ推奨シタ
分類表カラシテ次ノヤゥニソノ諸主綱ヲ排列シテヰタノデアル，

と，表 1-16（p.38）の分類の概要を示している（大正 8（1918）と文末の，は原文
ママ）。続いて日本では当時 60.72％の図書館が十進記号法による分類を採用し
ていたこと，DDC の採用は 7.14％（7 館）あったが和書に対しても適用してい
るのは 5 館のみ（公共図書館はない）であったとの調査結果を引用している。

上でも述べたように，このフェローズの手紙は NDC それ自体というよりも
原案に対する「抗議」であり，鈴木の反論もまた NDC だけではなく日本の事
情について述べたものではあるが，森や NDC に連なる批判としては最初期の
ものであろう。

芸艸會による批判

NDC に対する批判はさまざまあったが，単発の記事ではなく特集を組んで批判した顕著な例として，文部省図書館員教習所の同窓会組織である「芸艸會」が刊行する『圖書館研究』9巻1号（1932年）における NDC に対する批判的論考の特集があり，そこには以下の5文献が収録された。

■高田定吉「『日本十進分類法』を評す」[6]

NDC の序説に対して，先述の毛利と同様に精粗の問題を指摘し，桁数が多いことに意味はないと主張する。また，主題の排列順が EC のそれに倣ったことを「舶來案に心酔し，他力本願」というが，一方で各項目の問題について事細かに指摘しており，これには見るべき指摘も少なくない。それを考慮してか，NDC ののちの版で改善された点もある。

■彌吉光長「日本十進分類法を打診す」[7]

主題の排列を DDC と比較することで，十進分類法にこだわる必要がなかったのでは，と指摘している。DDC の体系にもっと近づけてもよいのでは，とする一方で「イデオロギー」を論点に日本式の分類のあり方に意見を呈した。

■波多野賢一「日本十進分類法を批判す」[8]

学問分野の区分に対して疑義を唱えたが，本稿ではそれ以上に0類総記の各項目に対して詳細に意見を述べている。これも高田と同様，のちの版で改善されたものがみられる。

■と・たまる「日本十進分類法の考察」[9]

玉井藤吉の筆名によるこの文は，全国図書館大会において，日本図書館協会

6　文献（e29-1）：高田定吉「『日本十進分類法』を評す」（1932）
7　文献（e29-2）：彌吉光長「日本十進分類法を打診す」（1932）
8　文献（e29-3）：波多野賢一「日本十進分類法を批判す」（1932）
9　文献（e29-4）：と・たまる「日本十進分類法の考察」（1932）

102 第3章 日本十進分類法の発展と批評

がNDCを公認するという決議が行われたことに対して疑問を呈している。さらに玉井は「分類表」という語を強調し，NDCが「分類法」という語を用いた認識を批判するとともに，NDCを名称，内容の両面から強く否定した。

■高橋生「日本十進分類法一私見」[10]

これもまたNDCとそれを公認した日本図書館協会に対し強い否定の意を示している。特に，おそらく加藤が『図書館雑誌』にNDCを使用していた件を指して「如何なる目的の下に，如何なる機關に諮つて」付したものかという指摘が見られる。また「337 商業論」と「670 商業」の分野のみを取り上げ集中的に異論と疑義を提示している。

今日の客観的視点からこれらの稿を見ると，芸艸會の批判の多くには的外れなものも散見される。

特に分類の理論的な面や記号配当の問題については五人とも例を挙げて各所の問題点を示しているが，いくつかの例外を除けば強引な論旨が多い。しかしながら，高田や波多野の論にはNDCの改訂の中で改善につながったものもある。また弥吉は後年，分類委員会に加わり，NDC新訂6・7版の改訂に携わることになる。その点からはこれらの論考にも意義はあったであろう。

他方，玉井（たまゐ）・高橋の論からは加藤をはじめとする連盟関係の一派が積極的にNDCを振興していたことに対する図書館界の「疑念」を感じ取ることもできる。

芸艸會への反論

これらの批判に対して連盟側は『圖研究』6巻1号（1933年）に「N.D.C.ニ對スル最近ノ諸批評ニ就イテ」[11]という反論を掲載した。巻頭言であり著者は定かでないが，おそらく間宮不二雄（あるいは鈴木賢祐）によるものであろう。

冒頭この特集に対し「盛觀トユウベク，或ル意味ニオイテ，N.D.C.ノ編者モッテ瞑スベシデアル」と述べながらも，それらについて「ソレゾレ多少共ニ

10　文献（e29-5）：高橋生「日本十進分類法一私見」（1932）
11　文献（e30）：「N.D.C.ニ對スル最近ノ諸批評ニ就イテ」（1933）

傾聴スベキ點モアリ，取ルニ足ラヌ點モアリ，又今日ノ分類常識上カラ承服シ難イ點モアル。アルモノノ中ニワ飛ンダ暴論サエアル」と評している。

追って個々の文献に対して論評しているが，高田に対しては「飛ンダ認識不足」，弥吉には「議論ノ餘地ワ多イ」，波多野には「認識ガ不足デアルカ，少ナクトモ寛容オ缺イテイル」と評している。

これら三者に対してはそれでも一理を認めているし，のちの NDC が受容したものもあるが，その一方で，玉井に対しては「全體ニオイテヒステリックデ甚ダシク論理的冷靜オ缺イテイル」と断じ，高橋に対しては「救ワレ難イ誤謬オ含ンデイル」とまで切り捨てている。最終的には「モシ徒ラニ初心者オ惑ワスヨオナ言説オ恣ニスル者ガアルトスレバ，ソレワヤガテ自ラノ墓穴オ掘ルコトデアロオ」と結んでいる。

また，この反論の中に，NDC の普及状況について「今デワコノ分類表ヲ使用スル圖ノ數ワスデニ六十餘ニ及ブトユウ」とある。当時の NDC には，購入者に図書館での採用の有無を問うはがきが差し込まれており[12]，ここで把握した数であろう。

非論理的な批難

他にも NDC に対しては，種々に批判が寄せられていた。中には先の高田や波多野のように主題排列や記号法，交差分類の理論面からの批評という有益なものもあったが，多くは批評・指摘というよりも NDC あるいは当時の「若い者」たちに対する「反発」の色合いが濃いようなものであったと思える。

森は「NDC に対して冷眼視する人もおり，"植民（地）的" とか "反皇国的" ないし「国法を乱す者」（国分剛氏）など多くの批難も受けた」と回想している[13]。これは慶應義塾大学図書館の國分剛二のことであろう。國分は，『図書館雑誌』において，批判文を寄せている[14]が，この内容は日本図書館協会が NDC を公認した件やローマ字の使用に関する問題提起であり，森の記憶とは異なっている（あるいは他の文献があるかもしれないが）。

12　本書コラム 4 参照（p.120）

13　文献（b14）：もり・きよし『司書 55 年の思い出』（1991），p.12 より

14　文献（e36）：國分剛二「『史話東と西』と「日本十進分類法」」（1940）

104　第3章　日本十進分類法の発展と批評

　國分は『史話東と西』(幸田成友著，1940年) は，『図書館雑誌』の新刊図書目録で自然科学409に分類されている。同書は，同著者の『和蘭夜話』『和蘭雑話』の姉妹篇である，という著者の序文から自然科学に分類したものであろうが，分類として適切であったか，あるいはそういった説明が可能な分類法であるのか，という問題を提起し，NDCが不備であること，協会の「研究調査委員會でも設け，十分に檢討し，是々非々公平な點から判斷し，取捨選擇して大訂正增補を加え誤謬，誤解や不便のないやうに，完全に近いまで十分に練上げ，再び採用して欲しい」という批判を行っている。

　これに反論したのは神戸商工会議所図書館の落合重信であった[15]。「いつたい日本の圖書分類學界（？）は、かゝる理解しかない人の論に一々答へて行かねばならない程に幼稚なものであらうか」と前置きし，「國分氏のやうに何か感情的に含むところのあるやうな」主張を一蹴している。その落合の文に意義を見出すとすれば，次の文をもって，「標準分類法」が一般の図書館にとってどれだけ有益であったかを示したことであろう。

　　日本圖書館協會が新刊圖書目録でN・D・Cを採用してゐることを一種の公認であるといふふうな喰下り方をしてをられるが、さう云ふ政治的なことは吾々の與り知らぬところとして、地方の圖書館員としては手許に得られないN・D・C以外の分類表で分類されることは困惑するばかりである。そして一體どんな分類表が日本でN・D・Cより優れてゐるのであらうか。吾々は不幸にして東京あたりでN・D・Cを批判するのを聞くばかりでN・D・Cより優れた分類表といふのを見せて貰つたことがないのである。公認、非公認は別として、協會の新刊圖書目録の分類はやはりN・D・Cでやつて貰ひたいといふが地方圖書館員としての切なる願ひである。

　なお，落合自身も連盟の一員であり，NDCに対して批判を寄せたこともある（これは4版導言で反映されたという）。さらに「N・D・Cの批判を生涯の仕事と感じてゐる」落合は，主に『圖研究』を活動の場としてNDCについていくつかの論考を発表している。

　森がいう「理不尽な批判」とは，旅順工科大学図書館の麓鶴（麓鶴雄の筆名）

15　文献 (e38)：落合重信「國分剛二氏の説を評す―「日本十進分類法」批判の批判―」
　　(1940)

の論[16]であったと思われる。この「日本的」図書館観にともなう誌上論争はこの頃の『図書館雑誌』に散見されるが、この文において麓は、EC や DDC の成立過程について論じたうえで、EC が「非ヨーロッパ地域のヨーロッパ文化に随伴し、太平洋を渡つた」ところで日本にも NDC として及んでゐるとまず述べている。さらに麓は続けて

　　N・D・C（わたくしは、故意に日本十進分類法といふ言葉を避けたい。何故かなら、N・D・C といふ植民地的文字の中にこそこの表の本質がひそんでゐるからである。）は、現在のわが國に於ける唯一の標準分類表として祭り上げられてゐる。（註7）この表の恩恵を感じない者は忘恩の徒であると感涙に咽んでゐる純情な圖書館人すら存在する。（註12）まさに N・D・C、日本圖書分類界？　に君臨するの圖である。

と述べている（註7は加藤宗厚の『圖書分類法要説』1941 年、註 12 は上述の國分に対する落合の評[17]を指している）。続けて、麓は鈴木の論[18]や毛利の NDC 批評[19]などを例にとり、NDC が「日本主義的でない」ことを示したうえで、

　　日本的性格より見た N・D・C の難點は、西歐文化偏重と日本固有文化輕視との著しい對比の裡にある。日本精神の精髓である皇道が一五〇「倫理學」——一五一「國家及社會道德」——一五一・二を與へられ、一小細目におとされてゐるのに對し、西洋哲學の項がイオニヤ學派からハイデッガーまで、著名な哲學者を網羅的に竝べたのはその一例である。

　　また、伊勢神宮、神社、神器を無批判に宗教—神道の項にもつて來たのは如何であらうか。畏れ多いことであるが、

　　皇室に關する御系譜等を二八八「系譜、家傳」の項に御あつめ申し上げたのは、我が國柄から考へて穩當を缺くと思ふ。

　　皇室に關するものは、分類の理論などを超越して、最先に御置申上げるか、御別置の方途を講ずべきである。これはまた、排架方法にも關連する

16　文献（e40）：麓鶴「分類に於ける日本的性格—N・D・C の再吟味—」（1942）
17　落合　前掲 15
18　文献（e19, e20）：鈴木賢祐「どれが標準分類表か？　乙部案—毛利案—森案」（一，二）（1929）
19　文献（e33）：毛利宮彦「N・D・C 第三版を見る」（1936）

106 第3章 日本十進分類法の発展と批評

問題であるが、

皇室に關する圖書は、どうしても御別置申上げて、その御取扱ひに愼重を
期さねばならぬ。この意味からも問題とされねばならないと思ふ。

と，自説を展開し，さらに

これを要するに、N・D・Cはその本質に於て、D・C、E・Cの混血兒で
あり、隷屬的存在であり、植民地的性格を帶びたものであることが論斷で
きる。D・Cは圖書分類法の金字塔として恐らく今後尚數十年若くは數世
紀斯界に君臨するだらうと加藤氏は豫言せられ（註7）、D・Cの申子たる
N・D・Cもその例に倣ふだらふことを信じてゐるやうな口吻であるが、
D・Cの君臨してゐるアメリカの斯界（アメリカ本國の崩壊後は太平洋の海底
にでも蒙塵する豫定であらう）のことはともかく、日本の斯界に於ては現在
のまゝN・D・C（この言葉が大體米國植民地的臭味を放つ。日本語字ではない）
ならN・Z・Bとしたらどうか）の存續は許容さるべきであらうか。

と続ける[20]。時世とはいえ暴論であり，なるほど森にしてみれば「批難」以外
のなにものでもない。

なおこの麓の論はこのあと「現狀勢の下に於て，分類表のもつ教育的價値」
を鑑みた代案として「實用性と共に眞の日本的性格を備へた日本分類表」の構
想を述べて締めくくるが，翌月さらに追記[21]として，鈴木賢祐が説く分類法の
論理性について，麓はこれを否定している。

われわれはこの見解に對立し、分類表の汎國際性を排撃する。現實の歴史
的世界に於ては文化は民族的、國家的なものであり、又あらねばならぬか
らである。

（筆者注：原文は「われわれ」はくの字点の踊り字で表記）

なお，この「日本的性格」図書館観論争は東京帝国大学司書の増田七郎の文
に端を発しているが，この麓の論を受けてか，増田は「論議の中には不幸にし
て私などには首肯出来ないものもあるやうで」と前置きして，麓を批判してい
る[22]。

20　括弧位置は原文ママ。「日本語字でないならN・Z・B」が正しいと思われる。
21　文献（e41）：麓鶴「分類に於ける日本的性格　追記」（1942）
22　文献（e42）：増田七郎「日本的分類についての偶感」（1942）

書物を分類するに当り、皇室に關する書物をすべて一括して一類となすべ
　　し、という御説があるやうであります。さうして、これが「日本的分類」
　　の第一歩であるといふやうな論もあるやうであります。私には、之はどう
　　も「行き過ぎ」であるやうに考へられてなりません。

と述べ，実際の例を示したうえで，

　　「日本的分類」とは、あくまで分類の態度の問題であります。極端に申せ
　　ば、西洋的の分類表を用ひましても「日本的分類」はなし得る理でありま
　　す。もとより従來の分類表は、そのあるものを除いてはあまりに西洋的、
　　特に米英的であつたやうで、之が改訂は甚だ重要な事でありますが、我々
　　にとつて一層大切なことは、分類の心構へであります、態度であります。
　　毛唐人の發明した兵器を用ひ、軍艦に乗つて、日本精神を發揮しつつある
　　皇軍將士の努力を考へたいものであります。自分の頭の中を掃除しない
　　で、従來の分類表の米英的性格を難じ、「日本的」分類を説く如きは馬鹿
　　げた次第であります。

と結んでいる。これは森やNDCを擁護したというよりは，増田自身の発言が
要らぬ論を呼んだことへの火消しのような文に思われる。

　加藤宗厚は森と同様に，この当時のNDCを「客観的状態はすこぶる厳し
かった」「第二次世界大戦の終結するまではNDCは日本の図書館界から白眼
視され不遇の地位に甘んじなければならなかった」[23]と述べている。加藤はい
くつかの文献でNDCが置かれていた状況を回想し，森が挙げた「反皇国的」
という批判については「皇學ヲ第一ニ排列スルコトヲ以テ日本的分類ノ第一條
件ト考フルモノガアルトスルナラバ又何ヲカイハンヤデアル」[24]と断じてい
る。さらに加藤は別の文献において以下のように回想する[25]。

　　NDCに対する当時の館界の空気は一般的にいってきわめて冷淡であった
　　と評されよう。前項に述べたように新発足の県市立図書館はそれぞれ独自
　　の新分類表を創定してすでに図書の整理に着手しているのである。NDC
　　が如何に理論的でありかつ十進法の条件をそなえていることを認めたとし

23　文献（e55-2）：加藤宗厚「NDC・その生い立ちと戦前までのこと」（1965）
24　文献（e43）：加藤宗厚「回顧十六年」（1943）
25　文献（e56）：加藤宗厚「NDCの将来」（1967）

てもこれにのりかえることは実際的にも困難であり，かつその面子がこれを許さない。いわんや事大思想の旺盛な当時にあっては無名の新人によるNDC に対する不信感は如何ともなし得なかったのであろう。

森も，自身の回想[26] において，連盟の会員数を挙げて

（昭7）会員 10 名を越える地方は北海道 10，東京 52，京阪神 79，鮮満64，台湾 15，中華民国 20 名である．この数字は当時の図書館員の関心度を示すデータともいえる．なお，LYL は一部の館長たちには敬遠された．反面で，館界の先輩に当る人びとの間宮シンパも多かったと思う．

といっているが，この「関心度」は連盟，間宮，NDC それぞれに対しておそらくほぼ同様の傾向があったのではないかと思われる。

NDC の普及と展開

NDC は，青年図書館員連盟で生まれ育ったものである。森もその一員であったし，連盟の立役者である間宮がそれを最大限後押しした。

しかし，森自身が妹の死などもあって神経衰弱に陥り，NDC 刊行の翌年末（1930 年 12 月 15 日）には間宮商店を退職している。間宮は森を慰留したが，森は郷里の岡山での静養を選んだ。森は後年「きわめて，わがままな行為だった」と悔やんだが，結局翌 1931（昭和 6）年の 6 月には森は鳥取県立鳥取図書館に就職している。

森を招聘したのは鳥取図書館初代館長となる河野寛治主席司書と社会主事の細川隆（同 3 代館長）であったが，県庁の社会課長の反対にあい森の就職は難航した。それを打破したのは間宮で，県庁に間宮が乗り込んでいった翌日には採用辞令が下りたという。採用年度は月給 25 円という薄給であった。森の回想では「大阪時代の 1/3」であり，下宿代は 16 円だったという。そんな森の生活を支えたのは間宮商店から支給された「NDC 研究費」という名目の資金であった[27]。森は分類，配架，蔵書管理を主たる仕事としていたが，職員数が少ない草創期の図書館であったため，「よろずや」として目録作業や出納台の仕事もこなした。催事なども企画し，3 年あまりを鳥取で過ごすことになる。

26　もり 前掲 13，p.10-11 より

27　もり 前掲 13，p.14-15 より

１. NDC への批評と展開　　*109*

このように，森は間宮商店を離れることにはなったが連盟を退会したわけではなく（会計主任は1932年4月まで継続している），むしろここから連盟ぐるみでNDCへの後押しが始まったといってもよい。鈴木や加藤をはじめとした直接的な支援はもちろん，連盟の機関会員や個人会員のいる館ではNDCの採用が進んで，『圕研究』には森以外からもNDCに対する改訂案や意見がたびたび寄せられた。

支援者・会員からの意見や，外部の批評などさまざまな声を受ける中，連盟は1933（昭和8）年10月14日，「同法將來ノ改訂上ノ參考ニ資シ，或ワ同法使用者ノ相談機關トナリ，同時ニ分類上ノ諸問題オ研究スルタメ」に「日本十進分類法〔N.D.C.〕研究委員會」を設けた。そのメンバーは，堀口貞子，神波武夫，加藤宗厚，目黒加一，森清，村上清造，岡田健蔵，仙田正雄，多田光の9名であった。神波は神戸市立図書館，岡田は函館市立図書館でそれぞれNDCの採用経験があった。また堀口は間宮商店に勤務し，目録・分類の研究に従事しており『日本図書目録法案』を発表して『日本目録規則（N.C.R.）』の基礎を築いた人物である。このNDC研究委員会は仙田が幹事を務め，特に3版（1935年）の改訂に大きな役割を果たしたが，1937（昭和12）年には解散している。

また，連盟は1934（昭和9）年6月19〜23日に開催された定時総会において「森清編『日本十進分類法』オ本聯盟ノ公認圖書館分類法トスルノ件」を可決した。1937年に刊行された連盟の10年史は，当時の状況を次のように語る[28]。

　同法ワ昭和3年ノ機關誌『圕研究』ニソノ素案ガ發表サレテ後公刊サレ，兩度ノ改訂ヲ施コサレタモノデアルガ，同法ヲ其儘採用スル圕ワ年々増加シ，既ニ百餘館ニ達スルノ有樣デアリ，又『圖書館雜誌』ノ新館書目ニ或ワ文部省社會教育局作成ノ諸統計ノ分類別項目ニ，ソノ他各種書目ニ採用サレツヽアルノニ鑑ミ，昭和9年ノ定時總會ニ諮ッテ之ガ公認サレタ次第デアル．爾來連盟ワ同法ノ普及ニ努メ，編纂者ニ於テモ昭和10年第三回ノ増訂オ行イ，現在デワ8縣中央圕，12市立圕ソノ他可也廣範圍ニ實用化サレツヽアル．又最近新設圕ニアッテワ殆ンド同法オ採用シテ，分類法オ新ニ工夫スルノ冗力ヲ省キ，之等ノ努力ワ擧ゲテ自館ノ經營運用ニ當ッ

28　文献（c1）：青年圖書館員聯盟本部『青年圖書館員聯盟十年略史：1927-1937』（1937），p.33 より

テ居ル狀態デアル.

また，それに先立つ 1931（昭和 6）年 10 月 9 〜12 日，金沢で開催された第
25 回全国図書館大会において，青年図書館員連盟の会員でもある西宮市立図
書館の水野銀治郎から「標準分類表として森清 NDC を認定する決議案」が提
出されたが，賛否，特に慎重論で議事は紛糾し，出席者 113 名のうち延期（保
留）67 名で否決された。このとき，日本図書館協会内に分類に関する調査委
員会を設けることが可決されたが，実際に委員会が設置されたのは 1944（昭和
19）年のことで，しかも具体的な活動には至らなかったという。

このような連盟や協会での「公認」をめぐる動きは，上述のように，NDC
への反発もまた招いた。しかしながら，NDC は改訂を重ね，国内で着々と広
まっていったのである。

2. 日本十進分類法 訂正増補第 2 版（1931 年）

NDC は，刊行後 2 年に満たない 1931 年に増補訂正版（増訂）が刊行され
た[29]。

奥付上の発行日は「昭和 6 年 6 月 10 日」であり，第 1 版から数えると編集
期間は 1 年程度であったといえる。この間，「標準分類法論争」や加藤宗厚に
よる NDC の実用開始など，動きはあったが，NDC の改訂は迅速で，また規
模も大きかった。

森は間宮商店にあっても NDC や間宮文庫の専従ではなく，第 1 版刊行後の
1929 年 11 月から翌年 5 月までの半年間は北海道大学工学部の新設にあわせて
札幌に長期滞在していた（途中樺太にも出張している）。そして前項でもふれたよ
うに，神経衰弱に陥った森が間宮商店を退職したのはこの第 2 版序文「再版ニ
就テ」を書いた翌週のことであったが，第 2 版の紙面からはそのような背景を
窺い知ることはできない。

なお，森が鳥取県立鳥取図書館に就職したのは第 2 版刊行直後の 6 月 22 日
である。

---

29 文献（a4）：森清『日本十進分類法』訂正増補第 2 版（1931）

鮮やかな赤色の上製本である第2版の装丁は，歴代NDCの中でもいちばん豪奢である。特に本体の紙は現在でいうコート紙のような上質な紙でつやがあり，第3版以降と比較しても高級感がある（本書巻頭写真2，3参照）。価格は5円50銭であり，現代の物価換算では10,000〜12,000円程度と思われる。

第2版の構成（概要）

第2版ではまず第1版に掲載された間宮の「敍」，森の「はしがき（初版）」各1ページが再掲されている。このように，森の著作であった時代のNDCには，巻頭の序文類は改訂後も再掲されていた。

それに森の「再版ニ就テ」「感謝ノ辞」が各1ページ，そして目次に続いて「本書ノ歴史」1ページがあって「凡例」2ページ，「導言」13ページと続く。

第2版で新たに設けられたのは「本書ノ歴史」である。また，第3次区分（1,000区分）までの表として「要目表」が設けられ，第1次区分，第2次区分の表の名称もそれぞれ「主類表」「主綱表」と改められた。

また，索引についても若干構成・名称を変更している。

これら個々の内容は第Ⅱ部で解説する（以下の版も同じ）。

第2版刊行後の動き

第2版刊行後第3版までの時代は，前章や前節でも述べたように，連盟関係者がNDCのことをとにかく普及させようと努めた時期といえる。1931年には全国図書館大会（金沢）でNDC認定提案（否決），1933年には連盟にNDC研究委員会が設置，1934年には連盟定時総会でNDCが公認されている。これらへのリアクションとして，森のいう「冷眼視」や加藤のいう「不信感」を招いたのであろう。

また，第2版刊行と前後して1931年6月に鳥取図書館に就職した森は，1934（昭和9）年11月に退職し，翌12月に神戸市立図書館巡視（翌年2月に司書）として再就職する。ここでは，連盟の発起人の1人でもある神波武夫からの招聘であり，独自の分類からNDCへの再分類が森の仕事となった。

3. 日本十進分類法 訂正増補第3版（1935年）

　1930年代の前半は，「標準分類法」論争が一段落し，また芸艸會による
NDC批判特集が組まれた後ということもあり，NDCに対して賛否それぞれの
論が展開されていた時期である。奥付上の発行日は「昭和10年7月15日」で
あり，急ピッチで刊行された第2版の刊行から4年をおいての第3版であっ
た[30]。

　その装丁は第2版のそれと比べるとやや紙質など劣るところはあるが，これ
は第2版がむしろ特殊な例であって，この時代の図書としては標準的なものと
いえよう。表紙はこげ茶色のクロス装であり，小口にはマーブルが施されてい
る（本書巻頭写真2参照）。第2版ほどの大規模なページ増もなく（10ページ増），
外装としては第2版とほとんど同じである。価格は5円と第2版より安くなっ
ているが，物価換算ではほとんど変わらない。

第3版の構成（概要）

　第3版も第2版と同様に，旧版（第1版・第2版）の序文を再掲している。

　まず間宮の「敍」（第1版）に続いて，森の「序文（第3版）」と「感謝の言
葉」で2ページ，「はしがき（初版）」「再版ニ就テ（第2版）」各1ページ，目
次に続いて「本書ノ歴史」1ページがあって「凡例」1ページ，「導言」13ペー
ジと続く。

　第3版で新たに設けられたのは巻末の「兒童用日本十進分類表」である。こ
れはNDCの体系に準じつつも2桁・100区分を基準とした分類だが，NDCそ
のままの短縮ではなく一部構成の変更がみられる（詳しくは第6章「4. 助記表お
よびその他の諸表」を参照）。

第3版刊行後の動き

　第3版刊行後第4版までの間には，その前の時期にあったような，NDCや

30　文献（a5）：森清『日本十進分類法』訂正増補第3版（1935）

3. 日本十進分類法 訂正増補第 3 版（1935 年） *113*

森へのあからさまな批評といった文献はほとんど見られない。

その中で，毛利宮彦が 1936（昭和 11）年，「N・D・C 第三版を見る」[31] を発表した。これは先年の標準分類法論争を受けて，毛利からの再反論が述べられていることは先に記した。それ以外の，NDC に対する批判としては，メインクラスの排列順序に関することと，1 類「精神科学」という名辞について，地理区分について，形式区分や言語区分についてなど，事細かに NDC を批判する。また，和漢洋書共用という点についても批判し，「非日本主義的である」と項目を立てて，標準分類法としての要件を欠くと論じ，最後は

> かくして N・D・C に對しては，今日我國で公認されたものとは言ひ得ざると同時に，また將來に於ても其の可能性が，容易に保證し得ないものと言ふこと，であらう。即ち「日本十進分類法」は，甚だ遺憾乍ら「標準分類表」でなく，又あり得ないものであらうといふ事に歸着する。いくら忠實なる名畫の模寫であつても，模寫は模寫であつて，對に名畫ではないであらうから。

と結んでいる。これに対して『図書館雑誌』上では正面切った反論はない。また，第 4 版でこの批判をもとに改まった事項が確認できなかったことから，森たちは無視したものであろう。

いっぽう，図書館界の動きとしては，和田万吉（1934 年没），太田為三郎（1936 年没），村島靖雄（1936 年没）と，わが国の近代図書分類法の草創期に活躍した先達が次々といなくなった時期である。

私人としての森は，神戸に移って間もない 1935（昭和 10）年 10 月に，尾崎清子と結婚している。これは間宮の橋渡しによるものであった。

そして神戸にあった森は一日，奉天図書館の館長であり連盟の顧問であった衛藤利夫から神戸市立館長に割愛が願われたことがあったが，当時神戸の再分類作業の途上であったことを理由にこれを断っている。他にも，連盟会員であった山口県の明木村立図書館（現在は萩市）の伊藤新一館長からも招かれたが，これもまた断った。

森が動いたのは 1938（昭和 13）年 2 月，上海日本近代科学図書館への転職で

31　毛利 前掲 19

あった。これは副館長の鈴木賢祐からの招きである。衛藤からの誘いの時点とは仕事の状況が異なり，森はこれを受諾した。当時の上海は第二次上海事変（1937年8〜10月）の影響で，同館も一時閉鎖されており東京臨時事務所で業務を行っていた。同年4月に上海に渡り，森は鈴木の下で司書部主任として整理・利用を総括する立場となった。

4. 日本十進分類法 訂正増補第4版（1939年）

第3版の刊行から3年半，第4版が刊行されたのは1939年のことであり，奥付には「昭和14年1月1日」と発行日が記されている[32]。

第4版の装丁は，3版にあったようなマーブル装もなく紙質もふつう，紺色の平凡な上製本の冊子となった。また，サイズが菊判からA5判となり，やや小ぶりになった。ページは若干増加しているが，価格は第3版同様，5円であった。

第4版の構成（概要）

第4版は間宮の「敍」（再録）に続いて森の「序（第4版）」「感謝ノ言葉」各1ページがあり，「はしがき（初版）」「再版ニ就テ」「序文（第3版）」各1ページが続く。そして目次に続いて「本書ノ歴史」「凡例」各1ページ，「導言」16ページが続く。

第4版では新たに，「小圕向日本十進分類表」が新設された。これは3桁・1,000区分の分類表であり，第3版の児童用と同様，NDCの体系を基本としつつも，一部省略・展開をしたものである（詳しくは第6章「4. 助記表およびその他の諸表」を参照）。

第4版刊行後の動き

上海で森は鈴木の部下となったが，その期間は1年半に満たなかった。

1937（昭和12）年12月末に赴任した鈴木は，「一流人は植民地にあわない」

32　文献（a6）：森清『日本十進分類法』訂正増補第4版（1939）

と言い 1939 年 8 月で退職・帰国，九州帝国大学図書館に転職する。このあと鈴木は東京帝国大学，日本図書館協会，そして 1944（昭和 19）年にはふたたび満州へと，転々とすることになる[33]。

　残された森のもとに，中日合弁の華中鉄道株式会社（設份有限公司）の総務部調査課の井本威夫が訪れ，その招きにより森は，鈴木が退職した直後の 10 月に上海日本近代科学図書館を退職，11 月に華中鉄道に就職した。これは，鳥取時代の森の知己が井本の下に就いたことが縁だったという。華中鉄道で森は資料の収集と整理を担当することになった。やがて鉄道沿線の邦人従業員のための順かい文庫の整備，さらに本社や現場の業務用参考図書，雑誌の集中整理など業務は拡大し，図書館機能を拡充していく。翌 1940（昭和 15）年には妻子も上海に来て，この時代の森は上海を拠点として活動していた。

　1941（昭和 16）年は，日本図書館協会が創立 50 周年を迎える年であった。前年総裁に就任した松平頼寿による総裁賞が何人かの図書館人に与えられたが，3 月に天野敬太郎，加藤宗厚に授与，5 月 16 日には臨時総裁賞が間宮不二雄，森清ら 7 名に授与されている。

　図書館界では，1941 年の國分剛二[34]，1942（昭和 17）年の麓鶴[35] などのように，NDC への批判がふたたび起こるようになった。これらに対して矢面に立っていたのは間宮を中心とした連盟関係者であった。

5. 日本十進分類法 訂正増補第 5 版（1942 年）

　第 5 版が刊行されたのは，1942 年のことである[36]。奥付には「昭和 17 年 1 月 1 日」と発行日が記されているが，印刷日は前年の「昭和 16 年 12 月 25 日」となっている。太平洋戦争の開戦まもない頃の刊行であった。また第 4 版からの改訂期間も 3 年に満たない。

33　文献（b11-4）：升井卓弥「反骨の図書館学文献学者 鈴木賢祐」（1983）『図書館を育てた人々 日本編 1』

34　國分 前掲 14）

35　麓 前掲 16，21

36　文献（a7）：森清『日本十進分類法』訂正増補第 5 版（1942）

装丁はこの時期ということもあってか，紙質はよくない。変わらず上製本で
はあったが，表紙の材質じたいもこれまでのように高級なものでなく，本体も
ざらついた手触りである。当時の出版物としては標準的なものであったかもし
れないが，間宮商店としては最大限の努力をした結果であろう。ただ，ページ
は第4版からやや減少しているものの（第5章「2. 本書の歴史」参照），定価は
6円と値上がりしている。まだ開戦間もない時期とはいえ物価の高騰にも差し
掛かっていたこともあって，現代の価格に換算することも容易ではないが，第
3・4版と比較すると現代の価格としても大幅に上がっていたのではないだろ
うか。

第5版の構成（概要）

　第5版では間宮による序文「第5版オ迎エテ―出版者トシテノ序―」1ペー
ジが巻頭に加えられている。続いて第1版からある間宮の「敍」，森の「第五
版發行ニ當リテ」1ページ，「感謝ノ言葉」1ページ，そして第1版〜第4版の
序文が採録されている。

　第5版では新たに「小説作者記號法」が設けられた。小説への使用に限定し
て，小説を表すF（Fiction）に2桁の数字を付加し，著者50音順の排列を補
助する目的を果たすものである（詳しくは第6章「4. 助記表およびその他の諸表」
を参照）。

第5版刊行後の動き

　第5版の刊行は，上にも書いたように太平洋戦争開戦とほぼ時を同じくして
いる。年を追うごとに戦局は悪化し，国内情勢も，そして図書館界もまたそれ
をなぞった。戦中・戦後の約8年間に多くの出来事があったが，森とNDCを
めぐる動きについては次章で述べる。

　第5版に対しては，加藤宗厚が『図書館雑誌』でレビューを行っている[37]。

　この冒頭，加藤が図書館講習所の教材として山口県の分類を断念し，東京市
の分類を採用してからすぐNDCに切り替えた経緯につき一連の理由と事情が

37　文献（e39）：加藤宗厚「N・D・C第五版を見る」（1942）

述べられている。加藤は 1940 年から 1944 年まで富山県立図書館長として赴い
ていたが，富山で NDC を採用したこともまたこの文でふれている。

続いて，第 4 版までの改訂に森が留意したことを代弁している。

再版以來著者はこれ等の批評に應へ，特殊部門に於ては專門家の助力を得
て逐次改訂した。しかし改訂には一定の限度がある。助記表の驅使による
表の單純化は D・C の主要なる特徴であると共に N・D・C にとつても亦
その生命である。從つて助記性の破壊を來すが如き本表の改訂は到底容認
し得ない處である。又類綱目の不變といふことは實際採用館への考慮のた
め D・C が六十餘年固執し來つた處であるが N・D・C も亦これを堅持
し，極めて一小部分の目の移動に止め，專ら分目以下の改訂、展開に終始
して居る。

さらに，第 5 版の主要な相違点につき箇条書きで述べたあとで，「昭和六、
七年の交本誌を賑はした」標準分類法論争に言及している。当時既に 10 年前
のことであるが，ここで加藤が整理したのは，日本図書館協会が NDC を公認
したとしてもそこに強制力はないことと，府県立図書館協議会による分類の標
準化[38] も結局各館でさまざまな変更が加えられていることを述べている点であ
る。

さらに加藤は，協会の『圖書館小識』(1915 年)，和田万吉の『圖書館管理法
大綱』(1922 年)，林靖一の『圖書の整理と利用法』(1925 年) などを次々と挙
げ，それらに掲載・紹介された分類がさまざまであり「新たに館界に流入し來
たつた人々が其の雜然たるに一驚を喫し「標準分類表」を要請する聲の絶えな
いのは寧ろ當然といふべき」と述べ，あらためて NDC が実用に供された分類
であることを強調している。

そして最後の節で

最近我館界に於ても日本圖書館の主張、米國圖書館方法論排撃の声が各方
面に挙がらんとして居る。其の志は大いに壯とするものであり、何人も異
論のない所であらうと信ずる。希くはそれが單なる概念論に終らず圖書館
經營論に分類、目録の實際に日本的性格を具現した具體的案の提示こそ望

38　文献 (e7)：「府縣立圖書館協議會」(1919)

ましい。独善や割拠主義話我等のとらざるところである。

と結んでいる。先述した麓鶴の「日本的分類」に関する論考の前に発表された一文であった。

また，第5版がこれまでの版と異なるのは，1944（昭和19）年に300部の増刷を行っていることである。第5版の内容・外装の違いがないため，これは「第5版」のままである。

そして，森清の手になるNDCの改訂はこの第5版が最後となり，NDCの歴史はここで二つの系譜に分岐する。

ひとつは，今日一般に知られている，日本図書館協会分類委員会が継承した，現在に連なる改訂の歴史である。そしてもうひとつは，戦後の急速な需要の高まりに対応すべく第5版をもとに増刷と，そこから作成された縮刷版の歴史である。

そして，第5版の刊行から約5年間の時代は，NDCが日本の標準分類法としての立場を決定づけられた，最大の激動期であった。

コラム 3
衛藤利夫へのリスペクト

筆者がNDC史研究をはじめた動機のひとつが，偶然入手したNDC5版であった。古書店の情報では「書き込みあり」となっていたが，それは本文への書き込みや線引きではなく，見返しに墨書された献呈文であった（巻頭写真4も参照）。

謹呈
　衛藤利夫先生
　　初版以來ノ御指導
　　御懇情オ想起シツツ

　　　昭和十七年二月
　　　　在滬ノ編者二代リテ
　　　　　　間宮不二雄

筆者はこれで衛藤とNDCに興味を持ち，当時打診されていたTP&Dフォーラム2012への発表テーマをNDC史としたのである（文献f1）。

衛藤利夫は本文でも書いたように，特に戦後の日本図書館協会を支えた館界の重要人物の1人である。青年図書館員連盟にも所属し，会員番号は1番であった。

森やNDCへの影響も大きい。『圖書分類ノ論理的原則』での十進的分類法批判でNDC原案の根幹に寄与し，衛藤が奉天にあった時代には旅費から給与待遇からすべて条件を示して森を迎えようとした（森は神戸市立図書館で分類に専念している時期だったので断っている）。結局，森は鈴木賢祐の招きで中国に渡ったが（献呈文にある「滬」は上海の意），戦後衛藤は，日本に戻った森の就職を斡旋している。

この献呈文が書かれた第5版の刷番号は2（No. E 2）であった。1はおそらく森のものと思われる。それを贈ったことからも，森や間宮がどれだけ衛藤に敬意を払ったかがわかろう。

コラム 4
NDC のユーザー登録

筆者が所有する NDC2 版には，1 枚のはがきが挟んであった。宛先は，
　　大阪市南區安堂寺橋通四丁目五　　間宮商店出版部　御中
と書かれている。郵便番号の制度ができたのは 1968（昭和 43）年のことであり，このはがきには当然それは記されていない。筆者が 2 版を入手したのは 2009 年のことだったが，ここに記された場所がどのあたりであるか，見当もつかなかった（当時はまだ大阪に行き慣れておらず，土地勘がなかったためでもある）。おおよそ心斎橋の周辺である，と見当がついたのはその後数年経ってからのことであり，古地図をもとに具体的な地点の特定に至ったのは 2017 年になってからであった（コラム 2 参照，p.96）。

そして裏面には，
　　今後増補訂正等発表ノ都度御通知致マスカラ御手数デスガ下記夫々御記入ノ上郵
　　送願イマス
として，NDC を採用（実用）しているか，参考資料として購入したものか，と問うている。当時はこうして，NDC の使用実績を把握していたのだろう。青年図書館員連盟の加盟館以外の情報を得るには有効な手段であったと思われる。そして，上の文章にあるように，アップデートのおしらせが届けられるということは，現在でいうところのコンピュータソフト等の「ユーザー登録」によく似ている。

この制度がいつまで続いたかわからないが，筆者がまた所有する新訂 6-A 版の 14 刷（1958 年）には，やはりはがきが挟まれていた。宛先は，
　　東京都下谷郵便局区内　社団法人日本図書館協会事業部　行
とある。そして裏面には「本書購入の動機」という欄がある。この情報は当時の協会でどのように活用されていたのだろうか。

第4章
日本十進分類法の展開

　太平洋戦争は，日本の図書館界にも，そして NDC を取り巻く人々にも大きな影響を及ぼした。森清は中国にあり，間宮不二雄は戦火に多くを奪われ，加藤宗厚は図書館の疎開と復興に尽力する。そして戦後，占領下に置かれた日本は標準分類法を必要とし，NDC がその最有力となったが，その道程はたやすいものではなかった。本章では，この激動の時代における NDC と周辺の人々について述べる。

1.　日本の「標準」への道程

　前章で述べたように，NDC 第5版の刊行は太平洋戦争開戦とほぼ時を同じくしている。

　周知のようにこの戦争は日本の無条件降伏による敗戦という結果に終わり，そこに至るまでの間，国民も国土も，そして当然ながら図書館界も戦禍のもとにさらされることとなった。そして NDC に関わった森，間宮，加藤，鈴木もそれぞれ，大陸と往来したり，空襲や疎開を経験し，多くのものを失っている。

戦時中の動き

　NDC 第5版が刊行された 1942（昭和17）年，文部省社会教育局が廃止，図書館は教化局の所管となった。

　当時 36 歳だった森清は徴兵されることはなかったが（19 歳で徴兵検査に不合格となった経歴はある），同年 10 月から翌年末まで満鉄にあって支那派遣軍総司令部の参謀部第二課兵要地誌班に尉官待遇で嘱託された。月に 5 日の出向で

あったという。

この時期，間宮不二雄は 1941 年から日本図書館協会の評議員・監査となっていた。加藤宗厚は 1940 年から 1944 年まで富山県立図書館長として赴任していた。鈴木賢祐は，1942 年に東京帝大の図書館を退職，4 月から日本図書館協会の主事となった。翌年理事となり，1944 年末まで協会に籍を置いた。

1944（昭和 19）年になると，戦局は急激に悪くなる。

7 月 16 日、青年図書館員連盟が解散した。「本聯盟ノ事業遂行上ニ時局的支障多ク諸種ノ事情ニ依ッテ當然ノ制約オ蒙ル次第デアル」と，解散宣言の中で理由を述べている。

9 月からは，当時鈴木が編集委員を務めていた『図書館雑誌』も，7・8 月合併号（第 38 巻第 5 号）をもって休刊する（復刊は 1946 年 6 月）。鈴木はこの年末に満州国中央図書館に赴くが，評伝によれば「過酷な運命に翻弄されるために大陸に渡ったようなもの」であった[1]。

11 月になると東京にも空襲が及び，前後して都内の図書館も約半数が休館に追い込まれた。加藤は都立日比谷図書館に赴任し（深川図書館長兼日比谷図書館事業係という予定だったという），中田邦造図書館長のもと図書の疎開業務を担当した[2]。

そして終戦を迎えることとなる 1945（昭和 20）年，日本図書館協会は前年の議決を受けて財団法人大日本図書館協会へと改組し，文部省外郭団体としての性格を強めたいっぽう，文部省図書館職員講習所は閉鎖された。

間宮商店炎上，そして終戦へ

1945 年の 3 月は東京や大阪の大空襲の月であり，4 月にかけて都立両国，浅草，本所，東駒形などの図書館が焼失し，他のほとんどの都立図書館も休館に追い込まれた。

大阪・安堂寺橋通にあった間宮商店も 3 月 14 日の大阪大空襲に遭った。間

1　文献（b11-4）：升井卓弥「反骨の図書館学文献学者　鈴木賢祐」（1983）『図書館を育てた人々　日本編 1』，p.151 より

2　文献（b10）：加藤宗厚『最後の国立図書館長：ある図書館守の一生』（1976），p.126-137 より

宮と一家はかろうじて難を逃れた。娘・孫は3日前の11日に北海道・浦幌町にある間宮の母が経営する間宮農場に疎開していた。海軍火薬工廠にいた息子は病気療養で福島県一ノ関（間宮の記述ママ）に転地していた。空襲当日の間宮自身は東京にいて，大阪に残った夫人，娘2人は甲東園（現在の西宮市甲東園）戸澤信義宅に避難した。間宮は，当時の状況を次のように記している[3]。

> 3月17日夜行で大阪に向い18日朝梅田に到着．徒歩で，安堂寺橋の住居へいったら，見るも悲惨，4階に達する荷物エレベーターの4隅の柱は折れ曲り，土蔵も，居宅も事務所も，灰と焼残った不燃焼物の山．（略）数十年かかって世界の国国から集めた圕学関係文献，圕用カードの原料紙，米国製の活字，印刷機械，カード裁断機，同穿孔機，十数台のタイプライター等々数え来れば，30年の蓄積全部が一物も残さず灰燼になっていたのである．

間宮の家族は半月ほど滞在後福島県に一時避難し，4月には間宮と共に浦幌へ向かった。

いっぽう森は，家族の引き揚げに帯同し一時帰郷して，次のように記している[4]。

> 大阪に下車したが焼野原，御堂筋の間宮商店跡も瓦礫の山，見覚えの金庫のみが形を残していた．間宮一家は戸沢信義氏のお宅におられることを掲示で知る．感無量であった．難波のわが家へ廻ったが，この一帯は殆ど潰滅，ようやく上本町の叔母宅を訪ねて無事を知り，母をつれて西下，西大寺町の伯父の家に預かってもらう．

森自身は3月から5月にかけて岡山に滞在した。疎開する間宮を宝塚で見送ったのち，義父と5歳の長男を立て続けに亡くしている。5月下旬には上海に戻っていったが，華中鉄道の再編に伴い森は再度陸軍の臨時嘱託となった。

空襲はなおも日本全土を多い，東京で残った日比谷図書館も，5月には焼失した。加藤の居宅は荏原区（現在の品川区西部）にあったため，比較的空襲の影響は大きくなかったが，私物の図書館学関係文献は日比谷図書館とともに焼失した。

3　文献（b6）：間宮不二雄『圕とわが生涯 前期』，p.139 より
4　文献（b14）：もり・きよし『司書55年の思い出』，p.24 より

終戦後の図書館界と GHQ

8月15日の無条件降伏後，10月には文部省に社会教育局が設けられ，図書館も連合国軍最高司令官総司令部（GHQ/SCAP：General Headquarters, the Supreme Commander for the Allied Powers）の影響下に置かれた。

上海で終戦を迎えた森はその後中国鉄道部京滬鉄路局に接収された華中鉄道にあって，図書館を中国に引き渡すなど残務を行った。間宮は北海道にあって，道社会教育委員と十勝支庁の社会教育委員を務めたことをはじめ，図書館界と少し距離をおいたところで社会教育や学校教育に携わっていた。いっぽう加藤は終戦後も都立図書館の再編や職員の教育に就いていた。

1946（昭和21）年2月，留用解除となった森は，3月に上海を離れ，4月に博多に到着した。同年中は再就職先を模索していたが，この年日本図書館協会の理事長兼事務局長に就任した衛藤利夫の推薦で，一時市川市立図書館の創設事務にあたることになった。日本図書館協会の事務局も一新され，『図書館雑誌』も復刊した。

各県の図書館協会も続々と発足した。1946年11月23日には関西で日本図書館研究会が発足した。青年図書館員連盟解散後の，関西圏の図書館関係者が発起人となったこの新しい組織の首席理事を務めたのが戸澤信義であった。彼が，戦後NDCを支えたキーパーソンの1人である（後述）。

1947（昭和22）年1月，森は岡田温帝国図書館長の推薦で帝国図書館の嘱託となった。ここで森は八門分類と件名標目付与の仕事を行う。また，農林省開拓局資料課嘱託，東京聾学校事務補佐員嘱託と兼務が重なる。12月には帝国図書館目録部第一係長となった。

同年4月30日には国会図書館法が公布（翌年2月廃止）され，12月には帝国図書館が国立図書館に名称変更された。

都立図書館にあった加藤は，文部省社会教育局から占領軍との連絡事務のために嘱託となることを打診された。ここでの主な任務は「日本の図書館事情をアメリカ側に伝えることと，新しい図書館法の制定準備のため」と加藤は回想する[5]。

『学校図書館の手引』と NDC

加藤は，GHQ の民間情報教育局（CIE：Civil Information and Educational Section）担当官バーネット（Paul J. Burnette）と図書館法案の逐条審議をしていたが，上野の国立図書館の館長に任命され，図書館法については文部省社会教育調査員の武田虎之助（1897-1974）に後を託している（図書館法の交付は 1950（昭和 25）年 4 月 30 日）。

1947 年 1 月頃から『学校図書館の手引』の編集が始まった。当時文部省社会調査局文化課にあった加藤は 3 月から「学校図書館の整備」の章を担当することになった。その中で加藤は，分類に関して教科目別の分類では時代により変動があること，児童生徒が読むべき資料としては必ずしも教科目と連動していないこと，将来公共図書館を利用するにあたり，公共図書館の分類と学校図書館の分類が一致すること，などを条件として検討した。ここで加藤は NDC の 10 区分の採用を提案したが，教師側の委員からは教科目別分類が，学校局側からは DDC による分類が推された。

ここからの経緯については，加藤自身が詳細な記録を記している[6]。

学校図書館コンサルタントである米国図書館協会事務局のグラハム（Mae Inez Graham, 1904-1983）は，NDC の主類を確認した上で，「手引」には NDC の十類を載せ，教科目との対照表を附せばよいと助言した。実際に後年刊行された「手引」では，NDC の第 5 版をもとにした主類表（Main classes）が掲載され，NDC の区分と学校教科との関係が「4　自然科学（Natural sciences）　算数（数学）・理科」「7　美術（Fine arts）　図画・工作・習字・音樂・体育」のように対比で示された。

そして，4 月のグラハムの帰国後，さらに 100 区分の主綱表（Divisions）と，児童図書のために「児童生徒用日本十進分類表」を掲載することとした。

しかし，CIE の図書館担当だったキーニー（Philip Olin Keeney, 1891-1962）が帰国し，バーネットが第 2 代の図書館担当として着任して事態が一変する。バーネットの直接の窓口は，文部事務官であった深川恒喜（1911-1993）であっ

5　加藤　前掲 2，p.138-153 より

6　文献（e51）：加藤宗厚「『學校圖書館の手引』と N.D.C.」（1950）

たが，10月末，その深川を通じて「手引」にNDCを採用することについて，再検討をするよう指示したのである。

　加藤はグラハムに提案した趣旨を再度バーネットに説明し，また当時の在京近県の図書館要人で組織された「金曜会」や日本図書館協会などとも連絡をとった。これらの席において，NDCの採用が不可とされた場合の選択肢として，（A）同年12月に協会に設けられた「標準分類表制定委員会」の案，（B）DDCを根幹とした修正案（毛利宮彦が主張），（C）新規に理想的な分類を作成する案（竹内善作が主張）という三つの案が出された。

　この「標準分類表制定委員会」は文部省から加藤・深川，国立図書館側から森を含む3名，都立図書館から3名，計8名で組織された。12月16日，上野図書館で第1回委員会が開催され，加藤は席上，山口図書館の分類の轍を踏まないためにいっそう詳細な分類が必要であること，図書館協会や国立図書館学校内に常置委員会を設置し改訂増補すること，分類には強力な統制力を持たせ，権威を保持することを提案した。実務的には（1）十進法によること（2）助記性をもたせること（3）4位（1,000区分）までの表を用意すること，という3項を決定した。

　翌17日の金曜会において，毛利宮彦からは委員の人選や計画案の主導者は誰か，といった疑義が寄せられ，加藤との対立軸を見せたが，衛藤理事長がこれを仲裁し委員会を支持している。そして，12月18日，21日，22日，24日，1月8日，9日という2週間の間に6回の会合を設け，1,000区分の新分類表案を策定した。

　1月16日の委員会で1,000区分の案の提示と，特別委員会への付託が決定され，衛藤理事長以下，岡田温，弥吉光長，竹内善作，毛利宮彦ほか8名が委嘱された。19日には第1回特別委員会が開催され，加藤は案の説明を実施した。22日には第2回委員会が開催され，毛利からこの案の根幹にかかわる質疑が出たが，最終的な結論として，この分類表案は「金曜会や協会で決定することは不可能である」と位置づけられた。

　毛利はこの案の代替として「手引」にDDCの採用を主張し，かたや竹内や岡田はそれに疑義を唱え，といったように議論は収拾がつかず，この案を『図書館雑誌』に掲載し意見を求めるという意見もあったが，2月8日，9日の委

員会の議論でも決着がつかず，また雑誌発行のタイミングからしてバーネットから提示された期限である3月末までに結論を出すことは不可能であった。委員が短期間で練り上げたこの標準分類表案は，結局公表されぬまま消えていくことになった。

　森の回想では，次のように経緯を語る[7]。

表4-1 標準分類表(案)のメインクラス
0　一般圖書
1　哲學，宗教
2　歴史，地誌
3　社會，經濟，教育
4　政治，法律
5　藝術，諸藝
6　文學，語學
7　理學，醫學
8　農林，水産
9　工學

　　はじめは文部省編の『学校図書館の手引』に教科目分類に代ってNDCを導入することが加藤氏の提案で合意を得たが，のちにCIEの担当官からDDCを採用せよとの強い要請があり，加藤氏も当時の金曜会とJLA衛藤理事らに協力を求められ，昭和22年12月に仮称「標準分類表制定委員会」を設置された．委員は加藤宗厚，深川恒喜（文部省），舟木重彦，もり（国立図），細谷重義，林靖一，古野健雄（日比谷図），岩渕兵七郎（国会図）の各氏で，6回の会議で千区分表を作成したが，翌年1月16日の拡大委員会で賛成が得られず流産となった．

　この案の詳細は明らかでないものの，加藤の回想[8]により主類だけは見ることができる（表4-1）。しかしながら，この内容は加藤による別の記録でも0を「一般図書」，9を「工學工業」とするものもあるなど，微細な違いが存在する。なおその記録によれば「『学校図書館の手引』のための分類表は最初「標準分類表」，後「新日本十進分類法」と命名したもの」と記載がある[9]。

　3月19日の金曜会において，加藤は「手引」には最初の決定を踏襲してNDC以外の選択肢はないと表明した。それは賛成多数とはならず，特に毛利は重ねて「DDCを採用すべし」と主張した。最終的には折衷案として「DDCとNDCの両方を採用し，どちらを採るかは各図書館に委ねる」という結論が，深川を通じてバーネットに報告された。

7　もり　前掲4，p.29より

8　加藤　前掲6，p.6より

9　文献（e50）：加藤宗厚「國立國会図書館とN.D.C.」（1950），p.62より

128　第4章　日本十進分類法の展開

　しかしバーネットは，二つの分類表を掲載することに難色を示した。加藤からは「NDCを採用したい」と深川を通じて申し入れたが，4月1日，バーネットから「DCを挿入するよう」指示が下った。加藤は，この決定が「総司令部の意図であるとは考えられなかった」と思いながらもバーネットの決定を覆すわけにもいかず，いったんはDDCを採用した原稿を深川に託した。

　ところで，この前後の経緯について深川の証言がある。1985（昭和60）年に塩見昇が行ったインタビューをもとにした記録[10]の中で，NDCの採用に反対の意を深川に繰り返し吹き込んだ人物があるという。

　【深川】NDCを入れるなと言って意見を持ってきなすった方がいらっしゃいましたよ。教科別の分類にせいと，教科別。

　そのときね，最後にね，NDCをとるかどうか，いろいろこんな意見があるんですと，僕，報告しました，上にね。そうしたらね，最後に決めるのはおまえじゃないかと，おまえが決めろって言われたんですよ。僕，そのときね，一晩考えたよ。

　【塩見】それはCIEですか，文部省ですか。

　【深川】文部省。

　（略）

　　だけど，何度も私をつかまえてね，NDCにしちゃいかんとおっしゃった方がありましたよ。

　【塩見】ああ，そうですか。それは，いわゆる図書館の専門家である人の中に。

　【深川】はい，そうです。

　この人物が誰であるかは，深川は明らかにしていない。しかし，ここまでの加藤の子細な記録の中で，NDCに対する否定論を繰り返していたのは毛利であり，また，この記録の冒頭で毛利の論[11]をわざわざ引き合いに出しているところをみると，金曜会にあってNDC採用の最大の妨げとなったのは毛利であったことを覗わせる。

10　文献（e62）：塩見昇，安藤友張，今井福司，根本彰「戦後初期の日本における学校図書館改革：深川恒喜インタビュー記録」（2010），p.77-78 より

11　文献（e47，e48）：毛利宮彦「最近の圖書分類法の問題」（〔I〕，II）（1949）

1. 日本の「標準」への道程　*129*

　加藤自身も後日別の文章の中で，毛利による加藤と NDC 批判[12]を挙げ，毛利が主張する DDC の優位を日本的に適用するという「この論旨は DC を日本の図書館に押しつけようと意図しているバ氏を動かす唯一ではないにしても，かなりの支えとなったのではあるまいか」と記し，また後段で，バーネットが DDC を採用するよう指示があった件について，以下のように述べる。

　　しかし私は DC 挿入の指示が GHQ の意図であるとは考えられない。先にも述べたように DC を押しつけようとするバ氏の意志と DC 支持者との合作であるような気がしてならない。

　いずれも毛利の名を直接には出していないにせよ，毛利が「DC 支持者」であることを推測させるに十分な文章である。

　この毛利の「最近の図書分類法の問題」では，まず毛利がかねてより分類法の「公認」という協会の呼びかけに疑義を抱いていることと，分類委員会への委員委嘱の連絡があったことについて述べている。続けて毛利は，金曜会での『学校図書館の手引』に導入する分類をめぐる議論（バーネットの指示を受けて NDC に代わる 3 案の検討）を挙げているが，ここで NDC に対して，次のような記述をしている。

　　所謂「標準分類表」として，從來斯界の一部で強く支持されてゐた N・D・C・は前後 3 回の同會議を通じて殆ど論議の對象とならなかつたのである。これは委員の多くが，N・D・C・そのものに滿足し得なかつたといふこと許りでなく，N・D・C・の編者その人及び有力な支持者の一人も亦，前記の A 上野日比谷案の作製に，折角沒頭してゐたことに，因るものと思はれた。

　ここでいう「有力な支持者の一人」とはおそらく加藤のことと思われるが，他にも金曜会には NDC 支持者がいた。また，続けて 3 月，加藤が NDC 採択の提言をしたことの経緯を毛利は挙げている。上記のとおり，このとき金曜会の議論は決着を見ず，DDC と NDC の併記をバーネットに返すことになるが，

　　かくて「學校圖書館の手引」には，まず D・C・原案を掲げ，而してその參考案としての意味で，N・D・C をも併載するといふことで，一應この

12　文献（e52）：毛利宮彦「圖書分類法の指標：加藤宗厚氏の文について」(1950)

130 第4章 日本十進分類法の展開

> 委員會としての意見は纏りをみせたのであつた．然るところ其後，かうした一種の妥協案に對して，C・I・E・のバーネット氏から，それでは却つて紛らはしいから，寧ろD・C・一本立てを以てするが望ましいとの，意見が開陳されるに及んで，茲にN・D・C・は姿を消すことゝなつたのである．

と，（毛利の目線から見れば）加藤がNDCを強く推した目論見が潰えたことを述べている。

次いでこの論では，国会図書館での和洋書の分類にNDCを採択することについてGHQのダウンズ技術顧問から勧告があったことについてふれているが，これについては毛利の論の後編で詳述されていることもあり，次節で述べる。

加藤にしてみれば，DDCが採用されるということを覚悟していたが，手をこまねいていたわけではない。NDC採用の主張の裏付けを整え，公共図書館，専門図書館にも根回しを行った。バーネットはこの間各地方でのブロック別会議に出席していたが，5月18日，バーネットから「NDCと入れかえたほうがよいであろう」と指示があった。

毛利は先の論の後編[13]において，

> 前記「学校図書館の手引」の編纂者の一人が，C・I・E・のバーネットに対して，同書発行の期日切迫の止むなき事情と，地方図書館（主としてN・D・C・実施の）要望とを，合わせて強調しついに前の断案を，翻意せしめ，N・D・C・の同書に掲載の了解を得るに至つたことである。かくてN・D・C・はこゝに再転して，学校図書館といふ斯業の新分野での開拓士であることが一先づ，約束されることになつたのである。

と言い，加藤の根回しを裏付けている。

加藤は自伝でこの日（1948年5月18日）を「私の生涯においても特筆すべき日」と表現し，次のように記した[14]。

> 当時はすべてが占領軍の意のままに押し付けられていたが，図書分類法に関する限り我々の初志を貫徹することが出来たのである。

13　毛利 前掲11，p.157 より
14　加藤 前掲6，p.142 より

こうして出来上がった『学校図書館の手引』[15]には，NDCの主類表，主綱表，兒童生徒用日本十進分類表が掲載された。

これらはおおむね第5版のものに沿っているが，字体を新字体に置き換え，語句のいくつかが変更されている（「支那」→「中国」など）。また主類表（第1次区分）では「精神科學」を「哲学・宗教」など，主綱表（第2次区分）でも110「形而上学」が「形而上学・理論哲学」とわずかながら改変が見られる。いっぽう兒童生徒用日本十進分類表は，NDC掲載のもの（表6-20，p.274）をもとに，主綱表との対比を意識して一部の項目が変更になったり，語の補足がなされている。

かくして，学校図書館においてもNDCが標準分類法となった。確かに加藤のいうとおり「特筆すべき日」であり，NDC史上の，ある意味において最大の転機といえるかもしれない。

2. 分類委員会の誕生，国立国会図書館とNDC

1948（昭和23）年は，5月の『学校図書館の手引』へのNDC採用だけでなく，加藤を中心としてNDCに関するやりとりが急加速した年である。

それに先立つ3月末，森は国立図書館の嘱託を解かれ，事務補佐官として国立図書館常勤となっていた（ただし5月に特許局資料館の嘱託を兼務）。

6月13～15日，休止されていた全国図書館大会が東京・小金井の浴恩館（現在の文化財センター）で開催された。14日，加藤は日本図書館協会に各種委員会を設置すること，その中でもまず分類と目録の委員会を設置する構想を発表した。加藤は，後日この委員会の趣旨として次のように記している[16]。

特に分類及目録委員会は学校図書館に対する技術援助の態勢を樹立するためとこの年2月9日発足した國立國会図書館の技術面に対する我々図書館関係者の態度を確立し，さらに今後における公共図書館の分類法及び目録法の統一の原案を作成することを意図したものである。（略）

そもそも日本図書館協会は昭和22年末より23年の3月に亘り「学校図書

15　文献（e45）：文部省『学校図書館の手引』（1948）

16　加藤 前掲9，p.58 より

館の手引」に挿入すべき分類表の検討のために「標準分類表委員会」を設置して鋭意その完成に努力したが意見の一致を見ることができなかつた。文部省の編集になる「手引」へNDCを挿入することは國定に準する結果になるとも考えられるが，これが印刷頒布は相当おくれる見込（実際はこの年の12月刊行）でもあり，たとえ刊行されてもよりよい分類法の制定によつておきかえ得ることも考えられる。又学校図書館はNDCの線で進行するにしてもよりよい分類法が作成されるならば國立國会図書館の分類法の参考ともなり得るのであるから分類及び目録法の研究は協会としては絶対に必要なのである。

この提案は承認され，同日総会直後，加藤はすぐに分類，目録委員会設置準備会を設置し，設置に向けて委員の委嘱方法や分担などについても協議した。分類委員会委員長には加藤宗厚が，目録委員会委員長には岡田温が委嘱された。

国立国会図書館の分類

6月24日，開館間もない国立国会図書館で「国立国会図書館が採用すべき分類表に関する懇談会」が開催された。この会の議題は①国会図書館特有の一館分類表を持つべきか，一般図書館の基準となるべき共通分類法を持つべきか，②十進式分類法か非十進式か，③分類表を和・漢・洋の三本立てとすべきか，和漢・洋の二本立てか，和漢洋一本にすべきか，という三項であった。これについて，『国立国会図書館三十年史』の記述によれば，「日本十進分類法（NDC）については，全く言及されなかった」と書かれており[17]，加藤は「結論こそ出ていないものの，国会図書館側の意向はDDCに傾いていたように思う」と回想で記している[18]。また，別の回想では，この懇談会の開催と，当時のアメリカとの関係についてこのように記している[19]。

國立國会図書館法成立当初の同館の根本方針は我國図書館の傳統を能う限り排除して不日來非するアメリカの技術顧問の指示に從つて決定するとの

17　文献（c4）：国立国会図書館『国立国会図書館三十年史』(1979)，p.219より

18　加藤　前掲6，p.150より

19　加藤　前掲9，p.59より

風説が流布されていたのでこの通知は多少意外でもあつた。

また，同じ回想の中で，金森徳次郎館長（官僚・政治家であり図書館学者・図書館員ではない）の発言とこの会の議論の推移をこのように記している。

金森館長よりは「図書館の大小で分類表を異るものにしなければならぬものか」「出版される部門別の量とか又は経済的問題を考えずに理論的に一体どんな分類表がよいのか，D.C が日本で使えないという理由を先ず知りたい」等の質問があつたが全体の空氣から推して國会図書館側の意見は國際色の濃厚な D.C に傾いていたように感ぜられた。

いっぽう森は，自伝で次のように，NDC とは別の分類表の創出について発言したことを記している（「6 月 28 日」は誤り）[20]。

次で，昭和 23 年 6 月 28 日に NDL が招集した同館の分類に関する懇談会に私も招かれたが，個人的見解として①和・漢・洋の三本立てを，②十進記号法が望ましい，③洋書は DDC でもよいが，和書は新表を作るべきであり，漢籍は四庫分類に準じてはと述べたと記憶している．なお，NDCについては私はもちろん他の出席者からも何ら発言がなかったと思う．私はNDC 初版で和漢洋の一元化を主張しておきながら，その後実務を体験して，漢籍には伝統的な体系が適切（その方面の人にとって）だと考えが変わったわけである．

7月7日，CIE 特別顧問としてイリノイ大学図書館長のダウンズ（Robert Bingham Downs, 1903-1991）が来日する。前年 12 月から 2 月まで米国議会図書館副館長クラップ（Verner Warren Clapp, 1901-1972）と米国図書館協会東洋部委員長ブラウン（Charles Harvey Brown, 1875-1960）が米国図書館使節として来日しており，その滞在期間中に「米国図書館使節覚書」をいくつか発していた。その覚書から国立国会図書館法案の起草なども行われたが，その中で，整理に関する専門家を日本に派遣することが触れられており，それに基づいて来日したのがダウンズである。滞在中，国内の図書館を訪問視察し，多くの図書館関係者と交流した。このダウンズも，戦後 NDC のキーパーソンの 1 人である。

20　もり　前掲 4，p.29 より

分類委員会とダウンズ勧告

1948（昭和23）年7月24日，上野の国立図書館で第1回分類及目録委員会が開催された。出席者は衛藤利夫（日本図書館協会理事長），加藤宗厚（国立図書館），毛利宮彦（大泉文庫），木寺清一（大阪大学），武田虎之助（文部省），弥吉光長（内閣新聞用紙割当委員会），細谷重義（日比谷図書館），川崎操（東京商業大学）舟木重彦（図書館職員養成所），笠木二郎（国立図書館），奥村藤嗣（明治大学図書館），森清（国立図書館），植村長三郎（国会図書館）の13名であった。また，山下栄（神戸市立図書館）からは欠席の連絡と目録を主として希望すること，加藤を委員長に推す旨の届けが出されていた。

ここで委員会が分類と目録に分けることが決定され，委員の追加（毛利のように辞退者もいた）が決定された。主査は国立図書館の舟木，委員には森，鈴木賢祐，弥吉光長らを含む10名が任じられた（後述）。

そして委員会席上，会議の終了直前になって文部省の武田虎之助が発言した。「国立国会図書館に対する覚書に出来得る限り日本の図書館人の意向を導入したいから分類について忌憚のない意見を成るべく早くまとめて欲しい」というものであり，委員会直前の同日午前中，ダウンズとの懇談の中で，ダウンズは国会図書館に対する勧告書に日本の図書館人の意向を盛り込むことを考え，「NDC の改正については國際的統一の点はあつても日本の特殊事情からNDC を改善使用することは好ましい」[21] というものであって，この委員会の委員に「急げ急げ」と伝えてほしい，というのがダウンズの意向であったという。

加藤はこれを「まことに深刻であると共に言語に絶する感激であった」[22]「ダウンズ氏が和漢書の分類に対して L.C 又は D.C を強制せずして日本の図書館人の意見をきゝ，日本の図書館の実情を察して最も実際的且つ妥当な見解を表明された実際家的，技術家的態度に対し我々は多大の敬意を表するものである」[23] と記している。

21　加藤　前掲9，p.59 より
22　加藤　前掲6，p.151 より
23　加藤　前掲9，p.60-61 より

当然ながら第1回委員会ですぐに結論が出るはずもなく，追って7月28日に第2回分類委員会が開催された。ここで武田を通じて寄せられたダウンズの要請についての検討が議題となった。ここでも議論はさまざま出されたが，結論としては「洋書にはDDCを，和漢書にはNDCを使うことが最も適当である」と答申をまとめた。

8月2日に第3回委員会が開かれ，ここで武田は，ダウンズの意見として，和漢書の分類にはNDC第5版を改訂するか，国立図書館の独自分類案をとるかのいずれかを定めることを伝えた。森は，NDCとはやや異なる新分類表の案を提示し，加藤や武田をはじめとする「NDCの2位（綱）までは維持する」という意見（A案）と，森による「NDCの欠点を大きく修正するため綱も含めた移動を行う」上野図書館や日比谷図書館での研究をふまえた意見（B案）が存在した。加藤が次のように証言する[24]。

> ともかくこの会において森氏は國会図書館に採用すべき新十進法はNDCを改訂したものとし，NDCはそのまゝ残しておく意図のようであつた。
> しかし他の各委員はこの2本建を不合理であるとして森氏の態度決定をせまつたのが注目される。

8月9日，国会図書館でのダウンズとの第2回分類協議会が開かれた。ここで，分類委員会でNDC改訂案が2案あることが報告されたが，ダウンズは「分類表は一度決定し相当数の館が使用していれば大改訂を加えない方がよい。細目の展開に主力をおくべきである。NDCもできれば3位位迄はかえない方がよい」と述べたという。

8月21日には第4回の分類委員会でこのダウンズの見解が伝えられるとともに，森からは第5版までのNDCが抱えている主題排列の問題がいくつか示され，B案にも多少の譲歩があった。これにより，第5版をもとにしながらも100区分での変更がいくつか生じるという計画に賛成が寄せられた。

8月30日の第5回委員会では，編者である森が抱くNDCの大規模改訂への希望と，NDCの使用館がもはや多数に及んでいるからこその維持の方針とが衝突した。最終的には委員長である加藤が，「慎重であり且つ公正」なここま

---

24 加藤 前掲9，p.63より

136　第4章　日本十進分類法の展開

での審議をふまえ，以下のような決断を下している[25]。

　　改訂案においても実際的編集の中心である森氏の改訂意図を否定すること
　　は情において忍びないものがあるが本案はもはや編者個人のものでなく日
　　本図書館界全般につながるものであり，実際分類表の正確に鑑み委員長は
　　保守的な裁断を下さざるを得なかつた。

　こうして，NDC自体は分類委員会を軸として維持改訂されることになって
いく（後述）。いっぽう，委員会から出された答申はダウンズのもとで8月20
日頃に草案としてまとめられ，9月に至って最終的なものとなった。

　9月11日，ダウンズが総司令部に提出したのが『國立國會圖書館に於ける
圖書整理：文獻參考サーヴィス並びに全般的組識に關する報告』（Report on
Technical Processes, Bibliographical Services and General Organization；通称「ダウン
ズ勧告」または「ダウンズ報告」）[26] であった。

　序言と九つの章からなるこの報告の最初の章が「分類並びに目録（TECHNI-
CAL PROCESSES)」であり，ここではまず，和漢書と洋書の分類は別々にする
方が便利であることを述べている。

　続いて，「A. 分類」の節で日本における分類法の制定統一が過去40年間結
論を出していないことを述べ，制定統一化こそ国立国会図書館が先達となるべ
きことであると示した。そこでダウンズはDDC，LCCの経緯を述べ，NDC
については以下のような記述がある。

　　The Nippon Decimal Classification, based on Dewey's principles, first
　　came out in 1928, twenty years ago, and has gone through five editions.
　　Expansion of knowledge, publication in new fields, and changes in ideas
　　make it necessary for a sound classification to be a constantly growing
　　and evolving organism, undergoing continuous revision. Plans of classifi-
　　cation which fail to observe this principle（for example, Cutter's Expansive
　　Classification），no matter how excellent, soon become obsolete and forgot-
　　ten.

　　日本十進分類法は、D・Cの原則を基礎とし、一九二八年、すなわち二十

25　加藤　前掲9，p.65 より
26　文献（e46）『國立國會圖書館に於ける圖書整理』（1948）

年前に初められ、現在第五版を出している。知識は常に発展し、新分野に属する刊行物が後から後から出てき、又、諸概念も次第に変轉していくのであるから、立派な分類をなすためには、絶えず増補訂正を加えて発展増大し得る組織のものが必要である。此の原則をわきまえない分類体系は、たとえそれが、どんなに優れた分類であつても、たとえば、カツターの展開式分類法の様なものでも、やがては陳腐なものとなり，忘れられていくのである。

（訳・國立國會圖書館）

　続けて，国立国会図書館がいずれを採用すべきか，という投げかけを行う。

　LCC は大規模蔵書にも対応し，DDC より論理的な区分を持つと長所を述べたうえで，アメリカ主体に作られ，記号法も複雑であり「非常に熟練した分類専門家を要する」ことや，「長い分類記号は排架作業を複雑ならしめ，書庫での労務者も相当熟練した者を要する」と欠点を述べる。

　いっぽう DDC についてはやはり欧米中心であること，「非科学的な分類区分の個所もある」こと，「分類記号も長すぎて厄介千万なものが多い」と欠点を並べつつ，十進分類法は理解や応用が容易であるといいう利点を述べる。さらにここでは，立教大学はじめいくつか日本の図書館でも DDC が採用していることを付言している。

　そして「第三の分類体系としては，日本十進分類法がある」と述べ，その採用実績から「日本図書館界においては，他のいずれの分類法よりもよく認識されている」とし，東洋書においては DDC や LCC よりもアドバンテージがあるという（ただし「漢籍の部分は，和書の部に比して遙かに劣つている」とも述べる）。そして，旧版に対する非難は「漸次新版で改訂されてきており，現在も増補改訂を進めている」と改訂で改善されている点も評価しているが，洋書に対しては「西洋文献に必要不可欠な項目が相当抜けている」ことから不向きであるとも述べている。

　そして，

　　After careful consideration of the various factors ontlined above, it is recommended that the National Diet Library adopt the Nippon Decimal Classification for its Japanese-Chinese books, and the fifteenth edition of the Dewey Decimal Classification for its books in European alphabets.

以上略述した様な諸般の状況を注意深く考慮すると、國立國會図書館としては、和漢書に対しては NDC を、洋書に対しては DC 第十五版を採用することが勧告される。

(訳・國立國會圖書館)

と，決定的な一文を載せている（実際はこれに理由と付言が続く）[27]。

　加藤が館長を務めた上野の国立図書館は翌 1949（昭和 24）年 4 月，国立国会図書館支部上野図書館となった。こうして，日本の国立図書館として存在する国立国会図書館において，1963（昭和 38）年に「国立国会図書館分類表」（NDLC：National Diet Library Classification）ができるまではこのダウンズの勧告を受け，NDC が採用されることが決定されたのである。

　これが，日本国内の多くの図書館で NDC がさらに普及する要因となった。すなわち，NDC が日本の標準分類法として再出発を果たしたのである。

3. 日本十進分類法 抄録第 6 版（1947 年）

　加藤らが CIE（というよりも国内の対立者）と学校図書館や国立国会図書館の標準的な分類法について奔走している頃，NDC はもうひとつ課題を抱えていた。

　終戦後，戦災復興や急速に拡大しつつあった図書館設置（特に学校図書館）の流れを受け，NDC への需要が急速に高まっていたのである。特にその動きは『学校図書館の手引』に NDC が採用されるとさらに加速することになる。

　この時期の NDC を支えたのは，日本図書館研究会の初代理事長となった戸澤信義であった。

戸澤信義と日本図書館研究会，NDC

　戸澤信義（1899-1995）は，1922（大正 11）年に阪急電鉄に入社した。趣味として昆虫学を学んでおり，1930（昭和 5）年には関西昆虫学会を創設している。

27　前掲 26，原文は英文 p.8，訳文は日本語本文 p.4 より

3. 日本十進分類法 抄録第6版（1947年） *139*

1933（昭和8）年，阪急電鉄が設置する宝塚文芸図書館（現在の公益財団法人阪急文化財団池田文庫）の主任として就職し，1939（昭和14）年から1949（昭和24）年10月に図書館が閉館されるまで館長を務めた。同時に，宝塚新温泉（のちの宝塚ファミリーランド，2003年閉園）内に設置された宝塚昆虫館の館長も兼任している[28]。

戸澤本人いわく図書館への就職も「腰掛けのつもり」であり「素人の図書館員を目ざして」いたそうであるが，「たまたま」青年図書館員連盟の会合に出たのがきっかけで，理事となり，理事長となった。連盟解散時も理事長であり，間宮とともに実務処理にあたった人物である[29]。

その経緯もあって，戸澤は日本図書館研究会設立にあたって発起人の中心となり，初代・2代目の理事長として関西図書館界の代表者的地位に立つことになった。このとき，戸澤だけでなく青年図書館員連盟の関西地域の会員たちが多く集まり，連盟の性格を継承したところも少なくない。

日本図書館研究会の会誌『図書館界』第1号（1947年）巻末の会報において，この経緯が若干記されている[30]。

> 昭和19年，青年圖書館員聯盟解散以來，京阪神に在住する聯盟員有志は，日本圖書館研究會を結成して相互音連絡を保つてゐた．戰時中のこととて，會合も再々には行はれず，勿論機關誌發行其他の公的な活動は─聯盟解散の主要原因がそうであつたように─封ぜられていたが，會員は同志的な愛情のつながりを以て，圖書館に對する熱情をこの會によつて細々ながらも燃しつづけて來たのであつた．

また，この報告の末尾で「戸澤首席理事は會の現勢『N・D・C』の豫約註文状況を報告」と，設立総会の議事でNDCの販売請負について触れられている。

当時，NDC第5版の増刷を望む声は館界から多く寄せられていた。戸澤はそれを受けて浦幌の間宮に相談し，連盟が刊行した三大ツール（NDC，NSH，NCR）について日本図書館研究会が版権を取得，宝塚文芸図書舘を版元として

28　文献（b15）：「戸澤信義氏略歴」（1995）

29　文献（e58-4）：戸澤信義「NDCと私」（1979）

30　文献（c2）：「日本圖書館研究會創立經過報告」（1947）

NDC第5版を増刷している。

抄録第6版の刊行

戸澤が着手したのは，とにかく物資難のなか，ようやく見つけた印刷所で NDC を発行することであった。

紙を節約するため判型はひとまわり小さく，四六判でペーパーバック装，ページ数も割けず，序文や凡例，助記表，相関索引等を省き，主類表，主綱表，要目表，總分類細目表のみの掲載で，第5版の324ページに対して146ページと半分以下のページ数である。平綴じではあるが，本体の紙も，表紙の紙もとにかく弱い。森の自伝によれば「B6判，仙花紙により印刷された」とある[31]。「仙花紙」とは，戦後流通した故紙などを原料としている粗悪な紙のことであり，この時期の雑誌などによく用いられた。

内容は第5版に準じているが，版元が変わったことと，判型も変わったことで新たな版ということになり，その形態から「抄録第6版」という版次が与えられた（本書では以降単に「第6版」と表記する）。なお，標題紙や奥付，裏表紙には「抄録第6版」とあるが，表紙には単に「日本十進分類法　編著　森清」とあるのみである。背表紙にはなにも記載されていない。

こうして完成した第6版[32]は，奥付によれば発行日は「昭和22年2月25日」，「本書の歴史」によれば刷数は500部であると記録されている（第5章「2. 本書の歴史」参照）。

また，間宮商店時代から標題紙裏に刷番号が押印されていたが，第6版はその余地がなく，奥付の余白に押印されている。

兵庫県鳴尾村（現在の西宮市）の明和書院発行で，定価は25円。同年の物価はインフレで激しく変動したから換算が難しいが，これまでのNDCのような高額でなかったことは確かである。

第6版刊行後の動き

GHQと文部省，国立国会図書館，日本図書館協会に関係した動きは前節で

31　もり 前掲4，p.28 より

32　文献（a8）：森清『日本十進分類法』抄録第6版（1947）

述べたとおりである。

この第6版については，戸澤の回想において経緯と顛末が記されている[33]。

　かような情勢に直面して，NDC の普及のために，その復刊の希望が身近く感ぜられたので，当時北海道に疎開しておった間宮氏に願って，その版権を日本図書館研究会が取得して，NDC 第5版の復刊に踏み切った．資金は会社におんぶして心配はなかったが，肝心の用紙がない．方々を尋ねまわった末，漸く粗末な更紙をもっている小さな印刷屋を見つけて刷らせた．それも必要量に充たないから，やむなく本文のみの抜刷にとどめた．「索引のない分類表では何の役に立つか」といって，後で間宮氏からお叱りを受けた．

　今考えると，こういう時勢だったから，文部省に泣きつけば何とか紙の手配が出来たと思うが，東京と違って関西ではとかく政治に鈍いから，そんな手を考え及ぶ人はなかった．

　それでも口コミだけで，たちまち売切れて，多数の要望に対して，焼石に水の感があった．

間宮の「お叱り」は実に間宮らしいエピソードだといえるが，この増刷もまた，NDC 普及の経緯を考えれば必要不可欠なものであったといえよう。

4. 日本十進分類法 縮刷第7版（1947年）

　前述のとおり，戸澤による第6版はたちどころに売り切れた。またその収録内容について間宮からの意見があったことも受け，次の増刷は第5版とそのまま同一内容（ただし判型・装丁は第6版とほぼ同じ）となった。

　こうして刊行されたのが「縮刷第7版」[34] である。奥付での発行日は「昭和22年9月15日　第7版發行」と記述されている。また，標題紙裏には英語形タイトルが記載されているが，ここでは版次を「7th rev. & enl. ed.」としている。第6版でも英語形では「7th」と数えていたが（第5章「2. 本書の歴史」参照），特にここではそのことにふれず，本来の「版」としての整合をとった

33　戸澤　前掲29, p.394 より

34　文献（a9）：森清『日本十進分類法』第7版（1947）

142　第4章　日本十進分類法の展開

ということであろう。そして，第5版と内容は同じであっても，第5版と判型が異なっているのでやはりここでも新たな版次が与えられ，7版となったのである。

標題紙には「訂正増補第7版」と記載され，奥付と表紙裏では単に「第7版」と記載されている。後年のNDCにおける履歴では「縮刷第7版」と呼ばれている（新訂7版との識別の意味も込めているのであろう）。これまでも繰り返し述べてきたように，また下でも述べるが掲載内容は第5版と差がなく，「訂正増補」とまではいえないのが第7版の姿である。

発行部数は標題紙裏の記述によれば1,000部とあり，発行所は「寶塚文藝圖書舘」である。また，「配給元」として，神田淡路町の「日本出版配給株式会社」が奥付に記載されている。これは現在の取次の前身で，戦中は出版物統制を行っていた会社である（1949年GHQの指定により活動停止）が，これによって全国に販路が確保されたといえる。

紙は第6版に比べれば多少質がよいと思われるが，とても薄く，裏が透けて見える。価格は150円。第6版と比べると大きな開きがあるが，これは戦後インフレ（1946年の預金封鎖と金融緊急措置令の公布）によるものであり，新円に切り替わったのちの価格である。

第7版の刷番号も，標題紙裏に第5版と同じくナンバリングの欄が設けられているものの（筆者が確認したものは）使用されておらず，第6版同様奥付に押印されていた。

なお，このナンバリング欄は版次にあわせて第1版は「No. A」，第2版は「No. B」というように設けられていたが，第7版では第5版同様「No. E」が与えられている。

第7版の構成

ここまでも述べてきたように，第7版の内容は第5版と差がない。

第6版には森による巻頭言が書き下ろされていたが，第7版にはそれすらなく，第5版の内容そのままに，間宮の「第5版オ迎エテ」から始まっている。「本書ノ歴史」（p.16）も第5版の版面のまま加筆されず，第6版に関する記述を見出すことはできない。

あえて標題紙・奥付以外の差異について書くならば，「白紙ページの省略」が挙げられる。第5版の版面をそのまま流用しているため，ノンブルも修正されておらず，白紙ページが省略されてもその分はノンブルに反映されていない。本来なら見開きをした際，左ページが偶数，右ページが奇数のページ付をされるはずだが，それが途中でずれて，左ページに奇数ページのノンブルが置かれている部分がある（そして，ページ付けがのどの側に置かれている）。

たとえば第5版では，凡例（p.17・右ページ）の次に白紙ページがあり，導言が p.19（ただしノンブルはない），その次（NDC，EC，LC，DC のメインクラス比較表掲載のあるページ）が p.20 であるが，第7版では p.17（右ページ）の次（裏）に導言の1ページ目（ノンブルなし），その右ページに比較表のある p.20 が置かれている（p.18 にあたる部分が存在しない）。

したがって，最終ページは第5版と同じく「324ページ」であるが，第7版の実ページ数（枚数）は第5版より少しだけ少ない。さらにいえば，第5版は巻末に青年図書館員連盟や間宮商店の刊行物・製品に関する広告が11ページにわたって掲載されているが，第7版では当然これらが省略されている（当時，連盟も間宮商店ももはや存在していない）。

第7版刊行の前後

第7版の刊行は，『学校図書館の手引』の発行（昭和23年12月）より前のことであった。キーニーやグラハムとの相談の中で，NDC の採用が決まっていた頃ではあったが，7版刊行直後にバーネットから再検討が求められることになったのである。

NDC をめぐる当事者たちの回想の中に，第7版に関する記述は少ない。続く第8版，あるいは日本図書館協会による新訂6版までの時期をつなぐ，図書館界の需要を満たした版だったのは確かである。

5. 日本十進分類法 縮刷第8版（1949年）

第5版発行後から分岐した NDC の歴史の片方を担った，戸澤による増刷の時代の最後の版が「第8版」である[35]。

144   第4章　日本十進分類法の展開

　奥付上の発行日は「昭和24年3月1日」となっている。標題紙では「訂正増補第5版　増刷再版第8版」と記載され，奥付や裏表紙では単に「第8版」と書かれている。

　装丁は，本体こそ仙花紙刷りであったが，丸背の紙クロスによるハードカバー製本となった。これは戸澤の回顧によれば「この時はいくらか社会情勢が好転しておったので，これまでの仮製本ではなく，紙クロースであったが，本製本の冊子を刊行することができた」というものである[36]。

　また，第7版で行われたような白紙ページの省略もなく，ページ立てとしては第5版をほぼ忠実になぞっている。

　標題紙裏のナンバリングが第5版以来再開され，「No. H」から始まる刷番号が与えられた。第6版をF，第7版をGとしての「H」であろう。

第8版の内容

　巻頭言以降は，ノンブルもそのままに第5版と同一の内容が巻末まで続く（「本書ノ歴史」も第5版のままである）。

　そして，ノンブル上の最終ページは p.324 の「小説作者記號表」であるが，第8版は「日本十進分類法第八版編者　森清」と「日本圖書館研究會代表者戸澤信義」との間で交わされた「契約書」が1ページ掲載されている。ここでは原稿の納期，校正の責任，著者見本，印税，定価設定などの内容が9項挙げられている。この契約書の日付は「昭和二十三年十二月一日」である。

　また奥付のあとに，「圖書館學叢書出版」として15巻＋別巻の予定の広告1ページと，その図書館学叢書の版元である京都出版株式会社の図書館用品部の広告が1ページ掲載されている。

6.　日本十進分類法 新訂6版（1950年）以降のNDC

　こうして，第5版直系の系譜は第8版まで続いた。そして，NDCは並行して審議されていた日本図書館協会分類委員会による維持改訂としての「新訂」

35　文献（a10）：森清『日本十進分類法』第8版（1949）

36　戸澤 前掲29，p.394 より

の系譜へとつながるのである。

『学校図書館の手引』について，金曜会や日本図書館協会における議論は，「NDCを採用するか否か，否とすればどのような分類とするか」が中心であった。しかし，国立国会図書館での分類についてはダウンズの意見は基本的にNDCの採用にあって，分類委員会での議論は，「NDCの改訂をどの規模で実現するか」という点にあった。

激動の時期であった1948（昭和23）年における諸活動の記録は，加藤が詳細な記録を残していた。加藤が逝去する前の1973（昭和48）年7月，日本図書館学会（現・日本図書館情報学会）の事務局にあった黒木務が託されたもので，石山洋が1983（昭和58）年になって『図書館学会年報』において，2回にわたって公開したものである（便宜的に1を「前編」，2を「後編」と呼ぶ）[37]。

前編は学校図書館とNDC，分類・目録委員会設置の経緯，国会図書館の懇談会についても掲載されており，第1回・第2回の分類委員会の記録が続いている。後編は第3回から第7回（昭和23年9月13日）までと，「結語」（おそらく加藤の文），そして石山による「あとがき」が付されている。前後編合計して約41ページにわたる，膨大な記録である。なによりも重要なのは，委員会の審議における発言者が記録されている点である。

分類・目録委員会第1回会合

記録によれば，1948年7月24日（土）の午後1時20分〜3時45分，上野国立図書館館長室とされている。衛藤の挨拶に続き，議事進行は加藤が務めた。加藤の報告によれば，委員はこの「当日の出席者より適任者を択び，理事長より委嘱する」ことと，関西地方は図書館職員組合や日本図書館研究会に協力を要請し推薦を得たということであった。ここでは，学校図書館に分類・目録を研究している人材がいないことにも触れられている。

他に注目すべき言動としては，毛利の「公認の言は適当でない」というこれまでの毛利の文章の論旨と一致することと，武田から同日，ダウンズに呼ばれて分類の案を急げという報告があったという点であろう。ここでは武田の口を

37　文献（c6, c7）：加藤宗厚「昭和23年分類・目録委員会の記録」（1，2）（1983）

借りて

　　NDC の改正については国際的統一の点はあっても，日本の特殊事情から
　　NDC を改善しようすることは好ましい。兎に角勧告書に図書館人の意向
　　をもるため勧告書作製の時期たる２，３週間内に一応の結論を得るため
　　「急げ急げ」ということを私の言葉として委員に伝えてほしい。
というのがダウンズの意向であった[38]。

　また，これについて毛利は「DC を用いたいと思うが，そうなると立場が違
うので，今後はオブザーバーとしてタッチして行きたい」と発言しており，以
後分類委員には加わっていない。『学校図書館の手引』で NDC の採用が決まっ
たのはこの委員会の２ヶ月前のことであり，NDC を肯定的にとらえない毛利
としては当然の態度であろう。

　そして，ここでこの会議を「分類委員会」と「目録委員会」に分けること，
分類委員会は加藤を委員長とすることが決定され，次回につなげられた。

第２回分類委員会

　７月28日（水）の午後１時10分～３時50分，上野国立図書館附属養成所講
堂で開催された。同日は午前中に第２回分類・目録委員会（実質的な目録委員
会）が開催されている。分類委員会の出席者は加藤委員長，舟木主査委員，
森，木寺，武田，古野，土井，奥村，笠木，弥吉各委員と記録されている。ま
た，傍聴者として「山中（広島文理大）」の名があり，これは星野（山中）弘四
と思われる。古野健雄，土井重義は今回からの参加であった。

　ここでは LCC や DDC 等が日本に適用困難であることを再確認した。また，
注目すべき発言としては，武田が海外の分類の検討の文脈の中で，CC や BC
について鈴木賢祐が参考にすべしという意見を述べたという点がある[39]。

　　武田　鈴木氏は海外の代表的分類を検討する際には，DC，LC の他コロン
　　　　　分類，ブリス分類などを取上げて検討する必要があるという話で
　　　　　あった。

　　舟木　余り複雑になるのではないか。

38　加藤　前掲37 文献（c6），p.82 より
39　加藤　前掲37 文献（c6），p.87 より

加藤　項目に参考に使う程度であろう。

舟木　ブリス分類はいい所があるが，未完成であるから問題にならないのではないか。

加藤　メインクラスの配列など参考になる。

　その他，和洋混架の是非など国会図書館の書架のありようが議論されており，まだNDCの改訂の具体に関する話はない。

第3回分類（目録）委員会

　8月2日（月）午後1時50分～4時5分，この記録にはないが前回同様，図書館職員養成所で開催された。出席者は加藤，舟木，森，古野，弥吉，細谷，土井，笠木，武田各委員であり，ここでは国会が編成する委員会と協会の委員会との整合についてまず議論された。ダウンズと国会，協会の三者の間の話で，似たような議論が並行していること，そこに人員の重複があることなどについて，岡田目録委員長が問題視したということがある。

　分類委員会の本題としては，「学校図書館の手引」にNDCへの代案のひとつとして挙げられた上野・日比谷図書館の十進分類法案とNDCとの関係について議論された。この上野・日比谷の分類は森も検討メンバーの一人であり，NDCをもとにしながらも綱目の入れ替えなどを行ったという要点が森から報告された。土井からは「森氏自身NDCを否定することになるのか」という質問も出たが，森はNDCとは別の分類として，より実用的な分類としてこの分類を提案したという。

　これに対しては加藤がNDCとの二本建がうまくないということと，弥吉らが主題の配置について疑義を出しており，また，土井ははっきりと「NDCの方が良い。之は改悪である」と否定している。結局，NDCの綱を動かさない範囲での改訂か，NDCを大改訂するか，新しい分類を策定するかという選択肢が残り，これは関西の意見を聞くこととし，次の委員会に送られた。

第4回分類委員会

　第4回は，第3回の反応をみるため時間を少しおき，8月21日（土）の午後1時40分～3時50分に上野国立図書館館長室で開催された。記録によれば加

藤は不在で，舟木，細谷，古野，森，武田，土井，笠木，弥吉各委員が出席した。ここではまず8月9日に行われた国会の会合の中，ダウンズの意見として，既に使用実績のある分類表の大改訂は避けたほうがよい，という見解が伝えられた。また，前回の意見に対する関西の反応として，B案（大規模改訂）について賛成が多く寄せられた（5件中賛成4件）。

　　ここで，NDCの綱（2位）を動かすか否かについての議論が再度行われた[40]。

　　弥吉　2位は動かさぬほうが良い。1ヶ所動かすと他に影響してできたものが改善か改悪か判らなくなる。

　　舟木　NDCを作った編者自身が強く改訂の主張をもっているので，編者の意向を尊重すべきであるとの意見が出て，私も編者の意向を尊重するのは賛成であるが，文部省の『手引』などとの関係もあり，色々な問題がある。

　　森　改訂の理由は作業上一番困るのが商業と経済の関係で，之は細目の調整でも解決出来るが，商業と経済のあとにもってくることがより良い。そうすれば600は農業のみとなしうる。簡単にいえばそれだけである。

と，森の改訂の意向に配慮しつつも，綱を変えるのは避けたいという多くの委員の意向が見えるやりとりが記録されている。他にも，590家事などいくつかの点が挙げられたが，ここで「編者の意向」と改訂を主張する意見で割れた。

第5回分類委員会

　8月30日（月），午前10時40分〜午後0時30分，上野国立図書館館長室で開催された。出席者は加藤，舟木，弥吉，古野，森，笠木，武田，柿沼，山崎各委員である。このうち，柿沼介と山崎與四郎は初出席である。前回の議論を受け，ある程度の規模のNDC改訂賛成多数であることを前提に議論が進み，編者である森の意向を汲みながら「「綱」はうごかさず細目は次回に検討する」と決定した。

　この時の経緯はもっと生々しく，後年，新訂6版刊行時の座談会で加藤，森それぞれの逡巡が回想されている[41]。武田は「今でこそ笑い話だがこれは外部

40　加藤　前掲37 文献（c7），p.123 より

41　文献（e53）：「座談會 NDCを語る」（1950），p.227 より

から感知できない大事な裏面史の経緯」と評したが，加藤の発言として，森が「悲愴な面持」で「百区分は変えない」という決定に臨んだということに言及している。

第6回分類委員会

第6回委員会については加藤の記録から欠落している。9月6日（月）に国立国会図書館で開催されている。第7回の記述から推測するとこの回では，NDCの細目の改訂について意見が交わされていたようである。

第7回分類委員会

第7回は9月13日（月）の午前10時20分～正午，午後0時30分～4時と長時間の開催であった。出席者は舟木，笠木，武田，弥吉，細谷，古野，柿沼，森，山崎，林各委員である。日比谷図書館の林靖一が今回から加わった。

この回は（おそらく前回も），NDC各項を見ながら第5版から変更を要する点，不要な点を次々と審議していた。

次いで「次回ハ　9月21日（火）　午前9時　於国会図書館」と書いて，記録は終わっている。

これら一連の（特に第4回以降の）記録を見ると，NDCの問題点抽出や改訂に関する審議は急ピッチで進められたことがわかる。

そしてここまでの会議と並行して，ダウンズによる勧告が出たのは前述のとおりである。

毛利宮彦の反論

さて，「学校図書館の手引」以降第1回の分類委員会まで，一貫してNDCを否定し，DDCを推し続けた毛利の論についても前述したが，毛利は後年，これらを振り返って『図書館雑誌』に意見を寄せている[42]。

「学校図書館の手引」掲載にあたってはNDCの「編者と支持者」に対し疑義を投げ続け，ダウンズの勧告に対してはNDCが洋書に対する分類に対して

42　毛利　前掲11

150 第4章 日本十進分類法の展開

評価されなかったことを重ねて述べたが，次いで分類委員会におけるNDCの改訂方針案に対して，

> N・D・C・に於ても亦一位二位の類綱に關する限り，舊體依然としてのこること\なる。そしてD・Cを初めC・D・U・やD・Kなどとも，分類法とてしの基本的概念に於て，共通性に欠けた孤立的位置に止まることになるのである。

と記している（原文ママ：「分類法としての」か）[43]。毛利は引き続きDDCを推しており，NDCがこのまま細分展開をしていくごとに「D・C・との間に於ける理論的な背馳，矛盾，相剋，乖離などが随所に起つてきて，可なり収拾に混迷する」ことを懸念している。

　さらに続けて毛利は，NDCの成立から普及までに至る過程が「一派の熱心な支持者を除いて，一般的には不詳」であり，「20年來のN・D・C・の普及に未だ大圖書館（藏書少くも30萬册以上の）の何處も，其中に加はつてゐないこと」を指摘している。

　毛利はさらに後年，加藤の記録[44]に対し，「手引」掲載にあたって成立に至らなかった新分類表について「NDCの再檢討ということに，大きな一つの示唆を與えたもの」として，NDCを廃しうる機会であったと述べる。毛利の考えの根幹は，DDCの国際性に鑑み，日本もこれを適用することを重ねて主張した[45]。

> 敗戦という大事實を前に，國民的な大きい反省から來たる必然的なものである。そしてここに，分類の標準と統一とが要請されるものとすれば，それが國内的ばかりでなく世界的な視野にまで推し進められることが，いっそうに望ましいことではないであろうか。そしてそれにはDCこそ圖書分類表としての國際的標準であるという嚴とした事實を，更めて卒直に受け容れられるべきでなかろうか。

　だが，毛利のNDCやDDCに対する意見はその後特に見いだされることなく，毛利は1956（昭和31）年に没している。

43　毛利　前掲11 文献（e48），p.158より

44　加藤　前掲6

45　文献（e52）：毛利宮彦「圖書分類法の指標：加藤宗厚氏の文について」（1950），p.93より

日本図書館協会による NDC 改訂

　協会における 6 版改訂の動きについては，武田虎之助が回想を残している[46]。

　この回想の中で，注目すべき言及は二つある。ひとつは森の立場である。

　　森氏は，JLA 分類委員会の主査として委員会運営の中心であったが，当時の事態に対する洞察が見事であった。NDC はすでに 5 版を重ねて確固とした権威が認められ，この機会に編者の立場を主張すれば，物心両面の大きな利権も得られようし，また森氏は NDC の編輯と適用の経験を土台にした新スキームの腹案が熟していた筈である。しかし森氏は，原編者として森氏の名をとどめるというたった一つの条件のほかは一切委員会にまかせ，NDC のタイトルは JLA 分類委員会による第 6 版として継承することを承認されたのである。

　そしてもうひとつは，分類委員会に対する間宮のリアクションである。

　　氏の事業の本拠は戦火に焼かれて当時は東京に移られた後であったが，前期委員会の方針に対して「6 版の完成をなぜもっと急がないのか」という言葉が最初のあいさつであった。武田は委員会側と事務局側の意向を伝える使者をひきうけたのであったが，上記一言のうちに「君たちはなぜもっと早くその相談を持ってこなかったのか」という叱責の気配を感じて事前の連絡が不充分だった点を痛感した記憶は今でもはっきりしている。しかし氏の双眸はこの時すでに学校図書館の建設育成に向けられていて「NDC だけでなしに 3 ツールズの改訂を急ごうじゃないか。これから生まれる学校図書館を考えると工具の完成は一刻も遅らせられない。JLA はもっとスピーディーに」とせきたてられ，NDC6 版の出版は JLA ですることを了承された。

　この「あいさつ」の時期がいつ頃であったかの記述はないが，これもまた実に間宮らしいエピソードである。

　1949（昭和 24）年 3 月，分類委員会による 1,000 区分の案がまとまり，衛藤

46　文献（e55-3）：武田虎之助「NDC・戦後のこと」（1965）

理事長に報告された後，『図書館雑誌』4月号別冊として公表された。この別冊はB5判8ページ，15円で販売された。

　分類委員会はその後6月，諮問委員と実行委員という組織に改組された。この時期，鈴木賢祐が副委員長となっている。実行委員は諮問委員や各方面の専門家からの意見を聞き細目を展開し，翌1950（昭和25）年3月に細目表案が完成した。

　NDC第1版の誕生以前から森や間宮を見守ってきた衛藤は先年健康を損ない理事長を辞任しており，この細目表案の報告を受けたのは中井正一理事長であった。

「新訂6版」の誕生

　急ぎ策定されたこの新しい版は，「森の個人著作」の時代から「日本図書館協会分類委員会による改訂増補」という時代に移ったことを意味している。その版次には「新訂」の語を冠されて「新訂6版」となった。標題紙裏の英語表記は「6th new rev. ed.」であり，刷番号のナンバリングは「No. J」となっている。

　まずは7月，新訂6版第1分冊・本表篇が刊行された[47]。追って12月，第2分冊・索引篇が刊行されて[48]，「新訂6版」は完成した。

　これはB5判・ハードカバーの体裁をとっており3回の増刷（計6,000部）をしたが，当時印刷用紙・製本資材の不足・高騰があったため，その後の増刷に備えてA5判・ハードカバー1冊に版組をしなおした「新訂6-A版」として1951（昭和26）年，再度送り出されることとなった[49]。

　これが俗に「6版」と呼ばれ，現在のNDCに連なる改訂の第一歩であった。

47　文献（a11）：森清編；日本図書館協会分類委員会改訂『日本十進分類法：和漢洋書共用分類表及び相関索引』新訂6版．第1分冊（本表篇）(1950)

48　文献（a12）：森清編；日本図書館協会分類委員会改訂『日本十進分類法：和漢洋書共用分類表及び相関索引』新訂6版．第2分冊（索引篇）(1950)

49　文献（a13）：森清編；日本図書館協会分類委員会改訂『日本十進分類法：和漢洋書共用分類表及び相関索引』新訂6-A版 (1951)

その後の改訂と委員会組織

　新訂6版（および6-A版）は，森と加藤の葛藤にもあったように，限られた時間内で第5版の問題を解消しつつ問題点を整合した改訂であった（それでも綱レベルにおいてもいくつかの変更を見せている）。

　続く新訂7版はやや時間をおき，加藤委員長のもと1961（昭和36）年に発行された。この間，分類委員会が協会に常置される組織となったことや，地方ブロックから委員の推挙を得るようになったことなど，維持体制も若干変化している。副委員長は置かず，9名の実行委員，36名の諮問委員で組織されており，実行委員には森，鈴木のほか，のちに新訂9版委員長となる石山洋の名もあった。

　新訂8版は1978（昭和53）年と，さらに時間をおいての刊行となった。この間，鈴木賢祐（1967年没），間宮不二雄（1970年没），武田虎之助（1974年没）と，NDCの普及に大きく貢献した人々が相次ぎ鬼籍に入っている。加藤はまだ存命だったが，上述したように既に病床にあり，1981（昭和56）年に没している。分類委員長は加藤のあと11期（1967年）から天野敬太郎が就任し，13期（1971年）から中村初雄が継承した。委員会の組織は縮小されており，中途での就任・退任があって顔ぶれは一致していなかったが，10〜11人で組織されていた。後に新訂10版委員長となる金中利和は12期から就任している。

　1986（昭和61）年，森は80歳を迎えて分類委員会を退いた。新訂8版委員長を引き受けた中村は当時の回想として

　　原編者の，もりきよし委員にはいつも“今度こそは私のことを当てにしないでください”と言われながらも，大切な場面で結局，“森先生におねがいします”とピンチを逃れてきたことは，委員会報告をよくお読み下さった方にはおわかりのことと思う．

と，森の委員会における立ち位置を示した証言がある[50]。

　そして，その森も1990年11月14日に没し，NDCは新しい時代を迎える。

　1995（平成7）年には，A5判2分冊からなる新訂9版が発行された。委員長

50　文献（e58-3）：中村初雄「書架分類としての日本十進分類法」（1979）

は中村（第17期〜第19期：1979〜1983年）が，第20期（1985年）からは石山が務めた。中村委員長時代には後に第10版委員長となる那須雅煕が，石山委員長時代には10版刊行後の委員長となる中井万知子の名があった。

そして現在の最新版である新訂10版は，2014（平成26）年に発行された。ここでは情報量の増大から，新訂6版以来となるB5判2分冊となっている。委員長は金中利和（第28期〜第31期：2002〜2009年），の後，第32期（2009年）からは那須雅煕が務めた。新訂10版刊行直後の2015年度からは中井万知子が分類委員長に就任している（協会の組織改編にともない，「期」という制度は廃止された）。

新訂10版の改訂中である2008（平成20）年，分類委員会は公共図書館，大学図書館に対して分類の使用状況を調査した[51]。これによれば，NDC使用率は採用版の違いはあるものの，既に公共図書館で99％，大学図書館で92％という高い使用率となっている。

名実ともに「日本の標準分類法」としての地位を得たといえよう。

51　文献（e61）：大曲俊雄「わが国における図書分類表の使用状況」（2010）

コラム 5
新訂6版について

筆者が所有する新訂6版（第1分冊）には、びっしりと朱書による書き込みが施されている。

ほどなく新訂6-A版が刊行されたこともあって、新訂6版はほとんど古書を見かけない。2016年に偶然発見し、届いたそれを開いた瞬間、あまりの書き込みに一瞬不快感を覚えたが、それは標題紙裏を見てすぐに霧消した。

その刷番号は「4」であり、「鈴木」の蔵書印が押されていたのである（上写真）。すなわち、当時分類委員会の副委員長を務めていた鈴木賢祐の旧蔵書と思われる（巻頭写真5も参照）。この書き込みは、6版に対して鈴木が抱いた問題点や改善案であったのだろう。コラム3（119ページ）で紹介した衛藤利夫旧蔵書であった第5版と並んで、この新訂6版も貴重な1冊である。

なお、同時に入手した第2分冊には特にそのような書き込みは見当たらなかった。元の所有者は違っていたのかもしれない。

また、筆者は新訂6-A版を2冊所有している。1冊は1975年の19刷であり、表紙色はえんじ色である。一般に、新訂6-A版の表紙色はこのイメージが強いが、筆者が持つもう1冊（1958年・14刷）の表紙は、灰色がかった草色である（本書巻頭口絵・写真1参照）。

そして、日本図書館協会資料室が所蔵する新訂6-A版4冊は、明るい茶色（1951年再刷）、紺色（1952年5刷）、明るい緑（1954年8刷）、そしてえんじ色である。その理由は定かでないが、当時まだ表紙部材が十分でなかったのではないか、というのが協会担当者の推測である。

現時点で筆者が確認している新訂6-A版は協会資料室蔵書と筆者の蔵書をあわせて5色だが、まだ他の色があるかもしれない。

コラム 6
NDC の装丁をめぐるあれこれ

　本文にも書いたが，NDC2 版の装丁は歴代 NDC の中でいちばん豪華だろう。

　本体の紙は手触りがよく，刊行から 85 年経過した今でもなおページの大部分にほとんど褪色がみられない。文字の上を指でなぞれば，活字の凹凸を感じることができる（巻頭写真 3 参照）。3 版と比較しても，2 版のほうが新しく見える。それは筆者が入手したものが特に保存状態がよかったということもあるかもしれないが，それ以上に，紙の質が根本的に異なるのである。

　だが 3 版も，マーブル模様を小口に見出すことができ，紙の質は（2 版には及ばないとはいえ）決して悪くない（巻頭写真 2 参照）。

　NDC は間宮商店のフラッグシップ商品のひとつといえる。装丁にも間宮商店のこだわりがあったのであろう。

　NDC 縮刷 8 版についても，筆者の手元には不思議な 1 冊がある。本文にもあるように，8 版はハードカバー製本できたことが戸澤の念願であったという。筆者の手元にある刷番号 818 は確かにハードカバーである。しかし，もう 1 冊の刷番号 13 は，縮刷 7 版と同じ，ペーパーバック状の装丁である。番号から推測すると，関係者の手元にあったものだろうか（巻頭写真 6・7 参照）。

　戦後 NDC も，新訂 6-A 版と新訂 7 版は表紙色を変えている（6-A 版はコラム 5 参照）。新訂 7 版は，当初青色のハードカバーであったが，ある時期から臙脂色に変わった。青色の当時の背には「日本図書館協会」ではなく「JLA」と略記されているため，筆者は初めて見た頃「修理製本したものではないか」と考えたが，同じ装丁のものを複数見かけたことで装丁が改まったことを知った。

　判型は，第 1 版から第 3 版までが菊判，第 4 版から A5 判となり，これは戦後の新訂 6-A 版以降も新訂 9 版（1995 年）まで踏襲された。新訂 6 版の 2 冊は B5 判となったが，これは例外的だったようだ。新訂 10 版（2014 年）では増加するページ対策として B5 判をとったが（これには，日本目録規則 1987 年版およびその改訂各版，基本件名標目表第 4 版と判型を揃えるという意味もあった），以降の NDC もこれに続くのであろうか。

第II部
日本十進分類法の変遷

日本十進分類法（NDC）は，森清の個人著作であった時代
においては，数年おきに増補改訂がなされていた。

　間宮商店から発行された第1版〜第5版までの間は，巻頭に
森や間宮による各版への巻頭言が載せられたが，そこからは単
に改訂内容だけでなく，当時の編者・発行者らの置かれた状況
や図書館界の動きをも窺うことができる。

　ここでは，これら序文類を追いかけ第Ⅰ部の内容を補うとと
もに，分類の構成が各版の改訂で大なり小なりどう変化したか
を第3次区分表（3桁・1,000区分表）まで比較しながら述べ
ていく。

　また第Ⅱ部においては，NDCからの引用については脚注を
例外的に省略または略記する。

　　①文章の引用箇所の出典が明らかであるもの（例：NDC
　　　第1版の「はしがき」からの引用文）については本文か
　　　ら版とページが特定できるため，脚注を省略した。

　　②図表の引用がNDCからである場合は，「NDC○版，
　　　（ページ）より」と略記した。

第5章
日本十進分類法の序文類の変遷

　NDC 各版（縮刷第 8 版まで）の巻頭には，その版に対する森や間宮による序文的な文章が置かれている（本書では便宜的に「巻頭言」という）。版ごとに事情は異なるが，それは NDC が成立するまでの経緯や，周囲からの反響や，戦中の情勢下において森や間宮らが NDC とどう向き合っていたかを知ることができる資料である。

　特に，版が重なるにつれ普及と改訂が急ピッチで進んだことが覗え，いっぽう森が思ったように改訂を進めることができなかったことなども読み取れる。

　本章では，第 8 版に至るまでの諸版に掲載された，分類表に先行する巻頭言や解説類，凡例等の変遷を追う。

1. 巻頭言および謝辞

　巻頭言は，第 2 版以降も旧版に掲載されたものがすべて再録されているため，第 8 版を手にすればすべての版の巻頭言を一覧することができる。こうして連ねてみると，間宮は NDC に対する思い入れが強く，森は大規模改訂を試みたいのだがなかなか着手・達成できないことへのもどかしさのようなものが見て取れる。

　また巻頭言に続いて，謝辞が半ページ〜 1 ページ掲載されている（第 2 版以降）。ここでは，NDC の分類項目や体系は図書館界や専門家らの意見を聞きながら構築・改訂・維持されていったことが覗える。

　この謝辞で注目に値するのが，牧野富太郎（1862-1957）の名が挙げられているところである。牧野といえば植物分類の大家であり，牧野の体系が NDC の初期から援用されていたことは意義が大きい。

和洋圖書共用十進分類表案（1928 年）

　「和洋圖書共用十進分類表案」（本書では「原案」と呼ぶ）は雑誌記事であったため，記事前半の冒頭に置かれたこの文章には特に名称が与えられていない。2 章では便宜的に「序文」と呼んだ。

　NDC の嚆矢として森は，次のように標準図書分類法の必要について述べた。

　　現在ノ我國圖界ニ於テ急務トスルコトハ多々アルガ，就中必要視サレテ居ルモノハ，我國ノ立場カラ立案シ，然モ共通的ニ使用シ得ル標準圖書分類法デナケレバナラナイ．此事ガ如何バカリ必要視サレテキルカハ，各種ノ會合ノアル毎ニ，其ノ必要ヲ高唱サレ，最近設立セル青年圖書館員聯盟ノ規約中ニモ，ソノ一項ガ掲ゲラレテ居ルノデアル．尚昨年ト一昨年ノ全國專門高等學校圖書館協議會ニ於テモ，同會理事者カラ分類表ノ骨子案ガ提出サレタガ未ダ確定トマデハ進デ居ナイ樣ニ聞ク

　当時の国内は一館分類表が主流であり，館が異なった場合「利用者や図書館員が分類体系を理解できない」という問題が存在する。この分類表案はそのような標準分類法に対する待望を受けてのものであることと同時に，青年図書館員連盟の目的の一つである「図書館管理法準則の確立」に沿ったものであることを述べた。

　続いて森は，英米では DDC やカッターの展開分類法，米国議会図書館分類法，ブラウンの件名分類法などがあると紹介しつつも，それらが日本国内の資料を分類するには不十分であることを述べた。そして，当時多数存在した国内の一館分類法の多くが主に十進記号法を表層的に模したことに対しては，1 章（p.52-53）でも引用したように「似而非」十進分類表であるという問題提起をした。他方，国内の他の分類では軽視された相関索引の有用性についても言及している。

　そして，記号法としてアラビア数字とローマ字を用いる分類が存在する中で，この原案が「世界的共通符號デアル數字」を用い，区分は「Dewey 式ヲ採用」したと述べた。十進法を用いることについて，バウカー（Bowker, Richard Rogers, 1848-1933）の論を引用したり，杜定友の『世界図書分類法』（Universal Classification）と DDC のメインクラスを比較している。

最終的に，この分類のメインクラス（大綱）の排列を示し，次のように述べた。

以上ノ如キ大綱配列ヲシタ理由ハ，Cutter ノ Expansive Classification ノ中 Introduction for the smallest library ニ Cutter 氏ノ理想トシテ，七大綱目ガ掲ゲラレテ居ル其ノ順序ハ理論的ニミテ餘リ批難サルベキモノデナク，又實際的ニハ D.C. ニ比シテ，更ニ便利デアロウトノ考ヘカラ斯ク排列シタモノデアル．

加藤宗厚は後年，この原案からさらに改良された NDC の主題排列について「NDC 初版を見て，DC の欠点であるクラスの配置が EC によって是正され，DC のアメリカ本位に対して日本中心に是正され，一般形式細目，歴史と地理区分の助記性，互角区分と文学区分の助記性などをたくみに取りいれている。これこそ真の DC の日本化である」と評した[1]。

次号（記事後半）は冒頭，相関索引の凡例から書きはじめており，こちらには序文めいたものはない。森の文章は，記事の末尾に 2 章（p.68）で示した「斷リ書キ」のみである。

第1版（1929 年）

第1版では，間宮による「敍」が巻頭に掲載され，森による「はしがき」がそれに続いている。いずれも書かれたのは「昭和 4 年 2 月」となっている。

間宮の「敍」では，NDC の成立にあたって次のように語っている。

明治 5 年ニ芽オ吹イタ我國ノ近代的圖界デ，今日マデ 1 巻ノ分類法書モ公刊サレナカッタノワ實ニ不思議ノ至リデアル．

（略）

森君ノ案ガ果シテ私ノ希望ノ一ツオ實現シ得ルノモノデアルカ否カワ不明デアルガ，兎モ角 50 有餘年ノ我國圖運動中ニ顯出シナカッタ，公刊ノ分類法書オ，爰ニ始テ斯界ニ投ジ得タコトワ，何トシテモ劃時代的ノモノト考エル．

ここでいう明治 5（1872）年とは，文部省による書籍館の設置を指している。

1　文献（e55-2）：加藤宗厚「NDC・その生い立ちと戦前までのこと」（1965）

162 第5章 日本十進分類法の序文類の変遷

間宮がいうように，当時の分類法は目録の中に示されることが大部分であった。ただし，東京市の『和漢圖書分類表並ニ索引』（本書第1章「3. 十進的分類法の普及と標準分類法の待望」参照）のような例もあるから，「1巻の公刊もされない」というのはやや大仰ともいえる。

またこの叙において間宮は，DDC は 1876（昭和 51）年の刊行後 50 年の間に 12 版（1927 年）までの改訂を重ねていることを引き合いに，NDC も「將來大成ノ域ニ」達することを願っている。

続く森の「はしがき」では先年の原案について

急ノ思立チニテ充分取調ベモ出來ズ，日頃ノ腹案其儘ヲ俄ニ浄書シタ迄ノモノデ，誤植モ可也アッタガ，私自身ノ誤ガ多ク，至ッテ不十分ノモノデアッタ.

（略）

最近東北ノ某新設圖書館ニ於テ，本表其儘ヲ採用スル由ノ申出ニ接シタヽメ，今回モ亦改訂出版ヲ急イダ.

と，NDC の成立の経緯を述べている。そして原案でも述べたようにこの記号法が DDC に倣ったものであることにふれ，森自身が手ごたえとして感じる完成度はともかくとして，次のように続ける。

コレニ依ッテ渾沌トセル我國ノ標準分類表ニ一ツノ標準體系ガ出來ル導火線タルヲ得ルナレバ，私ノ公榮ハ足レリトスル.

この NDC 第1版を初めて採用した「某新設図書館」とは森の記録によれば，刊行と同年に創立した青森県立図書館と思われ「時の主任司書・佐藤勝雄氏によって NDC を採用された，いわば NDC 1 号館」[2] であると伝えられる。さらに，函館市立，鳥取県立，天理，神戸市立，徳島県立と採用は拡大していった。

訂正増補第2版（1931年）

第2版ではまず第1版に掲載された間宮の「叙」，森の「はしがき（初版）」が再掲され，それに森の「再版ニ就テ」「感謝ノ辞」が続いている。「再版ニ就

2　文献（b14）：もり・きよし『司書 55 年の思い出』（1991），p.39 より

テ」には「昭和5年12月8日」と記録されている。

「再版ニ就テ」で森は，「本書ノ初版350部ガ既ニ全部無クナッテワ居タガ」と書き始めている。これによれば，当初改訂は2〜3年先のこととして，その間に寄せられた批判や助言をもとに修正するつもりであったのが，「改訂箇所が多くなると旧版との差が開く」という理由で早期の再刊に至ったとのことであった。だが実際には第1版の刊行から1年半も経たぬうちに総表（細目表）にして30ページ，相関索引の標目（索引語）は3,000語の増加という規模の改訂が達成されたことになる。

また，この序文の中で，第1版の採用館が25館あること（公共図書館，学校図書館）や文部省図書館講習所で採用されたこと，『日本件名標目表』の主標目に分類番号が併記されたこと，『図書館雑誌』の選定図書目録の分類に使用されたことがここで述べられた。

続く「感謝ノ辞」では，第2版の増訂に際して専門分野から，また図書館関係者から多数の指摘・助言があったことが語られている。この中で「村上清造氏，澁田市郎氏，理學博士牧野富太郎氏，間宮博氏」の名が挙げられていて，「各位ノ専門分野ニ關スル細目展開オゴ教示下サイマシタ」と述べている。

また，ここではNDC第1版を実用した人物として加藤宗厚，藤本豊吉，佐藤勝雄，河野寛治の名が挙げられている。そしてNDCに助言，注意，批評をした人物として衛藤利夫らの名がある。特に鈴木賢祐に対しては「就中鈴木賢祐氏ニワ公務御多用中ニモ不拘編者ノ乞ヲ入レテ印刷前ノ原稿全部オ閲サレ幾多ノ御助言オ蒙リマシタ」とその役割の大きさを示している。

訂正増補第3版（1935年）

「序文（第3版）」は「昭和10年5月」と記録されている。

第1版から7年を経ての改訂の経緯として，森が間宮商店を退職し，鳥取県立図書館を経て1934年に神戸市立図書館に転職し約10万冊の蔵書を再分類するという「實際ニ携ッテノ經驗」をもとに改訂にあたったことが述べられた。

また第2版（1931）以降のNDCをめぐる出来事として，連盟の第8回総会でNDCが公認されたこと（1934年）と，連盟にNDC研究委員会が設置され森がその一員となったことが述べられている。しかしながら，森は改訂と分類

164　第5章　日本十進分類法の序文類の変遷

コードの編成に携わるが図書館業務の都合でなかなか進捗しなかったことも述
べている。

　続いてその改訂の内容として「目」つまり3桁の分類の移動にも今回着手し
たことを述べている（過去なかったわけでもないが）。

　　　改訂ノ範圍ワ本法ガ各方面ニ既ニ採用サレツ丶アル實情ニ鑑ミ，豫メ「分
　　　目」以下ニ限定シテ居タノデアッタガ，ヨリヨキ理想エノタメニ「目」ノ
　　　移動訂正ヲ多少行ッタ處モアル．コレ等ワ極ク一部分デアリ，一般圖トシ
　　　テワ比較的蔵書ノ少ナイ部分デアルカラ變更ニ伴ウ影響モ左程大キイモノ
　　　デワナイデアロゥ．

　さらに，第2版に続いて採用状況が「既ニ100有餘館ニ達シ」と報告されて
おり，さらに日本図書館協会の統計項目にも採用されていることが述べられて
いる。

　第3版の「感謝の言葉」は第2版に比べると半ページと少ないが，挙げられ
ている分野別の協力者の名前はその数を増しており，

　　　天野敬太郎氏（法經），稲垣了俊氏（宗教），牧野富太郎博士（植物），間宮
　　　博氏（音樂），内藤越夫氏（社會主義），中野義尙博士（醫學），澁田市郎氏
　　　（電氣），島屋政一氏（印刷），山根信氏（園藝），横井時重氏（工學）等カラ
　　　ワ専門上ノ御意見ヲ承リ，

と連ねられている。さらに医学については京都府立医科大学の協力を得たこと
とも述べられ，他にも N.D.C. 研究会や図書館界（おそらく連盟関係者）の協力
者が連ねている。これらの中で特に後年 NDC に関与する人物としては天野敬
太郎，仙田正雄，横井時重らの名前がある。

　また，批評を寄せた人物らの中には本書第3章で述べた『圖書館研究』の
NDC 批判特集を受けて「波多野賢一氏等ノ芸艸會員數氏」という記載もあっ
た。波多野はこの『圖書館研究』の編輯人も兼ねている。

　なお，NDC に限らず間宮商店の刊行物は原則としてカナ書きを採っている
のだが，この項の見出しだけは「の」とひらがなで表記されている（本文はカ
タカナ）。その理由・意図は不明である。

訂正増補第4版（1939年）

　第4版では，掲載順がこれまでとやや異なり，間宮の「敍」（第1版の再録）に続いて森の「序（第4版）」「感謝ノ言葉」，そして第1版以降の「はしがき（初版）」「再版ニ就テ」「序文（第3版）」が再録されている。

　森の「序（第4版）」は，「昭和13年9月18日」と記録されている。

　1938（昭和13）年早々に改訂に着手する予定が，上海日本近代科学図書館に転勤することになり，2月に同館の東京臨時事務所を経て，4月に上海赴任と，原稿が遅延した事情が語られた。特に当時の上海と日本との連絡は「往復ニ半月以上ノ日數オ要シ通信連絡上モ齟齬オ來タシ」たことが述べられ，編集がこれまでになく難航したことが推察される。

　また3版と同様に一部「目」の移動訂正が生じたところもあると報告されているが，過去の序文に比べると大きな訂正については述べられていない。

　なお日付には「滿州事變記念日」と添えられている。当時の満州国では9月18日は満洲事変（1931年）の記念日として祝祭日とされていた。

　第4版の「感謝ノ言葉」は1ページにわたるが，文面も内容も第3版のそれとほとんど変わらない。

　ただしこの中で，上海日本科学図書館において鈴木賢祐の同僚となったことが語られる。

　　　鈴木賢祐氏ニワ終始御援助，御指導オ受ケ，今回同氏ニモトニ勤務スルコ
　　　トヽナリ，日々ソノ御謦咳ニ接シ常ニ啓發サレテ居ル次第デス．

訂正増補第5版（1942年）

　第5版では間宮による序文「第5版オ迎エテ―出版者トシテノ序―」1ページが巻頭に加えられている。続いて第1版からある間宮の「敍」，森の「第五版發行ニ當リテ」1ページ，「感謝ノ言葉」1ページ，そして第1版～第4版の序文が採録されている。

　間宮による「第5版オ迎エテ―出版者トシテノ序―」は，森が上海にあったため，実際上NDCに関する対外的なことは間宮の手になるところが少なくなかったために設けられたものであろう。

166　第5章　日本十進分類法の序文類の変遷

　また前章で述べたように，NDCへの批評は分類体系や名辞の妥当に関するようなものだけでなく，不平不満に属するようなものも少なくなかったから，それを受け止める間宮も鬱憤をためていたであろうことも想像に難くない。

　この序に割り当てられたのは1ページだが，続く森の序文などのコンテンツと比べ，行間は狭く活字も小さい。その限られた紙面に，NDCに対する間宮の思いがあふれている。

　NDCの普及状況について「文部省ニテ編纂サレル全國圖ノ一覧中ニ掲載サレル各館蔵書數等モ本法ニヨッテ示サレルニ至ッタ」「恐ラク今日デワ日本十進分類法オ採用シテ圖書ノ整備ヲ圖ッテ居ル圖ワ既ニ一千館オ超エテ居ルノデワナイカト考エル」と述べる一方で，「序」のおよそ半分近くを，NDCに対する日本図書館協会の態度について憤懣で費やしており，その一部にこのような言があり，当時の協会と連盟・間宮の関係を窺わせる一文である。

　　正當ナル著者ガベストオ盡シテ編纂シタ著書オ，而カモ著者或ワ出版者カラ敢エテ同會ニ對シ採用方オ啻ノ一度ダモ望ダコトノナイモノニ對シ専門委員ノ手ニヨッテ審議檢討スル等ワ聊カ思イ上ッタ態度デアリ，且ツイラザル御セッカイ云ウベキデアル．同會ノ當事者ガ本法ヲ採用スルト否トワ當事者ノ任意デアリ，又同會ノ希望ニ従ッテ本法ニ多少ノ手入オシテ実用ニ供スルコトモ亦同會ノ任意デアル．而シ本書ガ如何ニモ不信用的ノモノデアルカノ如ク第三者ニ思ワシムル如キ言辭オ機關誌ニ掲記スルコトワ甚ダソノ意ヲ得ナイモノデアル．

　この文は日付こそ記入されていないが，文末に

　昭和16年3月

　　　　　　　　　　　　　東京ニ於ケル日本圖協會評議員會並ニ
　　　　　　　　　　　　　同會主催綜合圖協議會（第一回）出席ノ日
　　　　　　　　　　　　　出版者　　間宮不二雄

と記されている。わざわざそのようなタイミングで協会批判の文を記したというのも，あるいはこの席でなにかNDCに関する発言があったのではないかと思わせる。

　また，この「序」には，1941（昭和16）年5月16日「社團法人日本圖書館協會創立五十周年記念式典ニ於テ松平賴壽伯ヨリ本書ノ編纂ニ對シ總裁賞授與

セラル」と付記されている。前章でも述べたが，このとき間宮と森が総裁賞を受賞している。

　続く森の序文「第五版發行ニ當リテ」は，第1版以来の回想めいた書き出しから始まる。そして「今日尚以テ未完成デアルコトワ甚ダ慚愧ニ耐エナイトコロデアル」と改訂への姿勢を示しているが，第4版の序文と同様，改訂の要旨については特に述べられておらず，「旧版と同じ趣旨」とされている。

　　第五次ノ改訂モ舊版ト同ジ趣旨ノモトニ行イ，既ニコノN.D.C.オ採用セラレツツアル圖書館等モ相當數アルコトオ考慮シテ根本的ナ改變ヲ避ケ，

　　専ラ細目ノ展開ト一小部分ノ改正ヲ爲スニ止メタ.

とあるように，採用館が増えたことで大きな改変を避けるという考えがあったようだ。

　今回の序文は短く，最後に次のように結んで終わる。

　　編者，遠ク離レテ上海ニ在リ，且ツ近來身邊甚ダ多端餘暇ナキタメ，印刷・校正ノ點ニ於テ間宮氏ニ多大ノ御迷惑オ煩シ，萬事御助力オ仰イダ次第爰ニ深ク感謝スル.

　日付は，文末に「昭和辛巳天長之佳辰」とある。「辛巳（かのとみ）」とは昭和16（1941）年を指し，「天長の佳辰」とは天皇の祝日を意味し，昭和天皇誕生日の4月29日を指すのが一般である。これまでこのような記述を森や間宮がとったことはなかったが，なにか特別な理由があるのかどうかは不明である。前章で述べた皇室に関する麓の指摘は1942（昭和17）年のことであるから，これが影響したとも考えにくい。時勢によるものであろうか。

　第5版の「感謝ノ言葉」は1ページにわたるが，文面も内容も第4版をほとんど踏襲している。音楽分野について意見を出した間宮博が故人になったことと，新たに心理学に横川四十八の名が加わっている。

抄録第6版（1947年）

　凡例すら割愛した第6版において，唯一新規に書き起こされたのが，森による「抄録版の發行に就て」であり，「昭和21年初冬」と記録されている。

　ここでは，森はこれまでの改訂の方針と本書の性格として，次のように述べている。

168　第5章　日本十進分類法の序文類の変遷

　　その間，5回に亘り改訂増補を行つてきたが，本法が弘く採用されてゐる
　ことを考慮して，その訂正はつねに「分目」以下の小範囲にとどめたため
　に，編者として今なほ意に満たない點が尠くない。次の改版に思ひ切つた
　修正をすべく2，3年前から之に着手し，既に草案も殆ど脱稿したのであ
　るが今日新らしく組版するのは困難な事情にあるので，日本圖書館研究會
　の希望に應じ，取敢えず舊版のままで印刷に附し，當座の需要に充てるこ
　とにした次第である。

　続けて，第6版に収録されているのは総表だけであって「實際に使用され，
或は参考に資せられるには甚だ不便であらうけれど」と，使用上の注意事項を
述べている。

　またやや興味深い言及として「編者はNDCを以て「標準分類法」の一つだ
とか，これによる分類の統一といふことを敢えて期するものではない」という
一文がある。このあと，前章で述べた『学校図書館の手引』や国立国会図書館
での採用をめぐる加藤と毛利らとの議論に先立つ時期に書かれたこの文章か
ら，森のNDCへの姿勢を窺わせる。

　森はNDC原案の頃からも，私案を間宮の強い推薦で公表するに至ったこ
と，そこからNDC第1版として刊行されたということ，そしてそれが連盟の
後押しもあり全国で使われるようになったことに対し，戸惑いに似た感情を覚
えていたであろうことが覗える。

　森はNDCを「ライフワーク」と称しながらも，一方で晩年に至るまでさま
ざまな場面で，このような趣旨の考えを記しているし，また，前節のような
「日本の分類を考える」という場面においてもNDCではなく新しい分類の創
出を主張したことは一度でない。もちろんそれ以上に，間宮ら森やNDCの後
援者に対する感謝の念もまた記されているが。

　それは，NDC第1版刊行後，森が間宮商店を離れて図書館に就職し，自身
でNDCを使用する中で得た実感であり，NDCをもっと変えるという「思ひ
切つた修正」への思いと「本法が弘く採用されてゐること」とのジレンマに
陥っていたのであろう。

縮刷第 7 版（1947 年）

　第 7 版には独自の巻頭言等はない。第 5 版そのままに，間宮の「第 5 版オ迎エテ」から始まっている。「本書ノ歴史」（p.16）も第 5 版の版面のまま加筆されず，第 6 版に関する記述を見出すことはできない。

縮刷第 8 版（1949 年）

　第 8 版も基本的に第 5 版そのままの縮刷ではあるが，日本図書館研究会戸澤信義による巻頭言「第 8 版出版ニ際シテ」が掲載されている。これは「昭和 23 年 11 月 30 日」と記録されている。

　この巻頭言には，NDC が普及した事情と GHQ とのやりとりの一端が窺える文がある。

> 終戦以來戰災圖書館ノ復興，學校圖書館ノ整備，勃興引キモ切ラズ，コレ等ヲ何レモ競オテ NDC ヲ採用セラル、情勢ニ鑑ミテ本會ハ舊青年圖書館員聯盟ノ後身タル立場カラソノ事業ヲ承繼シテ逸早ク抄刷第 6 版ヲ發行シ，引續イテ第 7 版ヲ發行シタガ本年ニ入ツテ種々ノ經緯ヲ經テ文部省ガ近ク發刊シタ「學校圖書館手引」ニ本書ノ分類法ヲ採用スルト共ニ，度々ノ講習會ニ於テ NDC ヲ以テ今日ノ日本標準分類表トシテ推舉シ，加ウルニ聯合軍總司令部ノ圖書館指導者達ノ推奨ニヨッテ國立國會圖書館ノ和漢書ノ分類ニモ NDC ヲ採擇スルニ及ビ，今ヤ日本ノ代表的分類表ノ地位ヲ獲得シタ．

　またこの文に続けて，国会図書館では洋書には DDC を用いるが「ダウンズ氏ハコレニ對シテ國會圖書館デハ洋書ガ非常ニ多イ爲ニコノ方法ヲトツタモノデアツテ，ソノ他ノ日本ノ圖書館デハ和漢書モ，洋書モ共ニ NDC 1 本デ分類シテ決シテ差支エナイト注釋シテオル」と書き添えている。

　さらに，日本図書館協会に「分類及目録法委員會ガ設置」されたこととそこで改訂の検討が始まっていることも記されており，当時の NDC をめぐる動きがまとめられていることと，日本図書館協会に「分類及目録法委員會ガ設置」されたこととそこで改訂の検討が始まっていることも記されている。

　また，装丁に関し第 7 版での「空白頁ヲ除去シテ頁數オソノママニシタタメ

170 第5章　日本十進分類法の序文類の変遷

枚數ト頁數トガ一致シナカツタノヲ是正」したことや「編者ト出版者トノ間ニ
取交ワサレタ契約書」の存在により著作権と出版権が確立されていることを記
している（契約書は第8版の巻末に掲載）。

　そしてこの文は，NDCがさらに普及することを願う文と，日本図書館研究
会として日本目録規則，日本件名標目表の復刻改版，著者記號表の制定発表に
ついての考えがあることを記して結んでいる。

2.　本書の歴史

　巻頭言の次に，「本書の歴史」が掲載されている（第2版以降）。これは版ご
とにページ数・発行数の変遷と改訂の経緯がまとめられている表である。表に
脚注されているように，活字の大きさを変えたり，また本表で段組みなどを用
いたりしているから実際にはページ数では単純比較しがたいと思うが，すべて
の内容においてページ数が拡充していることが一目でわかる（特に索引）。

　表5-1は，第5版の「本書ノ歴史」を基準として作成した。

各版変更点

　第3版では活字・段組みについてがふれられているほか，第3版より以下の
2点が変更になったことが脚注されている（〔　〕内は筆者補記）。

　　第3版ニ於テワ英綴國語記號索引ワ餘リ必要オ認メナイノデ掲載オ見合セ
　タ.

表5-1　第5版の「本書ノ歴史」[3]

版	年　紀	序文類	總表	助記表類	索引	小圖用	兒童用	小説作者記號表	計	發行數
1.	昭 4 (1929)	26	105	3	76				210	350
2.	昭 6 (1931)	28	146	6	114				294	500
3.	昭10(1935)	28	151	6	118		2		304	500
4.	昭14(1939)	32	156	4	129	5	2		328	600
5.	昭17(1942)	34	143	5	130	5	2	2	325	800

3　NDC 5版，p.16より

第3版ヨリ〔兒童用日本十進分類表を〕掲載シタ.

また，この項の末尾に「青年圖書館員聯盟公認」と付され，

本書ワ昭和9年6月，青年圖書館員聯盟第8回定時總會ノ決議ニヨッテ，

同聯盟ノ公認スル處トナッタ.

さらにページ下部に小さく，森清のプロフィール（間宮商店から神戸市立図書館への略歴）が書かれている。

第4版では，以下の2点が変更になったことが脚注されている（〔　〕内は筆者補記）。

〔助記表類は〕組方オ改正シ壓縮シタ結果デアル. 但シ内容ワ詳細ニ記述シテアル.

第4版ヨリ「小圈向日本十進分類表」オ掲載シタ.

第5版では，全体のページ数が第4版よりわずかに減少している。これは，本表（總表）のレイアウトが変更されたことに起因する。

第5版ニ於テワ群小項目ノ英語オ省略シタコトト，紙面ノ經濟ヲ計ルタメニ2段組トシタ所ガ増加シタ. 但シ内容ワ増補サレタ.

また，「小説作者記號表」2ページが第5版より新設されている（後述，p.276）。

これによれば刷数800とこれまでで最も多く，NDCの普及度合いが覗える。その後の増刷のこともあり，この第5版がひとつの時代を担ったといってもよいであろう。

また，ページ後半には連盟公認の文章に，日本図書館協会の総裁賞のことが追加されている。

社團法人日本圖書館協會總裁賞受領

昭和16年5月16日 東京ニ開催セラレタル社團法人日本圖書館協會創立五十周年記念式典ニ於テ松平頼壽伯ヨリ本書ノ編纂ニ對シ 總裁賞授與セラル.

抄録第6版での記述

第6版では，森の巻頭言に続けて1ページのうちにNDCの英語表記タイトルと「本書の歴史」として発行年，ページ数，部数が記録されている。

これはシンプルな記述だが，ここでのNDCの英語タイトルに附された版次

172 第5章 日本十進分類法の序文類の変遷

表5-2 第6版の「本書の歴史」[4]

版	年紀	總頁數	發行數
1	昭 4 (1929)	210	350
2	昭 6 (1931)	294	500
3	昭 10 (1935)	304	500
4	昭 14 (1939)	328	600
5	昭 17 (1942)	325	800
※【6】	昭 19 (1944)	325	300
※※【7】	昭 22 (1947)	136	500

※ 第5改訂版ノ増刷
※※ 第5改訂版ノ内總表ダケノ複製本
抄録第6版ト云フ可キモノ

は「7th Revised Edition：1947」とある。これは，第5版が1944（昭和19）年に300部増刷されたのを括弧付きで「6」版とし，この第6版を同じく括弧付きで「7」としていることにより，一見すると混乱を招く表記であるが，コンテンツの構成としてはこの第6版が第5版の次にあたるものである（表5-2）。

なお，第6版で記載された第5版のページ数は「825」とあるが，「325」の誤植である（表5-2では修正した）。

3. 凡例

NDCの記号や使用法を示す凡例も，版ごとにわずかずつ体裁を変えている。これについても各版を比較する。

第1版

第1版では，總表の扉にごく簡略ながら設けられているだけである。

今日のNDCでも用いられる参照「→（を見よ）」「→：（をも見よ）」はこの時定義されている。以下は第1版で設けられた凡例のすべてである。

　1）表中ノ「→」ハ「……ヲ見ヨ」或ハ「……ヘ收ム」ノ略記號トス．

---

4 NDC第6版，p.[4] より

2）表中ノ「→：」ハ「……ヲモ又參照セヨ」ノ略記號トス．

3）年數ハ内外共總テ西洋紀元年數オ以テ表セリ

4）外國地名ノ假名書キハ，主トシテ外務省ニテ使用セルモノニ從ヘリ．

第2版

第2版からは凡例が独立して設けられ，文字遣いについても追加された。

参照の記号（第1版凡例1）および2））は，以下のように整理されわかりやすくなった。

6．總表中ニワ下ノ如キ略記號オ使用シタ．

  → ………オ見ヨ ………エ收ム   〔See ニ當ル〕

  →： ………オモ見ヨ ………オモ參照セヨ 〔See also ニ當ル〕

さらに，分目（4桁）以降の分類記号の階層の名称を示すなど，徐々に整いつつある。

この階層の呼称は現在の NDC にも継承されている。分，厘，毛……は数学的な単位であり NDC 独自のものではないが，青年図書館員連盟でもこの呼称を統一的に用いることを既に定めている。

また，凡例の最後に，NDC の実用に参考になる文献として，

本分類オ實施スルニ際シテワ，「圖書館研究叢書」中，次ノ圖書ヲ一讀セラレンコトオ御奬メスル．（同叢書ハ間宮商店ノ刊行デアル．）

表5-3　NDC 第2版における体系中段階の名称[5]

第1段	（例：100　基本）	類
第2段	（例：110　第2位）	綱
第3段	（例：111　第3位）	目
第4段	（例：111.1　第4位）	分目
第5段	（例：111.11　第5位）	厘目
第6段	（例：111.111　第6位）	毛目
第7段	（例：111.1111　第7位）	絲目
第8段	（例：111.11111　第8位）	忽目

分目以下オ總稱シテ「小目」ト稱エル

5　NDC 第2版，p.[14] より

第2篇　　衛藤　利夫氏著「圖書分類ノ論理的原則」
第6篇　　鈴木　賢祐氏譯「ベーコン圖書分類」
第7篇　　加藤　宗厚氏譯「Merrill ノ分類規程」
第10篇　　間宮不二雄氏譯「Dewey 十進分類法導言」

の4冊[6]を挙げている。

　衛藤の論は第1章で挙げたとおり NDC 原案における森の考えに大きな影響を与えたのは確かであるし，鈴木，加藤，間宮それぞれの訳書も森と NDC に直接・間接的な影響を与えたものであるが，いずれも間宮商店の刊行物でありいささか宣伝めいた意図も感じられる。

第3版以降の凡例

　以降の版では，記載内容に大きな変更はないが，第3版では行間を詰めて1ページに収めるようにし，第4版ではそれまで外国音の表記を従来「假名ニテ表ワス」としていたのが，第4版で「假名及ビローマ字ニテ」と改まっている。

4. 導言

　序文類の最後に設けられた「導言」は，NDC の構成，使用方法，適用方法について述べた項目であり，各版で少しずつ整理統廃合されている。

第1版

　第1版の導言は，「序説」と「導言」のふたつの大きなコンテンツと，「附記」から成っている。

　「序説」は原案の序文の内容を一部継承したものであり，NDC という分類が果たすべき役割について森の考えが述べられている。

　森は，当時の図書館界において必要なのは「分類及目録法ノ統一デハナカラゥカ」と疑問を呈した。その理由の一つとして「行々ハ Inter-loan system

---

6　上から順に文献（e12，d6，d7，d12）。

ニ迄進マネバナラナイ様ニ運命ヅケラレテ居ル」と情勢を分析し，一館分類法
では限界がやってくることを述べ，利用者や図書館員が複数館で共通して使う
ことのできる分類表を作ったことを述べている。

続いて DDC や杜定友『世界図書分類法』など公刊された「共用分類法」の
例を引き合いに，和洋図書に共用できる十進分類体系にしたことが述べられ
る。

そして体系順については

> D.C. ノ主題排列全部ヲ模サナイデ，寧ロ Cutter, E.C. ノ主綱目排列ノ順序
> ニ重キヲオクコトヽシタ．此點デハ最モ理論的デアルト云ハレテ居ル
> E.C. ニ倣フコトガ一番ヨイト考ヘタカラデアル．然シコノ案ハ和漢書ヲ主
> トシタ特殊的立場ト十進記號ヲ用ヒルコトノタメニ E.C. ヨリ餘程懸離レ
> テ居ルノハ已ムヲ得ナイ次第デアル．

として，今日の NDC にも伝わるメインクラスの比較表を示している。

表5-4では，序説に掲載されている EC，DDC12版，NDC 第1版の体系
順を転載した。ただし NDC は日本語の項目名を省略した（表6-2参照，p.193）。
ここでは DDC の底本は 12版（1927年）であると明記されている。

本書では，表2-1（p.67）において原案時点での比較を行っている。NDC
部分については，メインクラスの順序が変更されている（次項参照）。

また，相関索引（相関事項名索引）について，

表5-4　EC，DDC，NDC 体系順の比較[7]

	Cutter's E.C.		Dewey's D.C. (12th ed.)		Mori's D.C.
A	General works	000	General works	000	General works
B	Philosophy and religion	100	Philosophy	100	Philosophy and religion
E	Historical sciences	200	Religion	200	Historical sciences
H	Social sciences	300	Social sciences	300	Social sciences
L	Science and arts	400	Philology	400	Natural sciences
	(both useful and fine)	500	Pure sciences	500	Technology
		600	Useful arts	600	Productive arts
		700	Fine arts	700	Fine arts
X	Language	800	Literature	800	Language
Y	Literature	900	History	900	Literature

7　NDC 第1版，p.15 より

176　第5章　日本十進分類法の序文類の変遷

　　　尚一ツ不思議ナ事ニハ，我國既成分類表ノ二三ヲ除ク外ニハ事項索引ガ附
　　セラレテ居ナイ．故ニ執務者ガ代ッタ場合ニハ同一分類表ヲ用ヒテモ置籍
　　位置ヲ異ニスル事ガ往々生ズル．同一ノ人デモ長年月ノ間ニハ主題ニ對ス
　　ル見方ガ異ッテ來テ，ソコニ不統一ヲ生ズル缺陷ガ出來ル．從ッテ分類法
　　ニハ出來ルダケ詳細ナ索引ヲ附スルコトガ願ハシイ．

と，索引を設けた趣旨が述べられている。

　続いて「導言」が置かれており，ここは「Ⅰ分類法ノ組織」「Ⅱ使用指針」
「Ⅲ特殊取扱法」の三部構成で成立している（これは第5版まで継承される）。

■Ⅰ分類法ノ組織（p.16-20）

●分類表

　ここでは，十進分類それ自体の構造と総記の説明をしている。またここで
は，各綱・目の総記（末尾が00または0で終わる分類記号）についてこのように
解説している。

　　　分類番號中デ單位符タルポイントノ前ニ0ガ附ケラレテアル場合ニハ，單
　　ニ0（該目中ノ總記ヲ意味スル）トシテノ効用價値ヲ有スルダケデアル．故
　　ニ圖書ニ510ト記號附ケラレテアレバ，ソレハ第5綱ノ第1類デ細目ガナ
　　イ，即チ51（土木工學）ナル區分ノ總記トシテ取リ扱ッタモノデ，ソレハ
　　該類目中ノ何レノ細目ニモ入レラレナイモノニ附スル記號デアル．400ハ
　　自然科學全般ニ渉ル記述デアリ，何レノ類目ニモ配屬シ得ナイコトヲ意味
　　シテイル．

　さらに，歴史の細分展開についても，時代を区分する記号については本表に
は特に明記されていないが，地理的区分の後に時代区分ができることが述べら
れている。この機能は（形式区分との記号的矛盾からか）新訂10版における固有
補助表新設まで一時的に凍結されていた。

　　　歴史ニアッテハ，國ニヨッテ即チ地理的ニ區分ヲシ，ソシテ旅行記，案内
　　記ナド地理的區分ヲ必要トスル種々ナル方面ニ應用スル．ソノ地理的記號
　　ニ0ヲ附ケテ時代區分トスル，即チ0ノ前ノ數字ハ其ノ地方總體ニ就テ記
　　述セルモノデ，0ノ後ノ數字ハソノ地方ノアル時代ヲ表ハス．例ヘバ
　　210.6ノ記號ハ21（地理的區分）ト06（時代區分）カラ成立ス，ソノ意味ハ

日本近古史，即チ江戸時代ノ日本歴史デアル．ソシテ 216 及 216.7 ハ前者
ハ九州地方史デ，後者ハ宮崎縣史ヲ夫々表示シ，是等ニモ亦時代區分ヲ附
ケルコトガ出來ル．216.06 及 206.706 トスレバ，以上ノ地方史ノ江戸時代
ト云ッコトニナルノデアル．

- 九區分ト新項目

ここでは，十進記号法の欠点である区分肢の数について述べている．特に区
分肢が 9 区分以上を必要とする場合には，

非常ニ近似セル主題ヲ一ツノ記號ニ纒メルカ，或ハ其内重要ナルモノニ 1
ヨリ 8 マデノ數字ヲ附ケ各々ヲ區別シ，比較的重要デナイモノニ 9 ノ數字
ヲ與ヘテ雜項デモ設ケル．コゥシテ是等ノ群小標目モ亦必要ニヨッテ更ニ
詳カイ主題ニ區分スルコトガ出來ルカラ主題ニ對スル番號ハ無限ニ作リ得
ル．

と示している．また，列挙型分類法の欠点である新主題に対しては，

新項目ハ總表中ニ表示シテアル既設項目中ノ何レカニデキルダケ接近シテ
拵ヘル．若シ總表中ニ空キ番號（餘裕）ノナイ時ニハ既設項目中ニ最モ類
似又ハ近似セルモノニ併置スルカ，記號數字ヲ 1 位增シテ新ラシク細區分
ノ番號ヲ作ル．斯樣ニシテコノ分類ハ際限ナク展開出來ル性質ヲ持ツモノ
デアル．

としている。

- 形式區分法

ここでは，主題による分類に対する総記的取扱いのものには「形式ヲ以テ區
分スルコトハ實際上便利デアル」と示し，助記表にある「常ニ同一ノ組ヨリ成
ル記號」を用いることと，そのおおよその使い方が述べられる。

- 助記法

ここでは，主題のあるものに対して与えられる記号が助記性をもっているこ
とが述べられる。助記表のことが説明されているが，この説明はやや粗く，地
理的区分と言語区分の混同を誘発させかねない表現もある。

- 相關索引

相関索引は，ローマ字綴りによるアルファベット順索引があることが述べら
れ，名辞（NDC 第 1 版では「標目」と呼ばれている）からその分類番号を参照す

ることができると解説されている。そしてこれが相関索引である所以を，このように表現する。

> 索引ハ記號ト圖書ノ双方カラ見出シ得ル．記號ヲ當テガフニ最モ適當ナ主
> 題　——夫レハ其ノ圖書ノ包有スル内容ニヨリ最終的決定ヲミタ主題ヲ以
> テ索引ヲ參照スレバ適當ナル分類番號ガ表示サレテ居ル．之レトハ反對ニ
> 或ル主題ニ關スル圖書ヲ見出サウトスルニハ，索引ヲ參照シテ得タ記號ニ
> 依ッテ，架上或ハ分類目録中ヲ檢索スレバ所用ノモノヲ發見シ得ル．

■II使用指針（p.21-24）
● 分類表ヲ熟知スル事

NDC を使うにあたって，まず必要なのは「分類表ヲ熟知スル事」であるという。第1段の10綱目（メインクラス）を暗記して，第2段，第3段と「順次ニ記憶ヲ進メテ行ク」と書いている。ただし，これについては「使用馴レルニ從ヒ自ラ分明スル」と続けている。さらに，次の一文を続ける。

> 然シ最モ安全ナル方法ハ常ニ總表及索引ヲ參考トシテ實務ニ當ルベキデアル．

● 圖書ノ内容ヲ見出ス事

ここでは，主題分析の根拠として（A）標題（B）目次（C）序文（D）參考書（E）主要事項　を参考とする指針が述べられている。当然ながら現在の主題分析の基本とほとんど大差ない。標題の項には「標題ダケデ分類ヲ決メル事ハ危險デアル」と書かれている。

● 分類番號ヲ決メル事

ここも，今日の分類の基本と大きく変わらない。要約すれば以下のようなものである。

> ①各図書は実用を本位とし，利用者にとって最も適切であると思われる主
> 　題に分類する
> ②主題を先に分類し，形式は後に決める
> ③その主題で最も詳しい分類番号を与える
> ④複数の主題があるものは「實際的ニ見テヨリ以上有效ト認メタ方ヘ入
> 　レ，分類目録ニアッテハ他ノ總テノ從屬的主題カラ副出參照ヲ作ル」

4. 導言　*179*

⑤二つの主題が独立したページ付をもつものは最初に記載された方へ分類する

⑥図書館の性質や専門性によって，分類する場所は適宜変える（例：「学校衛生」は医学図書館では 499 衛生，学校図書館では 371.9）

⑦四つ以上の主題を扱った図書は細目分類せず総括する分類番号に分類する；中心となる主題があればそこに分類する

⑧二つ以上の相関する主題があれば，一般には最初の主題に，後者が重要な主題であればその主題で分類する

⑨将来の統一を計るため疑わしい図書に与えた番号は総表・索引の余白に注記しておき類書に備える

⑩叢書はまとめるか，各冊で分類する（後者が一般化しつつある）；各巻の内容が分離できなければ，最も顕著な主題にまとめて分類する

⑪翻訳，評論，解説など特定の図書に関して記述されたものは原本と同じ主題のもとに分類し隣接して置く

• 分類番號トシテノ數ノ多寡

　見出しからはややわかりづらいが，図書館で分類番号に使用するのは何桁までが妥当か，というものに対するガイドである。「全ク各圖書館ノ事情ニ依ッテ決メルベキデアル」としつつも，小図書館でも場合によっては「第４段マデ必要トスル」主題もあり，蔵書量が少ない部門では「第２段マデデ充分」というところもある。指針としては「將來ノ發達ヲ豫期シテ最少ノ部門ニ對シテモ第３段迄ヲ使用スル事ハ圖書ノ増加ヲ來シタ場合デモ單ニ番號ヲ附加スルダケニテ訂正ヲ要シナイカラ經濟的デアル」とする。

• 分類番號ノ組合セ

　ここでは，総表（現在の細目表）において記号の付加を指示する箇所について説明している。地理的区分，語學及文學，主分類區分の３項が挙げられ，それぞれの使用指針が示されている。

　主分類区分は，指示のある箇所で，その番号に総表中の要目番号を附加することが指示される（音楽学校 375.76 ＝ 375 専門教育＋76 音楽）。

• 圖書記號

　ここでは，請求記号として用いる記号について簡潔に述べられている。国内

では当時は受入順の番号が用いられていたが，開架式の図書館では「所謂 Movable location（相關置籍法）」が最近の傾向であると紹介され，カッターの著者記号にふれている。日本でも著者記号法が考案されており，「遠カラズ一ツノ標準ガ出來ルデアラゥ」と結んでいるが，後年『日本著者記号表』を編纂したのは森であった（1951年）。

■Ⅲ特殊取扱法（p.25-26）

• 兒童圖書

　児童図書に対しては，一般図書との別置にあたってNDCにJ（児童）Y（幼年），子（子供），コ（コドモ）などを冠することを提案している。中でもJはJuvenileと児童の両方に用いることができるとし，また第3段までの分類をすることが適当ともしている。また，分類項目の名称は児童が理解しやすいものに変えることを提案している。

• 參考書，雑誌

　参考図書や雑誌についても同様に別置する場合，S（参考書），Z（雑誌）などの記号を冠することを提案する。

• 小説類

　貸出の過半を占める小説には分類番号を与えず（時間的節約），「小説」と図書記号だけを示して作者順に排列することを提案している。

• 和装本

　和装本を別置する場合に，児童図書と同様にW（和装本）を冠することを提案している。

• 贊否兩論ヲ有スル主題

　これはここまでのものと違い，どちらかといえばⅡで扱うべき内容とも思えるが，その扱う主題の一般論としての分類を付与した後に，その論を主張するものには＋を，非とするものには—を与えるということを提案している。

■附記

　そして最後に，この導言で説明しきれていない詳細についてはDDCを見ることを推奨している。

また，メリルの分類規程に倣って「コノ分類表ノ各クラスノ範囲ヤ規定ニ就テハ Merrill 氏ノ Code for classifiers ニ倣ッテ後日發表シタイト考ヘテ居ル」と補完の予定を述べている。

実際には，それより早く NDC の増訂がなされ，またメリルの分類規程を翻訳[8]した加藤宗厚が NDC に対する分類規程の案を考案し発表した。

第2版

第2版の導言は，第1版の「序説」「導言」を統合したものになった。「I分類法ノ組織」「II使用法」「III特殊取扱法」の三部構成もほとんど変わらない（「使用基準」が「使用法」となった）。ただ，文章の多くは修正されている。

■I分類法ノ組織 （p.15-21）

● 目的ト主張

ここでは，第1版「序説」にあったような，DDC に由来する図書分類法の機能（特に助記的要素）についてまず述べ，NDC もそこに立脚したことを説明する。また，NDC は和漢洋それぞれの資料に対応した分類であることが述べられている。

● 主題ノ排列

ここでは，DDC の十進記号法は適用したが，主題の排列は「理論的ニ最モ適當ダト云ワレテ居ル」EC に倣ったことを説明する。ただし，綱以下においては十進記号法との関係で EC に拠ることができなかったこともここで書いている。

また，分類標目（現在の分類項目名）には普遍的名辞を用いたこと，ただしいくつかにおいてはなるべく一語で主題を表現するため名辞を調整したものがあることも述べる。

● 分類番號ノ組織

ここからは第1版「導言」の内容とおおむね対応している。

ここでは，十進分類の体系構造を説明している。

8　文献（d7）：Merrill；加藤宗厚譯述『MERRILL ノ分類規程』（1928）

182 第5章 日本十進分類法の序文類の変遷

● 同格

ここでは，第1版導言の「九區分ト新項目」に準じ，区分肢の数への対応を述べている。

> 本分類ワ各單位オ9區分以上ニワシナイコトオ基調原則トシテ居ルタメ或ル箇所デワ同格配當ト云ウ點ニ多少ノ犠牲オ餘儀ナクサレ，標目ノ連合若クワ分離ガナサレテワアルガ，コレ等ノ不均等ニ對シテワ總表ノ組方ニ凹凸ヲ作リ或ワ大小，太細等ノ異ナル字體ヲ使用シテ輕重或ワ包括範圍ノ廣狹オ示ス補イトシテアルカラ，實用上カラミテ少シモ支障オ來スモノデハナイ.

十進記号がもつ純粋な階層性と，十進記号を使用した分類体系の階層は必ずしも相容れるものではない。特に区分肢の数が多かった場合，分類項目名の記述位置を本来の位置より字上げ／字下げするという工夫は，実はDDCの初版でも実装されていた。NDCでも原案の頃からその対応は存在していたが，はっきりと解説されたのはここが最初と思われる。

また，「其他」の扱いについては第1版とほぼ同じ表現で説明している。

● 新標目

ここも第1版導言の「九區分ト新項目」に準じ，新しい主題への対応を示している。

● 形式區分

● 助記法

● 相關索引

これらも第1版導言をほぼ踏襲している。第1版との差異で特徴的なのは，相関索引の排列を標準式（ヘボン式）ローマ字順としたことについてこのような言及がある点である。

> コノ索引ノ排列ヲ標準ローマ字綴順ニ據ッタコトワ，勿論ソノ方法ガ一般的ニ最モ便利デアルト信ジタカラデアル．實際今日ローマ字オ圖ニ取入レルコトワ最早論議ノ時代デナク，實行スベキ秋デアロウト考エテ居ルシ，吾々ノ經驗ガ假名遣イニ惱マサレル五十音順ヨリモ，アルファベット順ノホウガ索引トシテ非常ニ迅速ニ參照シ得ルコトオ證明シテ居ルカラデアル．今日ノ圖員ニテローマ字順索引オ以テ尚不便トスル者ガアルトシタ

ラ，ソレワ單ニローマ字オ使イ馴レナイト云ウ理由ダケニ他ナラナイト信
ズル．

　このあたりはローマ字論者の森（そして間宮）らしい主張といえる。このロー
マ字順索引はその後，新訂 7 版（1961 年）まで継承された（新訂 8 版以降は 50 音
順）。

● 實用上ニ於ケル分類表ノ精粗

　ここでは，第 1 版導言「II　使用指針」のうち「分類番號トシテノ數ノ多
寡」とほぼ同様のことが述べられている。すなわち館の規模に応じて採用する
分類番号の桁数（精粗）を図書館が決めればよいということであるが，この項
はこのような文章から始まっている。

　　コノ分類表ノ第 1 版ニ對シ，一部ノ人カラ吾ガ國トシテワ分類ガ詳シ過ギ
　　ルトノオ門違イノ非難オ受ケタ．然シ分類表ワ出來ルダケ緻密ニシテ詳細
　　ナルモノ程願ワシイノデアッテ，本分類表ノ或部分ニ對シテワ夫々ノ專門
　　家ニヨッテコレ以上ノ細目展開ガナサレツヽアル．ソレ等ノ細目展開案ワ
　　「圖研」（青年圖書館員聯盟機關誌）ニ時々發表サレル．

　本書第 3 章でも述べたが，NDC に対する「非難」の存在はここでも窺うこ
とができる。前項のローマ字の件も，おそらく何者かの「非難」を受けてのも
のかもしれない。

■ II 使用法（p.22-25）

● 分類表ニ通暁スルコト

● 圖書ノ内容ヲ見出ス事

● 圖書ニ分類番號ヲ與エル事

● 圖書記號

　これらは第 1 版と一部見出し・文章が変更されているが内容はそれぞれ対応
している。

　いっぽう，助記表の適用については別項と統合整理されたためここからは外
れた。

184 第5章 日本十進分類法の序文類の変遷

■Ⅲ特殊取扱法 （p.26-27）

- 小説
- 兒童圖書
- 參考圖書及逐次刊行書
- 和装本

これらは第1版とほぼ共通しているが，児童図書については冠する記号の提案を「J」にしている。

- 大型圖書

菊倍判（縦304ミリ）以上の図書について，「大」の字を冠しての別置を提案している。ただ書架の棚間隔や代用板なども含めて言及しており（代用板については「間宮商店カラ適當ナ標準品ガ販賣サレテ居ル」という括弧書きまでついている），「分類法の取り扱い」からは若干逸脱している感も否めない。

ほか，第1版にあった「賛否兩論ヲ有スル主題」については削除され，この件についてはどこにも言及がない。

また，「導言」の最後には，

> 以上ワ D.C. ノ導言カラ得タ抄録ノ如キモノデアッテ，更ニ詳細ナ説明ニ
> 就テワ間宮不二雄氏譯「DEWEY 十進分類法導言」ヲ參照サレンコトオ
> オ奬メスル．N.D.C. オ土臺トシタ分類規程モ追ッテワ出來ルデアロゥ．

とまとめている。「追ッテ」というが，2章および前項でも述べたように，加藤宗厚の手になる NDC を土台とした『分類規程試案』[9]は第2版よりわずかに早く，4月号の『図書館雑誌』で公表されている。

第3版

第3版の導言は，若干の字句の修正はあるにせよ，第2版のそれとほとんど変わらない。

■Ⅰ分類法ノ組織 （p.15-21）

項目立てはすべて第2版と共通している。段落が整理されたり，若干の字句

9　文献（e28）：加藤宗厚「分類規程試案」（1931）

調整などがあるものの，ほとんど内容は第2版のままである。

ただし「主題ノ排列」においては第2版では「記號トシテ十進法オ用イタガタメニ綱以下ノ項目ニ於テワ E.C. ニ據ルコトガ出來ナカッタ」とあったが第3版では「綱以下ノ項目ニ於テワ D.C., L.C. ニ據ルコトガ多イ」と言い換えられている。

■Ⅱ使用法 （p.22-25）

これも項目立ても文章もほぼ第2版と共通しているが，「圖書ノ内容ヲ見出ス事」では行間をあけてより手順をはっきりと示したり，「圖書ニ分類番號ヲ與エル事」では各項・各手順にくまなく手が入っている（特に主題による分類であることと，著者の意向（観点）による分類ということを強調した部分）。

■Ⅲ特殊取扱法 （p.26-27）

ここも第2版とほとんど変わらない。参考図書に関する記号の提案を「R（Reference）」に，雑誌に冠する記号の提案を「P （Periodical）」にすることと，また児童図書については

　　　尚特別記號ヲ附ケナイ場合ノタメニ簡單ナ「兒童圖書分類表」ヲ卷末ニ附シテ參考ニ供スルコトトシタ.

と簡易表について言及している（第6章「4. 助記表およびその他の諸表」参照，p.269-277）。

さらに大型図書については，第2版では菊倍判（縦304ミリ）以上の図書と定義づけていたところを第3版では棚板の間隔を「正味27.5cm. オ標準トスル」とし，「ソレニ入ラナイモノ」を別置するように表現を改めた。

そして，「導言」の最後には，第2版同様に分類規程の詳細は間宮の「DEWEY 十進分類法導言」が参考になることを述べている。また続く文章は，

　　　N.D.C.ノ使用者ノタメノ分類規程ワ遠カラズ脱稿ノ豫定デアル.

と変更されている。なお，連盟の十年史によれば，研究委員会の活動として

　　　編者森委員提出ノ改訂案ニ付キ協議オ續ケ昭和10年 N.D.C. 三版上梓ニ際シテワ全表ニ亘リ檢討オ加エタノデアル. 更ニ N.D.C. 手引ノ編纂ニモ協力オシタガ，12年1月先ズ同委員ワ解消スルニ至ッタ.

186　第5章　日本十進分類法の序文類の変遷

と記録されており[10]，研究委員会が3版改訂に寄与したことを示しているが，ここで言及されている「N.D.C. 手引」は実現に至らなかった。

第4版

第4版の導言は，第3版から多くの部分が改まっている。

■I 分類法ノ組織（p.17-25）

この項は，かなり手厚く改訂されている。

特に「主題ノ排列」に関する説明では，排列順はこれまでECに倣いながら「綱以下ニ於テワD.C.，L.C.ニ據ルコトガ多い」という表現で済まされていた部分に対し，第4版では比較表を掲げている（表5-5）。

ECやDDCとの違いは第1版で示され（表5-4，p.175），現在のNDCでも

表5-5　NDC, EC, LC, DDC の比較表[11]

N.D.C.		E.C.		L.C.		D.C.	
0	總　記	A	一般著作, 雜集	A	雜　集	0	總　記
1	哲學. 宗教	B-C	哲學, 宗教	B	哲學, 宗教	1	哲　學
						2	宗　教
2	歷史科學	D-G	歷史科學	C-G	歷史科學		
3	社會科學	H	社會科學	H-K	社會科學諸科學	3	社會科學
				L	教　育	4	語　學
4	自然科學	L-Q	科學(自然)			5	自然科學
5	工藝學	R-V	技藝. 工藝			6	技　術
6	産　業			M	音　樂		
7	美　術	V-W	美　術	N	美　術	7	美　術
		X-Z	言語交通術	P	言語及文學		
8	語　學		語　學	Q	科　學		
9	文　學		文　學	R-V	應用科學, 工藝, 其他	8	文　學
				Z	書誌, 圖書館學	9	歷　史

10　b 文献（c1）：青年圖書館員聯盟本部『青年圖書館員聯盟十年略史：1927-1937』（1937），p.24-25 より

11　NDC 第4版，p.18 より

確認することができるが，第4版のこの表ではECとLCCの関係も示されている。ECを応用したLCCではあるが，こうして並べると差異がかなりあることを見ることができる。なお本書では，表1-7（p.17）と表1-8（p.19）でこれらの違いをもう少し詳細に比較できる。

また，十進記号の解説（分類記號ノ組織）において，類・綱・目を説明する円状図が初めて登場する。

項目立てのほとんどは第3版と共通しているが，最後に「本書ノ實用性」という項目が設けられ，NDCの採用状況が示されている。

　　現在コノ分類法オ採用セル圖ハ相當ノ數ニ達シ，今ヤ我ガ國ニ於ケル既製分類法ノ一ツトシテワ最モ廣ク普及サレテ居ルノデアル．中央圖トシテ本法オ採用スル所，青森，福島，山梨，岐阜，鳥取，徳島，香川ノ7館デアルガ，コレ等ノ中ニワ縣圖令施行細則或ワ經營準則オ以テ縣下市町村，學校圖等ニ對シテモコノ分類法ニ統一スベク指示シ，實施セル縣モアル．

さらに，NDC（標準分類法）を採用することの利点を述べた後で，日本図書館協会の新刊選定目録や文部省社会教育局の統計（分類別蔵書，利用冊数）なども NDC に拠ることを説明し，各館の蔵書目録作成時にも NDC が役立つことを述べたうえ，「本法ニヨル主要藏書印刷目録」（14種）「本法ニヨル館法及月報類」（4種）がリストとして付されている。

■Ⅱ 使用法（p.26-29）

この項は第3版とほとんど同一であり，変更がみられるのは字句の修正程度である。

■Ⅲ 特殊取扱法（p.30-32）

いっぽう，この項は大きく加筆されている。「郷土誌料」「特殊文庫」「文学作品」について新設され，次のように提示している。

● 郷土誌料

別置するにあたり，「000　総記」を NDC と同じ体系に細区分する方法と，地域を示す1字を冠する方法とが提案されている。

前者は，当時の NDC では 010 の前は完全に空き番であり，また第4版での

特に目新しい考えというわけでもなく，第2版以降，要目表に既に「特殊文庫又ワ郷土誌料ナドニ充ル」と示されているものであった。

　後者の場合，2類の細区分について郷土史に応じて適当に編成するよう指針が示されている（単にそれのみで例示などはない）。

● 特殊文庫

　寄贈など特殊コレクションに対し，文庫名のイニシャルを冠する別置の提案がなされている。

● 小説

　「通俗圖」とあった語が「公共圖」となっているなどいくつかの修正があるほか，小説の取り扱い方法について『圖研究』誌上に関連文献[12]が載ったことが参照された。

● 文學作品

　小説同様，文学作品に対して NDC 分類をしなかった場合，3人以上の合集に対して「L（Literature）」または「文」を用いて簡略化する方法が提案されている。

　　　コノ場合ノ排架ノ順序ワ普通ノ9類オ先キニ，次ニ文学作品デアル L9類
　　　オ，ソシテ最後ニ個人ノ作品（作者名）ヲ置クワケデアル．

　として順序を示し，また同一人の作品が多数ある場合のために簡略化した文学形式記号の表（「個人作品ノ形式記號」）が付されている。これは，形式区分と文学共通区分が混在したような表である（13種）。

　　　例：　夏目漱石ノ俳句集ナラバ　　ナツメ　　　　（14）
　　　　　　菊池寛ノ戯曲ナラバ　　　　キクチ●カ　（2）
　　　　　　菊池幽芳ノ小説ナラバ　　　キクチ●ユ　（3）
　　　　　　吉田絃二郎ノ感想文　　　　ヨシダ●ゲ　（4）

と例が示されているが，この括弧内の形式記号も十進記号として扱うということが説明されておらず，理解が不十分だと14句集や15詩集などが後方に配置されてしまうように読めてしまう。

　また，著者名の表記について，カタカナで姓の全部（同一姓の場合名前の1〜

12　文献（e31）：「小説ノ別扱ト簡略作者記號表」（1935）

4. 導言　*189*

2字も）を記述する方法が示されており，西洋人の文学作品には「Cutter ノ著
者記號オ用イレバヨイ」とされている。

- 兒童圖書
- 參考圖書及逐次刊行書
- 和装本
- 大型圖書

　これらは第3版とほぼ共通している。

　導言最後の「N.D.C.ノ使用者ノタメノ分類規程」に関する言及は第3版と変
わらない。

第5版

　第5版の導言は，第4版と比較してほとんど差異がない。総じてわずかな字
句の追加や単語の言い換え等にとどまっている。第3版から第4版への変更が
大きかった分，そこである程度の完成をみたと考えたのであろう。

■I 分類法ノ組織（p.19-27）

　この中の文章はほぼ第4版と同一のままであり，ごく一部にわずかな加筆が
あるが，文意にも変更はない。

　文末に掲げられた「本法ニヨル主要蔵書印刷目録」と「本法ニヨル館報及月
報類」については印刷目録が第4版の14に対して19，館報・月報類は4誌か
ら8誌と，ここからも NDC の普及を見ることができる。

■II 使用法（p.28-31）

　この項も第4版とほとんど同一であり，確認できたのはわずかな字句の修正
程度である。

■III 特殊取扱法（p.32-34）

　第4版で大きく加筆されたこの項も，第5版ではわずかな修正であった。

- 小説

　文章自体に変更はないが，第5版では「簡略作者記號」（第6章「4. 助記表お

190　第5章　日本十進分類法の序文類の変遷

よびその他の諸表」参照，p.269-277）が併録されたため，そのことが付記されている。

• 大型図書

　ここも文章自体に変更はないが，判型の目安の表現として第4版で「菊倍判（Folio 型）」とあったものが「菊倍判（Folio 型：A4 型）」，同じく「四六倍判」とあったものが「四六倍判（B5 型）」と，それぞれ国際規格が含まれるようになった。

第**6**章
日本十進分類法の分類表の変遷

　本章では，NDC の各版の第 1 次区分〜第 3 次区分の表（現在の NDC でいう要約表），および付帯する諸表等の引用と比較を通じてまとめる。

　改訂箇所の比較をより厳密なものにするならば，第 4 次区分以降（小数点以下）こそ綿密に行うべきであり，またこれをすることで「どう改訂されてきたか」の検証が初めて批評できるところであるが，著作権や紙幅の都合もあり，またどのレベルまでの分析をするか設定も難しいため，本書では見送ることとした。ただ，当該版の細目表は縦覧し，特に顕著な変更点については第 2 〜 4 章または本章の本文で言及している。

1. 第 1 次区分表

　第 1 次区分表は，いわゆるメインクラスに相当する 0 〜 9 の 10 区分を示した表である。一見するとシンプルな表だが，その分類法の根幹にかかわる部分であり，一度定めれば改訂に際してもそう変わるものではない。実際 NDC においても，原案から第 1 版への修正を除いて，新訂 10 版に至る現在まで大きな変更はない。ただ，それぞれの類を示す名辞や英語形の項目名には何度か変化がみられる。

　さらに，この表自体の名称は，NDC における名称や，冊子内に表示された名称を含め，変更されている。

原案

　原案では，第 1 次区分を「基礎項目」と呼び，序文の最後に半ページ掲載されている（表 6-1，p.192）。

192 第6章 日本十進分類法の分類表の変遷

表6-1 『和洋圖書共用十進分類表案』の第1次区分
(基礎綱目)[1]

基 礎 綱 目		
000	總　　記	General works
100	哲學及宗教（精神科學）	Spiritual sciences
200	歴史科學	Historical sciences
300	社會科學	Social sciences
400	自然科學	Natural sciences
500	工藝學，有用技術	Technology. Useful arts
600	産　　業	Industrial arts
700	美　　術	Fine arts
800	文　　學	Literature
900	語　　學	Linguistics

　ここで示されるメインクラスの排列順序は，ただDDCの体系表を日本向け
にアレンジしたものではなく，カッターのECのそれを参考にしていると序文
で語られる。

　これは，森がDDCのみならず多様な分類法についてその考え方やそれらに
対する批判を読み，検討した結果のものといえる。序文では杜定友が編纂する
『世界図書分類表』とDDCのメインクラスを比較するなどしており，そのう
えでECの「7大綱目」の順序は，理論的にDDCよりも「より適切」であり，
実際的にはDDCより便利であるという考えから排列したと述べている。

　この順は現在のNDCにもおおむね踏襲されているが，語学と文学の排列順
や各種の用語が，その後に刊行されるNDCと異なっている点がいささか興味
深い。また，用語にもDDCの影響を受けたと思われる特徴が覗える。

第1版

　第1版では第1次区分表を「主綱表（MAIN CLASSES）」と呼んだ（表6-2）。
　ここでは，NDCという分類法の中における「表」という意識からか，標題
が「日本十進分類表」とあり，また英題も "Nippon Decimal Classification

1　NDC原案，p.125より

表6-2 NDC 第1版の第1次区分
（主綱表）[2]

日本十進分類表
(Nippon Decimal Classification Scheme)

主綱表
(MAIN CLASSES)

000	總　　記	General Works
100	精神科學	Spiritual sciences
200	歷史科學	Historical sciences
300	社會科學	Social sciences
400	自然科學	Natural science
500	工　藝　學	Technology
600	産　　業	Productive arts
700	美　　術	Fine arts
800	語　　學	Science of Language
900	文　　學	Literature

表6-3 NDC 第2版の第1次区分
（主類表）[3]

日本十進分類表
(NIPPON DECIMAL CLASSIFICATION SCHEME)

主類表
(MAIN CLASSES)

000	總　　記	General Works
100	精神科學	Spiritual sciences
200	歷史科學	Historical sciences
300	社會科學	Social sciences
400	自然科學	Natural science
500	工　藝　學	Technology
600	産　　業	Industrial arts
700	美　　術	Fine arts
800	語　　學	Language
900	文　　學	Literature

Scheme" となっている。

　原案（表6-1）と比較し，語学と文学の順が変更されていることがわかるが，上でも述べたとおり，ここでメインクラスの順は，現在の NDC と変わらないものになったわけである。

第2版

　第2版における第1次区分表（表6-3）は，一見すると第1版との差異を見出すことは難しいが，名称が「主綱表」から「主類表（MAIN CLASSES）」に変更になったことや，600，800 の英語型の標目名などいくつかの変更点がある。

　なお，表に冠された「日本十進分類表（Nippon Decimal Classification Scheme）」には変更がない。

2　NDC 第1版，p.27 より
3　NDC 第2版，p.29 より

194　第6章　日本十進分類法の分類表の変遷

表6-4　NDC 第3版の第1次区分
　　　　　（主類表）[4]

日本十進分類表
(NIPPON DECIMAL CLASSIFICATION SCHEME)
主類表
(MAIN CLASSES)

000	總　　記	General Works
100	精神科學	Spiritual sciences
200	歷史科學	Historical sciences
300	社會科學	Social sciences
400	自然科學	Natural science
500	工　藝　學	Technology
600	産　　業	Industrial arts
700	美　　術	Fine arts
800	語　　學	Language
900	文　　學	Literature

表6-5　NDC 第4版の第1次区分
　　　　　（主類表）[5]

日本十進分類表
(NIPPON DECIMAL CLASSIFICATION SCHEME)
主類表
(MAIN CLASSES)

0	總　　記	General Works
1	精神科學	Spiritual sciences
2	歷史科學	Historical sciences
3	社會科學	Social sciences
4	自然科學	Natural science
5	工　藝　學	Technology
6	産　　業	Productive arts
7	美　　術	Fine arts
8	語　　學	Language
9	文　　學	Literature

表6-6　NDC 第5版の第1次区分
　　　　　（主類表）[6]

日本十進分類法
(NIPPON DECIMAL CLASSIFICATION SCHEME)
主類表
(MAIN CLASSES)

0	總　　記	General Works
1	精神科學	Spiritual sciences
2	歷史科學	Historical sciences
3	社會科學	Social sciences
4	自然科學	Natural science
5	工　藝　學	Technology
6	産　　業	Productive arts
7	美　　術	Fine arts
8	語　　學	Language
9	文　　學	Literature

4　NDC 第3版, p.[29] より
5　NDC 第4版, p.[33] より
6　NDC 第5版, p.[35] より

第3版

第3版においては，第2版とまったく差異がない（表6-4）。

第4版

第4版では，記号が3桁ではなく1桁のみとなった（表6-5）。

また，6類産業の英語名辞が，Industrial arts から Productive arts に変更されている。

第5版

内容には第4版との相違はない（表6-6）。

しかし，これに先行する表の名称（おそらく「主類表の」ではなく「このあとの一連の表の」総称）として，第4版まで「日本十進分類表（NIPPON DECIMAL CLASSIFICATION SCHEME）」となっていたものが，第5版では「日本十進分類法（NIPPON DECIMAL CLASSIFICATION SCHEME）」となった。これまでは「分類法」内の「分類表」という位置づけであったものが，第5版で（日本語のみ）同一名称のもとに統一されたことになる。

2. 第2次区分表

第2次区分表は，第1次区分表をさらに展開し，それぞれのメインクラスがどのような下位概念を内包しているかをおおよそ見せる 00〜99 の 100 区分を示す表であり，つまりこれを見ることで NDC という分類表のアウトラインがわかる。

本書では初期の DDC や他の分類表もこのレベルまでの詳細度を掲載しているので，第1〜2章末の表などと適宜比較をすると NDC の（あるいは他の分類表の）特徴がわかるだろう。

メインクラスと同様，これも改訂に際してもそう変化するものではないが，名辞の変更はまれに見られる。

196 第6章 日本十進分類法の分類表の変遷

表6-7 『和洋圖書共用十進分類表案』第一要目表[7]

000	總 記	500	工藝學. 有用技術
010	書目. 圖	510	土木工學
020	稀覯書	520	建築學
030	事彙. 辭書	530	機械工學
040	一般論文集	540	電氣工學及工業
050	一般逐次刊行書	550	鑛山學及鑛業
060	一般學會. 會報	560	造船學及海事
070	新聞. 新聞紙學	570	應用化學及化學工業
080	叢書. 全集	580	工 業
090	雜書. 隨筆	590	家政學
100	哲學及宗教	600	産 業
110	哲 學	610	農 業
120	東洋哲學	620	園 藝
130	西洋哲學	630	林 業
140	心理學	640	畜産業
150	倫理學	650	蠶 業
160	宗教. 神學	660	水産業
170	神 道	670	商 業
180	佛 教	680	交 通
190	基督教其他雑教	690	通 信
200	歷史科學	700	美 術
210	日 本	710	彫刻. 塑像
220	アジア	720	工藝美術
230	ヨーロッパ	730	書畫. 骨董
240	アフリカ	740	印刷. 製版
250	北アメリカ	750	寫眞術
260	南アメリカ	760	音樂. 歌舞
270	大洋洲. 南洋. 極地	770	演藝. 映畫
280	傳 記	780	運動. 競技
290	地誌. 紀行	790	遊藝. 娯樂
300	社會科學	800	文 學
310	政治學	810	日本文學
320	法律學	820	支那及アジア文學
330	經濟學	830	英米文學
340	財政學	840	ドイツ及チュートン文學
350	統計學	850	フランス及ベルギー文學
360	社會學及社會問題	860	スペイン及ポルトガル文學
370	教育學	870	イタリー及ロマンス文學
380	民俗學及風俗	880	ロシヤ及スラブ文學
390	軍事學	890	其他諸國文學
400	自然科學	900	語 學
410	數 學	910	日本語
420	物理學	920	支那及アジア諸國語
430	化 學	930	英 語
440	天文學	940	ドイツ及チュートン語
450	地質學. 鑛物學	950	フランス語
460	生物學. 人種學	960	スペイン及ポルトガル語
470	植物學	970	イタリー及ロマンス語
480	動物學	980	ロシヤ及スラブ語
490	醫學. 藥學	990	其他諸國語

7 NDC原案, p.126-127 より

原案

原案における第2次区分は「第一要目表」という名称である（表6-7）。

語学と文学の順を除けば，下位の展開の大部分が現在のNDCとほとんど同じであり，差異があるのは020稀覯書，630林業，650蠶業（蚕業），720工藝美術，730書畫．骨董の五か所だけである。これらはNDCが刊行されたのち，増補改訂の過程で現在の位置に修正された。

第1版

第1版では第2次区分に対し「要目表（SUMMARY）」という名称が与えられた（表6-8，p.199）。

原案（表6-7）と比較すると細かい用語の違いだけでなく，0類総記の下位と，7類芸術の下位がやや変更になっていることがわかる。

第2版

第2版の第2次区分表は，第1次区分表が「主類表」に変更されたことにともなって「主綱表（DIVISIONS）」と変更された。この名称は現在（新訂10版）でも踏襲されている（表6-9，p.200）。いっぽう「要目表」の名称は第3次区分表に使用されることになった。

第1版のもの（表6-8）と比べ，いくつかの名辞が変更されているが，110を除き概念の変更は見当たらない。

第3版

第3版の主綱表（表6-10，p.201）では主題概念の変更はほとんど見られない。020が今日とほとんど同じ「図書学．書誌学」になったことが大きい。

第4版

第4版の主綱表（表6-11，p.202）は，項目の再配置等はないが，いくつかの名辞が変更された。

3類の綱目名がすべて「学」が外れて変更になったことと，5類の綱目名が

198　第6章　日本十進分類法の分類表の変遷

追加された。また，170／190 が字下げされ，160 の下位であることが明示され
ている。

第5版

　第5版の主綱表（表6-12，p.203）も，第4版とほとんど差異がない。

　ここで確認できるのは，「580　機械的工業．手工業」が「製造工業．手工
業」に，「590　家政」が「家事」に改まった2か所のみである。

表6-8　NDC 第1版の第2次区分（要目表）[8]

000	總　記	500	工藝學
010	圖書及圖書館	510	土木工學
020	稀覯書	520	建築學
030	百科事彙．類書	530	機械工學
040	一般論文集．講演集	540	電氣工學
050	一般逐次刊行書	550	鑛山學及鑛業
060	一般學會紀要及報告	560	航海術及海事
070	新聞．新聞紙學	570	應用化學及化學工業
080	叢書．全集	580	機械工業
090	雜書．隨筆	590	家政學
100	哲學及宗教	600	産　業
110	哲　學	610	農　業
120	東洋哲學	620	園　藝
130	西洋哲學	630	林　業
140	心理學	640	畜産業
150	倫理學	650	蠶　業
160	宗教．神學	660	水産業
170	神　道	670	商　業
180	佛　教	680	交　通
190	キリスト教	690	通　信
200	歴史科學	700	美術諸藝
210	日本	710	彫　刻
220	アジヤ洲	720	書　畫
230	ヨーロッパ洲	730	印　刷
240	アフリカ洲	740	寫　眞
250	北アメリカ洲	750	工藝美術
260	南アメリカ洲	760	音樂．歌舞
270	太洋洲．極地	770	演藝．映畫
280	傳　記	780	運動．競技
290	地誌．紀行	790	遊藝．娛樂
300	社會科學	800	語　學
310	政治學	810	日本語
320	法律學	820	支那其他アジヤ諸國語
330	經濟學	830	イギリス語
340	財政學	840	ドイツ語及其他チュートン語
350	統計學	850	フランス語
360	社會學	860	スペイン語及ポルトガル語
370	教育學	870	イタリー語及其他ロマンス語
380	民俗學	880	ロシヤ語及其他スラブ語
390	軍事學	890	其他諸國語
400	自然科學	900	文　學
410	數　學	910	日本文學
420	物理學	920	支那其他アジヤ文學
430	化　學	930	イギリス及アメリカ文學
440	天文學	940	ドイツ及其他チュートン文學
450	地質學	950	フランス文學
460	生物學	960	スペイン及ポルトガル文學
470	植物學	970	イタリー及其他ロマンス文學
480	動物學	980	ロシヤ及其他スラブ文學
490	醫　學	990	其他諸國文學

8　NDC 第1版，p.28 より

200　第6章　日本十進分類法の分類表の変遷

表6-9　NDC第2版の第2次区分（主綱表）[9]

000	總　記	500	工　藝　學
010	圖書 及 圖書館	510	土木工學
020	稀覯書，古書	520	建築學
030	百科事彙，類書	530	機械工學
040	一般論文集，講演集	540	電氣工學
050	一般逐次刊行書，雜誌	550	鑛山工學
060	一般學會	560	船舶工學
070	一般新聞，新聞紙學	570	化學工業
080	叢書，全集	580	機械工業
090	隨筆，雜書	590	家政學
100	哲　學	600	産　業
110	形而上学	610	農　業
120	東洋哲學	620	園　藝　業
130	西洋哲學	630	林　業
140	心理學	640	畜産業
150	倫理學	650	蠶　業
160	宗教．神學	660	水産業
170	神　道	670	商　業
180	佛　教	680	交　通
190	キリスト教	690	通　信
200	歷史科學	700	美　術
210	日　本	710	彫　刻
220	アジヤ洲	720	書　畫
230	ヨーロッパ洲	730	版畫，印刷
240	アフリカ洲	740	寫眞術
250	北アメリカ洲	750	工藝美術
260	南アメリカ洲	760	音　樂
270	太洋洲，極地	770	演藝，演劇
280	傳　記	780	運動，競技
290	地誌 及 紀行	790	遊藝，娯樂
300	社會科學	800	語　學
310	政治學	810	日本語
320	法律學	820	支那語
330	經濟學	830	イギリス語
340	財政學	840	ドイツ語
350	統計學	850	フランス語
360	社會學	860	スペイン語
370	教育學	870	イタリー語
380	民俗學	880	ロシヤ語
390	軍事學	890	其他諸國語
400	自然科學	900	文　學
410	數　學	910	日本文學
420	物理學	920	支那文學
430	化　學	930	イギリス 及 アメリカ文學
440	天文學	940	ドイツ文學
450	地質學	950	フランス文學
460	生物學	960	スペイン文學
470	植物學	970	イタリー文學
480	動物學	980	ロシヤ文學
490	醫　學	990	其他諸國文學

9　NDC第2版，p.30より

2. 第2次区分表　　*201*

表6-10　NDC 第3版の第2次区分（主綱表）[10]

000	總　　記	500	工　藝　學
010	圖書館學	510	土木工學
020	圖書學．書誌學	520	建　築　學
030	百科事彙．類書	530	機械工學
040	一般論文集．講演集	540	電氣工學
050	一般逐次刊行書．雜誌	550	鑛山工學
060	一般學會	560	海事工學
070	一般新聞．新聞紙學	570	化學工業
080	叢書．全集	580	機械的工業．手工業
090	隨筆．雜書	590	家　　政
100	哲　　學	600	産　　業
110	形而上学	610	農　　業
120	東洋哲學	620	園　　藝
130	西洋哲學	630	林　　業
140	心　理　學	640	畜　産　業
150	倫　理　學	650	蠶　　業
160	宗教．神學	660	水　産　業
170	神　　道	670	商　　業
180	佛　　教	680	交　　通
190	キリスト教	690	通　　信
200	歴史科學	700	美　　術
210	日　　本	710	彫　　刻
220	アジヤ洲	720	繪畫．書道
230	ヨーロッパ洲	730	版畫．印刷
240	アフリカ洲	740	寫　　眞
250	北アメリカ洲	750	工藝美術
260	南アメリカ洲	760	音　　樂
270	太洋洲．極地	770	演劇．演藝
280	傳　　記	780	運動．競技
290	地誌 及 紀行	790	遊藝．娯樂
300	社會科學	800	語　　學
310	政　治　學	810	日　本　語
320	法　律　學	820	支　那　語
330	經　濟　學	830	イギリス語
340	財　政　學	840	ドイツ語
350	統　計　學	850	フランス語
360	社　會　學	860	スペイン語
370	教　育　學	870	イタリー語
380	民　俗　學	880	ロシヤ語
390	軍　事　學	890	其他諸國語
400	自然科學	900	文　　學
410	數　　學	910	日本文學
420	物　理　學	920	支那文學
430	化　　學	930	イギリス 及 アメリカ文學
440	天　文　學	940	ドイツ文學
450	地質學．地理学	950	フランス文學
460	生物學．博物學	960	スペイン文學
470	植　物　學	970	イタリー文學
480	動　物　學	980	ロシヤ文學
490	醫學．藥學	990	其他諸國文學

10　NDC 第3版，p.30 より

202 第6章 日本十進分類法の分類表の変遷

表6-11 NDC第4版の第2次区分（主綱表）[11]

000	**總　記**	500	**工 藝 學**
010	圖書館學	510	土木工學
020	圖書學．書誌學	520	建 築 學
030	百科事彙，類書	530	機械工學．航空工學
040	一般講論集	540	電氣工學．通信工學
050	一般逐次刊行書，雑誌	550	鑛山工學．金属工學
060	一般學會	560	海事工學
070	一般新聞，新聞紙學	570	化學工業
080	叢書，全集	580	機械的工業．手工業
090	隨筆，雑書	590	家　政
100	**哲　學**	600	**産　業**
110	形而上学	610	農　業
120	東洋哲學	620	園　藝
130	西洋哲學	630	林　業
140	心 理 學	640	畜 産 業
150	倫 理 學	650	蠶　業
160	宗教．神學	660	水 産 業
170	神　道	670	商　業
180	佛　教	680	交　通
190	キリスト教	690	通　信
200	**歴史科學**	700	**美　術**
210	日　本	710	彫　刻
220	アジヤ洲	720	繪畫．書道
230	ヨーロッパ洲	730	版畫．印刷
240	アフリカ洲	740	寫　眞
250	北アメリカ洲	750	工藝美術
260	南アメリカ洲	760	音　樂
270	太洋洲，極地	770	演劇，演藝
280	傳　記	780	運動，競技
290	地誌 及 紀行	790	遊藝，娯樂
300	**社會科學**	800	**語　學**
310	政　治	810	日 本 語
320	法　律	820	支 那 語
330	經　濟	830	イギリス語
340	財　政	840	ドイツ語
350	統　計	850	フランス語
360	社會問題	860	スペイン語
370	教　育	870	イタリー語
380	民俗，風俗 及 慣習	880	ロシヤ語
390	軍　事	890	其他諸國語
400	**自然科學**	900	**文　學**
410	數　學	910	日本文學
420	物 理 學	920	支那文學
430	化　學	930	イギリス 及 アメリカ文學
440	天 文 學	940	ドイツ文學
450	地質學．地理学	950	フランス文學
460	生物學．博物學	960	スペイン文學
470	植 物 學	970	イタリー文學
480	動 物 學	980	ロシヤ文學
490	醫學．藥學	990	其他諸國文學

11　NDC第4版, p.34 より

2. 第2次区分表　　*203*

表6-12　NDC 第5版の第2次区分（主綱表）[12]

000	總　記	500	工 藝 學	
010	圖書館學	510	土木工學	
020	圖書學. 書誌學	520	建 築 學	
030	百科事彙, 類書	530	機械工學. 航空工學	
040	一般講論集	540	電氣工學. 通信工學	
050	一般逐次刊行書, 雑誌	550	鑛山工學. 金属工學	
060	一般學會	560	海事工學	
070	一般新聞, 新聞紙學	570	化學工業	
080	叢書, 全集	580	製造工業. 手工業	
090	隨筆, 雜書	590	家　　事	
100	哲　學	600	産　業	
110	形而上学	610	農　　業	
120	東洋哲學	620	園　　藝	
130	西洋哲學	630	林　　業	
140	心 理 學	640	畜 産 業	
150	倫 理 學	650	蠶　　業	
160	宗教. 神學	660	水 産 業	
170	神　　道	670	商　　業	
180	佛　　教	680	交　　通	
190	キリスト教	690	通　　信	
200	歴史科學	700	美　術	
210	日　　本	710	彫　　刻	
220	アジヤ洲	720	繪畫. 書道	
230	ヨーロッパ洲	730	版畫, 印刷	
240	アフリカ洲	740	寫　　眞	
250	北アメリカ洲	750	工藝美術	
260	南アメリカ洲	760	音　　樂	
270	太洋洲, 極地	770	演劇, 演藝	
280	傳　　記	780	運動, 競技	
290	地誌 及 紀行	790	遊藝, 娯樂	
300	社會科學	800	語　學	
310	政　　治	810	日 本 語	
320	法　　律	820	支 那 語	
330	經　　濟	830	イギリス語	
340	財　　政	840	ドイツ語	
350	統　　計	850	フランス語	
360	社會問題	860	スペイン語	
370	教　　育	870	イタリー語	
380	民俗, 風俗 及 慣習	880	ロシヤ語	
390	軍　　事	890	其他諸國語	
400	自然科學	900	文　　學	
410	數　　學	910	日本文學	
420	物 理 學	920	支那文學	
430	化　　學	930	イギリス 及 アメリカ文學	
440	天 文 學	940	ドイツ文學	
450	地質學. 地理学	950	フランス文學	
460	生物學. 博物學	960	スペイン文學	
470	植 物 學	970	イタリー文學	
480	動 物 學	980	ロシヤ文學	
490	醫學. 藥學	990	其他諸國文學	

12　NDC 第5版, p.36 より

204 第6章 日本十進分類法の分類表の変遷

3. 第3次区分および細目表

第3次区分表は，第2次区分表をさらに展開した000〜999の1,000区分を示す表であり，NDCの基礎をなすものである。理論上は1,000区分となるが，必ずしもすべての100区分に10ずつの区分肢が設けられているわけではなく，空番も存在する。また，後述する助記表を用いた番号構築（ナンバー・ビルディング）を前提とし，記載を省略しているところもある。

全体的にみれば多くはないものの，ここまで細かい分類となると版ごとに改訂されている箇所も散見される。各版10ページ（10の類）の引用となるので大部となるが，比較されたい。

また，この節ではいわゆる「本表」にあたる表（細目表，総表）についても解説する。

原案

原案では，「基礎綱目」「第一要目表」の2表で体系の概略を示した後，「細目表」を掲載している。これはいわゆる「本表」にあたり，前半記事のほぼ大部分を占める。

ほとんどの分類項目は3桁（1,000区分）であるが（森は序文で「第三目」と呼んだ），かなりの数の分類項目が下位（小数点以下1桁）の展開を準備されているし，いくつかの項目は小数点以下2桁を使用しているところもあるが，前述の東京市立図書館『和漢圖書分類表並ニ索引』[13]などと比較しても十分な詳細度といえる（東京市の分類は小数点を使用せず，3〜4桁の数字を用いて区分している）。

凡例の類は用意されておらず，分類項目の名辞の区切りは「及」「，」「．」が使用されているがその違いは明確になっていない。特に「，」は時折細目表に出現するものの，他の項目と比較して使用基準がわからないものもある（例：829 滑稽．諷刺／839 滑稽，諷刺：820は支那文學，830は英米文學）。

言語については文学と同じ言語区分を適用しているが，表の上では日本語表

13　文献（e11）：東京市立圖書館『和漢圖分類表並ニ索引』（1926）

記にせず外国語のまま列挙している。なお文学，言語とも共通区分が存在し適用されるのは現在の NDC と同様である。

表 6-13（p.206～215）では，この細目表をもとに第三目（3 桁）部分を抜粋した（注記・参照などは割愛した。また助記表は適用せず，細目表のままとした）。先述の第一要目表は現在の NDC と比べても極端に大きな差異はないといえるが，ここでは多くの項目が，のちの NDC と異なる展開を見せている。

第 1 版

第 1 版も原案同様，「主綱表」「要目表」の次は現在の NDC でいう細目表（いわゆる本表）に相当する「總表（GENERAL TABLES）」である。

簡素ながらも注記や参照が時折みられ，また当時は第 4 段（4 桁）以降の項目のほとんどに対し英語の項目名が付されている。

また興味深い個所として，280　傳記（BIOGRAPHY）と 280　叢傳（COLLECTIVE BIOGRAPHY）が分類番号ごと併記されているところがある。なぜ「280　傳記．叢傳」としなかったのかは不明であるが，281／287 が叢伝（地理的区分）であり，289 が各伝であったためであろう。

表 6-14（p.216～225）は原案（表 6-13）と同様に，総表から 3 桁部分を抜粋して作成した（注記・参照などは割愛した。また助記表は適用せず，細目表のままとした）。表 6-13 と比較すると，主綱表，要目表ではわからなかった下位の変更がよくわかる。およそ半分弱が原案から変更（移動・統合・分割）されており，また位置が変わらなかったものでも，用字・用語が修正されているものが少なくない。

こうして原案と第 1 版の主題の差異を見ると，原案はあくまでプロトタイプであったことがよくわかる。しかし，多くは今日にもほぼそのまま継承されているが，主題の中にはこの後の改訂で大きく位置を変えるものが数多く含まれている。

206　第6章　日本十進分類法の分類表の変遷

表6-13　『和洋圖書共用十進分類表案』の第3次区分[14]

000	總　記	050	一般逐次刊行書
010	書目. 圖	060	一般學會. 會報
011	書誌學		
012	書　目		
013	圖目錄. 藏書目錄		
014	圖建築		
015	圖行政		
016	圖管理		
017	專門圖		
018	普通圖		
019	圖書閲覽. 讀書法		
020	稀覯書	070	新聞. 新聞紙學
021	古文書. 史料		
022	經　卷		
023	繪卷物		
024	古寫本		
025	稿　本		
026	古版本		
027	禁書. 絶版書		
028	藏書記		
029	其　他		
030	事　彙	080	叢書. 全集
031	類書（日本人編纂）		
032	〃〃（支那人〃）		
032	百科辭書		
034	節用書		
035	故事. 起源		
036	名　數		
037	索　引		
038	抄　錄		
039	年　鑑		
040	一般論文集	090	雜書. 隨筆
041	日　本		
042	支　那		
043	英　米		
044	ドイツ		
045	フランス		
046	スペイン		
047	イタリー		
048	ロシヤ		
049	其　他		

14　NDC原案, p.128-160 をもとに作成

3. 第3次区分および細目表　　*207*

100	宗教及哲學〔精神科學〕	150	倫　理　學
		151	國家及社會道德
		152	家族及性道德
		153	職業道德
		154	修身. 教訓
		155	敕語. 詔書
		156	報　德　教
		157	心學. 道話
		158	禮式. 作法
		159	其　　他
110	哲　　學	160	宗教. 神學
111	形而上學	161	宗教哲學
112	認　識　論	162	比較宗教學
113	古代哲學	163	神　　學
114	中世哲學	164	宗教卜科學
115	近代哲學	165	社　　寺
116	哲學諸體系	166	葬祭. 儀典
117	論理學. 因明	167	神話. 宗教傳説
118	美　　學	168	比較神話學
119	思想問題	169	原始宗教
120	東洋哲學	170	神　　道
121	經　　學	171	神　道　論
122	四　　書	172	祭神. 神體. 神器
123	五　　經	173	伊勢神宮
124	孝　　經	174	明治神宮
125	儒　　學	175	神社. 神名. 社記
126	道　　教	176	神道諸教派
127	諸　　子	177	神　　職
128	漢學（支那學）	178	祭典. 葬儀. 忌穢
129	印度其他東洋哲學	179	祝詞. 祓. 祭文. 願文
130	西洋哲學	180	佛　　教
131	古代ギリシャ及ローマ哲學	181	佛教哲學
132	中世基督教哲學	182	釋迦. 佛弟子
133	近世英米哲學	183	經典. 論疏
134	〃　ド　イ　ツ　〃	184	語錄. 法話
135	〃　フランス　〃	185	寺院. 緣起
136	〃　スペイン　〃	186	佛教諸宗派
137	〃　イタリー　〃	187	布教. 説教
138	〃　ロ　シ　ヤ　〃	188	佛事. 戒規
139	〃　其他諸國　〃	189	佛　　像
140	心　理　學	190	基　督　教
141	實驗及生理的心理學	191	教義神學. 信條論
142	應用心理學	192	基督. 使徒
143	動物及比較心理學	193	聖　　書
144	群衆及民族性心理學	194	讚美歌. 祈祷書
145	變態心理學	195	基督教團體
146	心靈學. 妖怪學	196	基督教各派
147	幻術. 卜筮	197	布教. 傳道
148	觀相學. 骨相學	198	教會. 牧師. 儀典
149	記憶術. 失念術	199	雜　宗　教

200	歴史科學	250	北アメリカ
201	歴史哲學	251	カ ナ ダ
202	世界史. 史學史	252	アラスカ
203	辭書. 年表	253	合 衆 國
204	史論. 史話	254	メキシコ
205	逐次刊行書	255	中央アメリカ
206	學 會	256	グァテマラ
207	史學研究法	257	ボンヂュラス
208	叢 書	258	パ ナ マ
209	考 古 學	259	西インド諸島
210	日 本 史	260	南アメリカ
211	關 東	261	ブラジル
212	奥 羽	262	アルゼンチン
213	中 部	263	チ リ
214	近 畿	264	ボリヴィヤ
215	中國. 四國	265	ペ ル ー
216	九州. 琉球	266	コロンビヤ. エクワドル. ヴェネズエラ
217	北海道. 樺太	267	ギ ア ナ
218	臺 灣	268	パラグワイ
219	朝 鮮	269	ウルグワイ
220	アジア (東洋史)	270	大洋洲. 南洋. 極地
221	インド支那	271	マレー群島
222	支 那	272	フィリッピン諸島
223	シ ャ ム	273	オーストララシヤ (濠洲)
224	インド. ビルマ	274	メラネシヤ
225	アフガニスタン	275	ミクロネシヤ
226	ペルシャ	276	ポリネシヤ
227	アラビヤ	277	ハワイ諸島
228	シベリヤ. 中央アジア	278	北 極 地
229	東インド諸島其他	279	南 極 地
230	ヨーロッパ (西洋史)	280	傳 記
231	ロ ー マ	281	日本人傳
232	ギリシャ	282	アジア諸國人各傳
233	イギリス	283	ヨーロッパ 〃 〃
234	ド イ ツ	284	アフリカ 〃 〃
235	フランス	285	北アメリカ 〃 〃
236	スペイン	286	南 〃 〃 〃
237	イタリー	287	太洋洲. 南洋 〃
238	ロ シ ヤ	288	系圖學. 紋章學
239	其他諸國	289	皇 室
240	アフリカ	290	地誌. 紀行
241	エジプト	291	日本地誌
242	アビシニヤ	292	ア ジ ア 〃
243	モロッコ	293	ヨーロッパ 〃
244	アルゼリヤ	294	アフリカ 〃
245	東アフリカ	295	北アメリカ 〃
246	中央アフリカ	296	南アメリカ 〃
247	南アフリカ	297	太洋洲南洋 〃
248	西アフリカ	298	歴史地圖. 史跡
249	マダガスカル其他諸島	299	探險史, 發見史

3. 第3次区分および細目表　　*209*

300	社會科學	350	統 計 學
		351	原理．用具及方法
		352	中央官廳統計
		353	地方官廳統計
		354	都市　〃
		355	殖民地〃
		356	民間　〃
		357	國勢調査
		358	國勢調査法
		359	外國統計
310	政 治 學	360	社會學．社會問題
311	國家學．國體	361	社會政策．社會改良
312	國 法 學	362	社會組織．階級
313	拓殖．移住	363	社會主義
314	外　　交	364	人口及人種問題
315	政　　黨	365	生活問題
316	議會．選擧．立法	366	勞働及職業問題
317	行 政 學	367	家族及兩性問題
318	内務行政	368	社會病率．社會事業
319	地方行政	369	社會團體（祕密結社，等）
320	法 律 學	370	教 育 學
321	憲　　法	371	行政．管理
322	刑　　法	372	實地教育
323	民　　法	373	普通教育
324	商　　法	374	高等教育
325	訴 訟 法	375	專門教育
326	裁判所構成法	376	師範教育
327	國 際 法	377	女子教育
328	古代法制	378	特殊教育
329	外國法制	379	成人教育
330	經 濟 學	380	民俗學．風俗
331	經濟政策	381	服飾．流行
332	生産．土地	382	社交．禮式．作法
333	勞働．資本．企業	383	社會風習
334	連合．合同．組合	384	年中行事
335	分配．地代，賃金，利子，利潤	385	家庭風習
336	交換．貨幣．金融．信用	386	冠婚葬祭
337	價値．價格	387	遊女．藝妓
338	消費．富．奢侈	388	傳　　説
339	保險．貯蓄	389	民謠，諺
340	財 政 學	390	軍 事 學
341	國家財務行政	391	陸　　軍
342	會 計 法	392	海　　軍
343	官有財産	393	軍備．兵制
344	租　　税	394	赤十字．醫事衛生
345	關　　税	395	軍事刑法
346	國債．公債	396	兵　　器
347	戰費．償金	397	古代兵器
348	官營．專賣	398	古代兵法．武藝
349	地方財政	399	戰史．戰記

（原案）

400	自然科學	450	地 質 學
		451	地 文 學
		452	地震學. 火山學. 温泉（地殻變動論）
		453	氣 象 學
		454	地層學（系統地質學）
		455	組織地質學（地殻構造論）
406	博 物 館	456	鑛 物 學
		457	結 晶 學
		458	岩 石 學
409	蘭學. 洋學	459	古生物學（化石學）
410	數 學	460	生物學. 人種學
411	算 術	461	生命論. 原生論
412	代 數 學	462	進 化 論
413	幾 何 學	463	遺 傳 論
414	三 角 法	464	優 生 學
415	近世（綜合）幾何學	465	細 菌 學
416	解析幾何學	466	顯微鏡學
417	微分積分學	467	標本採集及保存
418	確 率 論	468	人類學. 人種學
419	珠算. 和漢算法	469	先史時代考古學
420	物 理 學	470	植 物 學
421	力學（重學）	471	植物解剖學
422	液體. 水理學	472	植物形態學
423	氣體. 氣學	473	植物生理學
424	音 響 學	474	植物生態學
425	光 學		
426	熱 學	476	顯花植物
427	電 氣 學	477	隱花植物
428	磁 氣 學	478	有用植物
429	分 子 論	479	木 草 學
430	化 學	480	動 物 學
431	理論化學（物理化學）	481	動物解剖學
432	電氣化學	482	動物形態學
433	實驗科學	483	動物生理學
434	應用化學	484	動物生態學
435	分析化學	485	動物發生學
436	無機化學	486	無脊椎動物
437	鑛物化學	487	脊椎動物
438	有機化學	488	有用動物
439	生物化學	489	寄生動物學
440	天 文 學	490	醫 學
441	理論天文學	491	解 剖 學
442	天體力學	492	生 理 學
443	球面天文學	493	病 理 學
444	觀測天文學. 天體觀測	494	藥 學
445	天體物理學（敍述天文學）	495	治療法. 保健法
446	測地學（應用天文學）	496	内 科 學
447	航海天文學	497	外 科 學
448	古代天文學. 占星術	498	産科. 婦人科. 小兒科學
449	曆學. 曆書	499	衛生學（及應用醫學）

500	工藝學. 有用技術	550	鑛山學及鑛業
501	理　　論	551	鑛山政策
		552	鑛山衞生. 鑛山通風法
		553	鑛毒問題
		554	採鑛學. 鑛山作業
		555	鑛床學. 鑛山測量
		556	試金術. 鑛物測定
		557	冶　金　學
		558	鑛物採掘. 製鍊
509	發明特許. 實用新案		
510	土木工學	560	造船學及海事
511	土木設計, 材料	561	造船材料
512	鐵道工學	562	造船構造
513	道路工學（隧道）	563	舶用機關工學
514	橋梁工學	564	船　渠
515	水力工學（水理, 治水, 河川, 砂防）	565	航　海　術
516	運河工學（運河開墾）	566	運　用　術
517	港灣工學	567	海上信號. 航路標識. 燈臺
518	都市工學	568	潛　水　術
519	衞生工學	569	海　　員
520	建　築　學	570	應用化學及工業
521	建築材料及構造	571	藥品：化學品
522	設計. 仕樣. 見積. 法規	572	燃料：爆發物
523	古代建築	573	飲料：釀造, 醱酵
524	中世建築	574	食料：砂糖, 罐詰
525	近代建築	575	油類：脂肪, 石油
526	住　　宅	576	窯業：硝子, 陶磁器
527	公共建築	577	染料：漂泊, 顏料
528	商店建築	578	化粧品：石鹼, 香料
529	建築裝飾. 室內設備	579	其他有機工業
530	機械工學	580	工　　業
531	材料. 設計. 機械運動學	581	工業政策
532	熱機關. 熱動力	582	金屬工業
533	蒸汽機關. 機關車	583	鐵　工　業
534	內燃機關. 發動機, 自動車	584	木材工業
535	氣壓機械	585	皮革工業
536	水力機械. モートル	586	製紙工業
537	航空機, 航空術	587	織物工業
538	起重機, 昇降機, 運搬機等	588	手　工　業
539	機械工場, 器具, 製造	589	其他製造工業
540	電氣工學及工業	590	家　政　學
541	電氣測定. 計算	591	家事經濟
542	電流. 電池	592	日用理化學
543	發電. 變電	593	裁縫. 手藝
544	送電. 電線. 配電	594	衣類整理及洗濯
545	水力電氣	595	化粧. 理髮. 美顏術
546	電燈. 電熱	596	食物料理
547	電信. 電話. 無線	597	住宅. 家具. 裝飾
548	電氣鐵道	598	家庭醫事及看護法
549	電氣應用器具	599	出産. 育兒

（原案）

212   第6章　日本十進分類法の分類表の変遷

600	産　業	650	蠶　業
		651	蠶業政策
		652	蠶業理化學
		653	蠶室．蠶具
		654	養　蠶
		655	栽　桑
		656	蠶　種
		657	繭
		659	製絲．生絲
610	農　業	660	水 産 業
611	農 政 學	661	水産政策
612	農業理化學	662	水産理化學
613	農業土木學．農具	663	漁船．漁具
614	耕種栽培	664	漁業．漁撈
615	作物學．生理，病害	665	海　藻
616	育種學．種苗	666	水産養殖論
617	農産製造學	667	水産製造學
618	農産物利用法	668	水産食用論
619	茶　業	669	鹽　業
620	園 藝 學	670	商　業
621	園藝栽培	671	商業政策
622	盆　栽	672	商 業 學
623	蔬　菜	673	商業經營
624	花卉．觀葉植物	674	商業實踐
625	果樹．果物學	675	銀行．會社
		676	取引所．市場
		677	倉 庫 業
		678	外國貿易
		679	會計．簿記
630	林　業	680	交　通
631	林 政 學	681	交通政策
632	森林理化學	682	河海運輸
633	森林土木學	683	陸上運輸
634	森林保護，經理學	684	鐵　道
635	測 樹 學	685	航　空
636	造林學．樹苗		
637	林産製造學		
638	森林利用學		
639	造 園 學		
640	畜 産 業	690	通　信
641	畜産政策	691	通信政策
642	畜産榮養學	692	郵　便
643	畜産飼料學	693	郵便貯金
644	養　畜	694	電　信
645	養　禽	695	ケーブル
646	養　蜂	696	電　話
647	畜産製造學	697	ラ ヂ オ
648	畜産物利用法	698	信　號
649	獸 醫 學	699	傳 書 鳩

3. 第3次区分および細目表　*213*

700　美　　術	750　寫　眞　術
701　美學，美術解剖學	751　材料及手法
702　美　術　史	752　乾　　板
	753　　フィルム
	754　　寫眞化學
	755　　撮　影　術
706　美　術　館	756　　現　像　術
	757　寫眞應用
	758　　活動寫眞
	759　　幻　　燈
710　彫刻．塑像	760　音樂．歌舞
711　材料及手法	761　日本音樂
712　塑　　像	762　支那音樂
713　木　　彫	763　西洋音樂
714　石　　彫	764　音　　律
715　金　　彫	765　樂器及樂譜
716　彫　刻　物	766　聲　　樂
717　篆刻，印章，花押，印譜	767　舞　　樂
718　錢貨學，貨幣，メダル	768　歌　　劇
719　青　銅　品	769　蓄　音　器
720　工藝美術	770　演藝．映畫
721　陶　磁　器	771　演劇．素人劇
722　漆器．蒔繪	772　俳優，俄師
723　編物細工	773　劇場，舞臺管理
724　金屬細工	774　操．淨瑠璃
725　粘土及石細工	775　樂劇．歌劇
726　硝子及皮細工	776　西洋演劇
727　木及竹細工	777　野外劇，童話劇
728　裝　　飾	778　映　畫　劇
729　美術的家具	779　舞踏．ダンス
730　書畫．骨董	780　運動．競技
731　日　本　畫	781　體操．遊戲．練習
732　支　那　畫	782　水上競技
733　西　洋　畫	783　陸上競技
734　漫　　畫	784　球　　戲
735　用器畫法，透視畫法	785　スキー．スケート
736　圖　　案	786　旅行．登山
737　書	787　相撲．拳鬪
738　文　房　具	788　馬術．競馬
739　骨　　董	789　釣魚．狩獵
740　印刷．製版	790　遊藝．娛樂
741　印　刷　術	791　茶　　道
742　活字組版	792　香　　道
743　製　版　術	793　生　　花
	794　盆　　石
745　版　　畫	795　熟練遊技
746　紙幣．札子	796　圍　　碁
747　タイプライター	797　將　　棋
748　製　本　術	798　僥倖遊技
749　出版，版權	799　福引．手品

(原案)

214   第6章　日本十進分類法の分類表の変遷

800　文　　學	850　フランス文學
801　修 辭 學	
807　研　　究	
808　叢書. 合集（各國文學ニ亘ル）	
809　雜　　集	859　ベルギー文學
810　日本文學	860　スペイン文學
811　詩　　歌	
812　戲　　曲	
813　小説. 物語	
814　國　　文	
815　演　　説	
816　書　　翰	
817　滑稽. 諷刺	
818　雜 文 學	
819　アイヌ. 臺灣, 朝鮮文學	869　ポルトガル文學
820　支那文學	870　イタリー文學
821　詩	
822　戲　　曲	
823　小　　説	
824　漢　　文	
825　演　　説	
826　尺　　牘	
827　滑稽. 諷刺	
828　雜 文 學	
829　其他アジア文學	879　其他ロマンス文學
830　英米文學	880　ロシヤ文學
831　詩	
832　戲　　曲	
833　小　　説	
834　散文, 論文	
835　演　　説	
836　書　　翰	
837　滑稽, 諷刺	
838　雜 文 學	
839　アングロサクソン文學, カナダ文學	889　其他スラブ文學
840　ドイツ文學	890　其他諸國文學
	891　ギリシャ文學
	892　ラテン文學
	893　其他ヨーロッパ文學
	894　アフリカ文學
	895　北アメリカ文學
	896　南アメリカ文學
	897　マレー其他南洋文學
849　其他チュートン文學	

3. 第3次区分および細目表　　*215*

900	語　　學	950	French
901	理論. 比較言語學		
909	エスペラント及國際語問題	959	Provencal
910	日　本　語	960	Spanish
911	文字學　語韻. 假名遣		
912	語源學. 語釋		
913	辭　　書		
914	類　　語		
915	文法學　語格, てにをは		
916	ローマ字. 國字問題		
917	教　科　書		
918	方言. 俗語		
919	琉球, アイヌ, 新領土語	969	Portuguese
920	支　那　語	970	Italian
921	文字. 音韻		
922	語　　源		
923	辭　　書		
924	類　　語		
925	文　　典		
926	解釋. 會話		
927	教　科　書		
928	方言. 俗語		
929	Other Asiatic languages	979	Other Romantic languages
930	英　　語	980	Russian
931	文　字　學		
932	語　源　學		
933	辭　　書		
934	類　　語		
935	文　法　學		
936	英文和譯, 和文英譯		
937	教　科　書		
938	方言. 俗語		
939	Old Englsh or Anglo-Saxon	989	Other Slavic or Slavonic languages
940	German	990	Other languages
		991	Latin
		992	Greek Hellenic languages
		993	Other European languages
		994	African
		995	North American
		996	South American
		997	Malay-Polynessian
949	Other Teutonic languages		

（原案）

216　第6章　日本十進分類法の分類表の変遷

表6-14　NDC第1版の第3次区分[15]

000	總　記	050	一般逐次刊行書．雜誌
		059	年　鑑
010	圖書及圖書館	060	一般學會紀要及報告
011	圖書學．書誌學		
012	圖書館建築		
013	圖書館經營及組織		
014	圖書館管理〔圖書ノ取扱法〕		
015	專門圖書館		
016	普通圖書館		
017	圖書館目録		
018	讀書及指導		
019	圖書解題及目録		
020	稀覯書．古書	070	一般新聞．新聞紙學
021	古文書，史料		
022	經　卷		
023	繪畫本		
024	稿　本		
025	古寫本		
026	古版本		
027	禁書，絶版書		
028	蔵書記		
029	其　他		
030	百科事彙．類書	080	叢書．全集
031	日本語		
032	支那語		
032	イギリス語		
034	ドイツ語		
035	フランス語		
036	スペイン語．ポルトガル語		
037	イタリー語		
038	ロシヤ語		
039	索　引		
040	一般論文集．講演集	090	隨筆．雜書．

15　NDC第1版，p.30-131をもとに作成

3. 第3次区分および細目表　*217*

100	哲學及宗教總記	150	倫理學
101	理　論	151	國家及社會道德
102	史　傳	152	家族及性道德
103	事彙，辭書	153	職業道德
104	論説，講演	154	修身．教訓
105	逐次刊行書	155	敕語．詔書
106	學　會	156	心學．道話
107	研究及教授	157	報德教
108	叢　書	158	禮式作法
109	隨　筆	159	其他道德問題
110	哲　學	160	宗教．神學
111	古代哲學	161	宗教哲學
112	中世哲學	162	比較宗教學
113	近世哲學	163	自然神學
114	形而上學	164	宗教ト科學
115	實體論	165	社　寺
116	宇宙論	166	儀典，葬祭，禮拜，祈祷
117	心靈論其他	167	神話學．宗教傳説．迷信
118	認識論	168	原始宗教
119	論理學	169	世界各宗教
120	東洋哲學	170	神　道
121	儒　家	171	神道哲學
122	經學，經書	172	祭神．神體
123	四　書	173	祝　詞
124	儒　學	174	伊勢神宮
125	道家．道教	175	神社．神名．社記．靈驗記
126	墨　家	176	祭典，葬儀，忌穢，願文，祭文
127	名　家	177	布教．説教
128	法家其他雜家	178	神道諸教派
129	印度哲學	179	三種神器
130	西洋哲學	180	佛　教
131	古代哲學	181	佛教哲學
132	初期キリスト教學派及中世哲學者	182	釋迦．佛弟子
133	近世イギリス及アメリカ哲學者及其ノ學説	183	經．律．論
134	近世ドイツ哲學者及其ノ學説	184	語録，法語
135	近世フランス哲學者及其ノ學説	185	寺院，緣起
136	近世スペイン及ポルトガル哲學者及其ノ學説	186	佛事，葬儀，服具，願文，讀經
137	近世イタリー哲學者及其ノ學説	187	布教．説教
138	近世ロシヤ哲學者及其ノ學説	188	佛教諸教派
139	其他哲學者及其ノ學説	189	佛　像
140	心理學	190	キリスト教
141	實驗心理學	191	教義神學．信條論
142	生理學的心理學〔心身論〕	192	キリスト．使徒
143	比較心理學	193	聖　書
144	集團心理學	194	實踐神學
145	異常〔變態〕心理學	195	教會〔神學〕
146	心靈學．妖怪學	196	儀式〔神學〕
147	幻術，占術	197	牧會學
148	觀相學．骨相學	198	キリスト教各派
149	記憶術，失念術	199	キリスト教團體

200	歷史科學	250	北アメリカ洲	
201	歴史哲學．文化史	251	カナダ〔英〕	
202	史學史	252	ニューファウンドランド（ラブラドル）	
203	事彙，辭書，年表	253	アメリカ合衆國	
204	論説，講演集，史論，史話	254	アラスカ	
205	逐次刊行書，史學雜誌	255	メキシコ	
206	學會紀要及報告	256	中央アメリカ	
207	研究法及教授法．史學研究法	257	英領ホンデュラス．グァテマラ．	
208	叢　書		サルヴァドル．ホンデュラス	
209	世界史	258	ニカラグワ．コスタリカ．パナマ	
210	日　本	259	西インド諸島	
211	關東地方	260	南アメリカ洲	
212	奧羽地方	261	コロンビヤ．ヴェネズエラ．ギヤナ	
213	中部地方	262	ブラジル	
214	近畿地方	263	パラグァイ	
215	中國，四國地方	264	ウルグァイ	
216	九州地方	265	アルゼンティン	
217	北海道地方	266	チ　リ	
218	臺　灣	267	ボリヴィヤ	
219	朝　鮮	268	ペルー	
220	アジヤ洲	269	エクワドル	
221	滿　州	270	太洋洲，極地	
222	支　那	271	オーストララシヤ	
223	印度支那，マレイ半島	272	オーストラリヤ	
224	マレイ群島	273	メラネシヤ	
225	インド	274	ミクロネシヤ	
226	アフガニスタン．ベルチスタン．ペ	275	ポリネシヤ	
	ルシャ	276	ハワイ諸島	
227	アジヤ―トルコ．メソポタミア．ア	277	極　地	
	ルメニヤ．シリヤ	278	北　極	
228	アラビヤ．オマン	279	南　極	
229	アジヤ―ロシヤ．シベリヤ．中央ア	280	叢　傳	
	ジア．コーカサス	281	日本人叢傳	
230	ヨーロッパ洲	282	アジヤ諸國人叢傳	
231	ギリシャ史（古代）	283	ヨーロッパ諸國人叢傳	
232	ローマ史（古代）	284	アフリカ諸國人叢傳	
233	イギリス	285	北アメリカ諸國人叢傳	
234	ドイツ　附中歐諸國	286	南アメリカ諸國人叢傳	
235	フランス	287	太洋洲諸國人叢傳	
236	スペイン	288	系譜．家傳	
237	イタリー	289	各　傳	
238	ロシヤ　附北歐諸國	290	地誌．紀行〔人文地理〕	
239	其他諸國	291	日本地誌	
240	アフリカ洲	292	アジヤ地誌	
241	北アフリカ	293	ヨーロッパ地誌	
242	エジプト　エジプト―スンダ	294	アフリカ地誌	
243	バルバリ諸國：トリポリ	295	北アメリカ地誌	
244	アルジェリヤ．モロッコ．テュ	296	南アメリカ地誌	
	ニス	297	太洋洲．極地	
245	東アフリカ	298	考古學	
246	アビシニヤ	299	歴史地圖．歴史地理	
247	マダガスカル　其他東沿岸諸島			
248	南アフリカ			
249	西アフリカ			

3. 第3次区分および細目表　219

300	社會科學総記	350	統計學
301	理　論	351	原論，方法
302	歴　史	352	各省統計
303	事彙，辭書	353	地方統計
304	論説，講演	354	都市統計
305	逐次刊行書	355	新領土統計
306	學　會	356	民間統計
307	研究 及 教授	357	國勢調査
308	叢　書	358	世界統計
309	隨　筆	359	外國統計
310	政治學	360	社會學
311	國家學．國體，政体	361	社會政策，社會改良
312	國法學	362	社會組織
313	立　法	363	社會主義
314	選挙法，選挙権	364	人口 及 人種問題
315	政　黨	365	生活問題
316	外交，外交問題	366	勞働 及 職業問題
317	行政學	367	家族 及 兩性問題
318	地方行政	368	社會病學，社會事業
319	拓殖，移住　附殖民地行政	369	社會團體
320	法律學	370	教育學
321	憲　法	371	實地教育
322	刑　法	372	普通教育
323	民　法	373	高等教育
324	商　法	374	師範教育
325	訴訟法	375	專門教育
326	裁判所構成法	376	女子教育
327	國際法	377	特殊教育
328	古代法制	378	成人教育〔社會教育〕
329	外國法制，法律	379	學生 及 學校，試驗
330	經濟學	380	民俗學．風俗
331	經濟政策	381	服飾，流行
332	價値論	382	社交，儀式作法
333	人口論	383	社會風習
334	生産論	384	年中行事
335	企業論，産業組織	385	家庭風習
336	交易論	386	冠婚葬祭
337	分配論	387	遊女．藝妓
338	消費論	388	傳説，口碑，昔噺
339	保險論	389	民謠，諺
340	財政學	390	軍事學
341	國家財務行政	391	軍備，兵制
342	會計法	392	戰略，戰術
343	官有土地財産	393	軍事司法
344	租　税	394	軍事衛生
345	關税，関税率	395	兵　器
346	國債，公債	396	陸　軍
347	戰費，償金	397	海　軍
348	官營，專賣	398	戰史，戰記
349	地方財政	399	古代兵事（兵器，兵法 及 武芸）

（1版）

220 第6章 日本十進分類法の分類表の変遷

400	自然科學總記	450	地質學
401	理 論	451	動力地質學
402	科學史	452	地文學
403	事彙，辭書	453	氣象學
404	論説，講話	454	構造地質學
405	逐次刊行書，科學雜誌	455	系統地質學〔地層學，地史學〕
406	學會紀要 及 報告	456	岩石學
407	研究 及 教授 博物館	457	結晶學
408	叢 書	458	鑛物學〔金石學〕
409	蘭學．洋學	459	古生物學〔化石學〕
410	數 學	460	生物學
411	算 術	461	系統 及 比較生物學
412	代數學	462	生命，生活現象，生物本質
413	公算學	463	進化論
414	解析學	464	實驗遺傳學，優生學〔人種改良學〕
415	幾何學	465	細菌學
416	三角法	466	顯微鏡用法
417	畫法幾何學	467	博物採集 及 標本製作法
418	解析幾何學	468	人類學，人種學，土俗學
419	和漢算法，珠算	469	先史考古學
420	物理學	470	植物學
421	力學．重學．機械學	471	植物解剖學
422	水力學．流體力學	472	植物發生學
423	氣 學	473	植物形態學
424	音響學	474	植物生理學　植物化學
425	光 學	475	植物病理學
426	熱 學	476	植物生態學
427	電氣學	477	隱花植物
428	磁氣學	478	顯花植物
429	分子論	479	應用植物學
430	化 學	480	動物學
431	理論化學．物理化學	481	動物解剖學．組織學
432	實驗科學	482	動物發生學
433	分析化學	483	動物形態學
434	定性分析	484	動物生理學　動物化學
435	定量分析	485	動物病理學
436	合成化學	486	動物生態學
437	無機化學	487	無脊椎動物
438	有機化學	488	脊椎動物
439	應用化學（全般）	489	應用動物學
440	天文學	490	醫 學
441	理論天文學	491	解剖學〔系統解剖學〕
442	天體力學	492	生理學
443	實測天文學	493	病理學
444	球面天文學	494	藥 學
445	曆學．曆書	495	治療學
446	天體物理學．敍述天文學	496	内科學
447	測地學．應用天文學	497	外科學
448	航海天文學	498	産婦人科學．小兒科學
449	古代天文學，占星術	499	衛生學

500	工藝學. 工學 及 工業總記	550	鑛山學 及 鑛業
501		551	鑛山政策
502	工業史, 工學史, 各國工業事情	552	應用地質學, 鑛床, 採鑛, 鑛山測量,
503	事彙, 辭書		鑛山調査
504	論説, 講演	553	採鑛學
505	逐次刊行書	554	選鑛, 試金術
506	學會紀要 及 報告	555	冶金術
507	研究 及 教授	556	金屬鑛業
508	叢書	557	石炭鑛業
509	特許, 發明, 意匠, 商標, 工業所有	558	石油鑛業, 非金屬鑛業
	權	559	建築石材 及 寶石
510	土木工學	560	航海術 及 海事
511	石工術, 土工, 施工, 基礎工事	561	造船學
512	鐵道工學	562	舶用機關工學
513	道路工學. 舖道	563	運用術
514	橋梁工學	564	航海曆, 航海表
515	隧道工學	565	水路測量法. 潮流
516	水理〔治水〕工學	566	海上信號
517	港灣工學	567	水先案内, 水路法
518	運河工學	568	燈 臺
519	衛生工學 及 都市工學	569	潛水術
520	建築學	570	應用化學 及 化學工業
521	日本建築	571	化學品, 工業藥品
522	東洋建築	572	電氣化學工業
523	西洋建築	573	發火工業(爆發物, マッチ等)燃料工業
524	建築材料 及 構造	574	飲食物工業
525	建築設計, 仕樣, 見積	575	油脂工業, 照明工業
526	建築圖. 雛形	576	硅酸工業〔窯業〕
527	鉛管工事	577	染色, 漂白
528	煖房, 換氣, 照明	578	化粧品
529	建築裝飾, 家具	579	其他化學工業
530	機械工學	580	機械工業, 製造工業
531	機械運動學, 設計	581	金屬工業
532	蒸汽工學	582	鐵, 鋼工業
533	内燃機關	583	木材工業
534	水力機械	584	皮革工業
535	氣壓機械	585	製紙工業
536	機械工塲 及 器具	586	纖維工業
537	昇降機 及 運搬機	587	ゴム工業
538	航空工學	588	手工業
539	自動車工學	589	其他雜工業
540	電氣工學 及 電氣工業	590	家政學
541	電氣測定	591	家事經濟
542	發電, 水力發電	592	日用理化學
543	電動機	593	裁 縫
544	送電, 配電, 電池, 電線	594	衣類整理 及 洗濯
545	電燈, 電熱	595	化粧, 理髮, 美顏術
546	電 信	596	食物, 料理法
547	電 話	597	住宅, 家具, 裝飾
548	電氣鐵道	598	家庭醫學, 看護法
549	其他電氣應用器具	599	出産, 育兒

(1版)

222　第6章　日本十進分類法の分類表の変遷

600	産業總記	650	蠶　業
601		651	蠶業政策，經濟
602	産業史，各國産業事情，産業地理	652	蠶業理化學
603	事彙，辭書	653	蠶　種
604	論説，講演	654	養　蠶
605	逐次刊行書	655	蠶室，蠶具
606	博覽會，共進會	656	病害，保護（蠶病）
607	研究 及 教授	657	栽　桑
608	叢書，全書	658	繭
609	度量衡	659	製絲，蠶絲，生絲，眞綿
610	農　業	660	水産業
611	農政學，農業經濟學	661	水産政策，經濟
612	農業理化學	662	水産理化學
613	育種學，種苗	663	水産養殖〔養魚法〕
614	耕種學，耕種栽培	664	漁業，漁撈
615	農業土木學，機械學	665	漁船，漁具
616	作物病害 及 益鳥蟲	666	海　藻
617	農産製造學	667	水産製造學
618	農産物利用法	668	水産物利用法
619	茶　業	669	鹽　業
620	園　藝	670	商　業
621	園藝經濟	671	商政學，商業經濟學
622	蔬菜栽培	672	商品學
623	花卉栽培	673	商業經營 及 實踐
624	果樹栽培	674	廣　告
625	溫室，室	675	取引所，市場，相場，投機
626	園藝作物病害	676	銀行業
627	園藝加工品	677	倉庫業
628	園藝利用學	678	外國貿易
629	造園學	679	會計學，簿記學
630	林　業	680	交　通
631	林政學，森林經濟學	681	交通政策
632	森林理化學	682	水上運輸
633	測樹學	683	河　川
634	造林學	684	運　河
635	森林土木學	685	海　運
636	森林保護學	686	陸上運輸
637	林産製造學	687	道路（里程，人力車，荷車，馬車，自動車ナド）
638	森林利用學		
639	風致林	688	鐵　道
640	畜産業	689	航空運輸
641	畜産政策，經濟	690	通　信
642	畜産飼料學	691	通信政策
643	養畜〔家畜飼養〕	692	郵　便
644	養禽〔家禽使用〕	693	電　信
645	養蜂，養蟲	694	ケーブル〔海底電信〕
646	酪　農	695	電　話
647	畜産製造學	696	ラヂオ，放送〔無線電信，電話〕
648	畜産物利用法	697	電送寫眞
649	獸醫學	698	信　號
		699	傳書鳩

700	美術總記	750	工藝美術
701	美學. 美術解剖學	751	窯工（陶磁器, 七寶）
702	美術史	752	漆工（漆器, 蒔繪）
703	事彙, 辭書, 圖譜, 圖錄	753	編物細工, 染色
704	論説, 講演, 美術批評	754	木工（指物, 木象嵌）
705	逐次刊行書, 美術雜誌	755	玉, 石, 牙, 角, 介, 甲, ガラス, 皮
706	學會, 美術館, 展觀		革細工
707	研究 及 教授	756	金 工
708	叢 書	757	裝飾美術
709	隨 筆	758	美術家具
710	彫 刻	759	骨董品
711	材料 及 手法	760	音 樂
712	塑 像	761	邦樂（日本音樂 及 樂器）
713	木 彫	762	支那樂
714	石 彫	763	洋樂（西洋樂器 及 樂譜）
715	金 彫	764	歌 劇
716	象牙彫, 角彫	765	聲 樂
717	篆刻, 印章, 花押, 印譜	766	國歌, 民謠
718	錢貨學, 貨幣, メダル	767	學校唱歌
719	鑄型 及 鑄物	768	舞 樂
720	繪 畫	769	蓄音器, レコード
721	日本畫	770	演藝. 演劇
722	支那畫	771	日本演劇
723	西洋畫 及 新時代畫	772	支那演劇
724	繪畫ノ主題（洋畫派）	773	西洋演劇
725	漫畫	774	俄狂言, 茶番狂言, 聲色
726	用器畫法, 透視畫法	775	操芝居, 淨瑠璃
727	圖 案	776	野外劇, 童話劇
728	書 道	777	歌 劇
729	文房具	778	活動寫眞, 映畫劇
730	版畫 印刷	779	曲藝其他演藝
731	木 版	780	運動. 競技
732	金屬版	781	體操, 遊戲, 練習
733	石 版	782	陸上運動競技
734	寫眞版	783	球 戲
735	活 版	784	氷雪上運動競技
736	印 刷	785	水上運動競技
737	タイプライティング	786	馬術. 競馬
738	製本術	787	狩獵, 放鷹, 射的, 釣魚
739	出版, 版權	788	登山, 遠足
740	寫眞術	789	相撲, 拳鬪, 其他鬪技
741	材料 及 手法	790	遊藝. 娛樂
742	寫眞光學	791	茶 道
743	寫眞化學	792	香 道
744	撮影術	793	生 花
745	陰畫法	794	盆栽, 盆石, 盆畫
746	陽畫法	795	熟練遊技
747	天然色寫眞	796	僥倖遊技
748	電送寫眞	797	投扇, 投壺, 揚弓
749	活動寫眞, 幻燈寫眞	798	福引, 手品
		799	舞踏, 舞踊

(1版)

800	語學總記	850	フランス語〔佛語〕
801	理　論		
802	言語學史，言語發達史，言語地理學		
803	事彙，辭書		
804	論説，講演		
805	逐次刊行書，一般語學雜誌		
806	學會紀要 及 報告		
807	研究 及 教授		
808	叢書		
809	比較言語學	859	プロヴァンス語
810	日本語	860	スペイン語〔イスパニヤ語〕
811	文字．發音		
812	語　源		
813	辭　書		
814	同義語		
815	文　典		
816	解　釋		
817	ローマ字 附 國字問題		
818	俗語．方言		
819	琉球，アイヌ，新領土語	869	ポルトガル語
820	支那語	870	イタリヤ語
821	文字，説文學，音韻，金石文		
822	語　源		
823	辭　書		
824	同義語		
825	文　典		
826	解　釋		
827	會　話		
828	俗語．方言		
829	其他アジヤ諸國語	879	其他ロマンス語
830	イギリス語〔英語〕	880	ロシヤ語〔露語〕
831	文字．發音		
832	語　源		
833	辭　書		
834	同義語		
835	文　法		
836	解釋，讀解　英文和譯		
837	會話　日英會話		
838	訛語，方言，俚語		
839	アングロサクソン語	889	其他スラブ語
840	ドイツ語〔獨語〕	890	其他諸國語
		891	ラテン語
		892	ギリシャ語
		893	其他ヨーロッパ諸國語
		894	アフリカ語
		895	北アメリカ土人語
		896	南アメリカ土人語
		897	太洋州土人語
		898	エスペラント
849	其他チュートン語〔西部ゲルマン語〕	899	其他國際語

3. 第3次区分および細目表　*225*

900	文學總記	950	フランス文學〔佛文學〕
901	理論. 修辭學		
902	文學史（一般）		
903	事彙, 辭書		
904	論説, 講演		
905	逐次刊行書, 文學雑誌		
906	學會紀要 及 報告		
907	研究 及 教授		
908	叢書. 合集（各國文學ニ亘ル）		
909	幼年文學	959	プロヴンス文學
910	日本文學	960	スペイン文學
911	日本詩歌		
912	日本戯曲		
913	日本小説. 物語		
914	國　文		
915	演　説		
916	書簡文. 消息文. 往來文		
917	滑稽. 諷刺		
918	雜文學		
919	琉球, アイヌ 及 新領土文學	969	ポルトガル文學
920	支那文學	970	イタリー文學
921	漢　詩		
922	支那戯曲		
923	支那小説		
924	漢　文		
925	演　説		
926	書翰. 尺牘		
927	滑稽. 諷刺		
928	雜文學		
929	其他アジア文學	979	其他ロマンス文學
930	イギリス 及 アメリカ文學〔英米文學〕	980	ロシヤ文學
931	詩		
932	戯　曲		
983	小　説		
934	論　文		
935	演　説		
936	書　翰		
937	滑稽, 諷刺		
938	雜文學		
939	アングロ　サクソン文學	989	其他スラブ文學
940	ドイツ文學〔獨文學〕	990	其他諸國文學
		991	ラテン文學
		992	ギリシャ文學
		993	其他ヨーロッパ文學
		994	アフリカ諸文學
		995	北アメリカ土人文學
		996	南アメリカ土人文學
		997	太洋州土人文學
		998	エスペラント文學
949	其他チュートン文學	999	其　他

（1版）

226 第6章 日本十進分類法の分類表の変遷

第2版

第2版より，第3次区分表として「要目表（SECTIONS）」が新たに設けられた。「要目表」の名称は第1版では第2次区分に対して用いられていたが，これ以降，第3次区分表の名称として現在まで踏襲される（表6-15，p.228～237）。

このレベルでは，いくつかの項目で標目の整理・移動・新設／廃止が行われていることを確認することができる（表6-14，p.216～225と比較するとかなりの差異が見られる）。

たとえば「110　哲学」は第1版では111／113が古代，中世，近世と時代区分であったのに対し，第2版では110を「形而上学」とし，「111　実体論」「112　方法論」「113　宇宙論」と，110の下位の配置を大きく変えている。また「350　統計学」の下で，第1版では主題（種類）別の統計になっていたものが，第2版では地域別になったことである（現在のNDCにも継承）。他にも，「470　植物学」「480　動物学」の下が共通性をもったまま再構成されていたり，「540　電気工学」や「760　音楽」の下などが大きく変更されている。

いっぽう本表は，「總分類細目表（GENERAL TABLES）」として設けられた。ただし「總表」という呼称は第2版でも散見される。

第3版

第3版の「要目表」には，第1版から第2版ほどではないが第2版との差異がある（表6-16，p.238～247）。いくつか顕著な点を挙げる（詳しくは表6-15と比較されたい）。

大がかりな変更としてはまず，010／020が挙げられる。第1版・第2版では「010　図書及図書館」「020　稀覯書．古書」という構成だったところが，第3版では「010　図書館学」「020　図書学．書誌学」とその構成を替えている。「図書館学」という名辞を採ったのも初めてであるが，「011　図書館行政」「012　図書館建築」「013　図書館組織」「014　図書管理法」という排列は，項目名の変更はあるにせよ，現在に通じるものである。020も同様で，第2版以前は古書の種類が列挙されていたものが，第2版では「021　著作及考

証」「022　材料及形態」「023　出版及販売」というように，図書学.書誌学の下位の概念として展開されるように改まった。

「210　日本史」の下位として，原案から第2版では「211　関東」「212　奥羽」「213　中部」と各地方があったのに対し，「211　東北」「212　関東」と順を入れ替え，本州の北から順に並ぶようになった。なお北海道は原案以来217（216九州の後）である。

「370　教育」は，371／374と376の構成が，第1・2版と構成を変えている（「375　専門教育」は継続）。

「390　軍事」は，若干の統廃合によって生じた分類項目に，「398　空軍」が新設されている。それまでは陸軍・海軍しかなかったところに，新たな必要性が生じたためである。

「730　版画.印刷」は，版画の要素は減り，印刷がその分拡大されている。

表6-16の転載にあたって，あきらかな誤植を2か所修正した。いずれも細目表では正しい表記となっている。

- 「224　マレイ群島〔東印度諸島〕」（要目表では「西印度諸島」）
- 「821　文字，音韻」（要目表では「文學」）

第3版の「總分類細目表」の体裁は，第2版のそれと大きく変わらない。ページ数は第2版に比べ5ページ増（「本書ノ歴史」より）ということであり，第1版から第2版への増加量に比べればささやかなものである。ただ，要目表でもふれたように，主題の配置については多くの箇所でこれが行われている。

228　第6章　日本十進分類法の分類表の変遷

表6-15　NDC第2版の要目表[16]

000	總　記	050	一般逐次刊行書. 雜誌
001		051	日　本　語
002		052	支　那　語
003	"特殊文庫又ワ	052	イギリス語
004		054	ドイツ語
005	郷土誌料ナド	055	フランス語
006		056	スペイン語. ポルトガル語
007	ニ充ル"	057	イタリー語
008		058	ロシヤ語
009		059	年　鑑
010	圖書 及 圖書館	060	一般學會紀要及報告
011	圖書學. 書誌學	061	日　　本
012	圖書館建築	062	支　　那
013	圖書館行政 及 組織	062	英　　米
014	圖書館經營	064	ド イ ツ
015	專門圖書館	065	フ ラ ン ス
016	普通圖書館	066	スペイン. ポルトガル
017	圖書館目録	067	イ タ リ ー
018	圖書 及 圖書館利用法. 讀書法	068	ロ シ ヤ
019	圖書解題 及 目録	069	博 物 館
020	稀覯書. 古書	070	一般新聞. 新聞紙學
021	古 文 書	071	日　本　語
022	經　　卷	072	支　那　語
023	繪 畫 本	072	イギリス語
024	稿　　本	074	ドイツ語
025	古 寫 本	075	フランス語
026	古 版 本	076	スペイン語. ポルトガル語
027	禁書. 絶版書	077	イタリー語
028	蔵 書 記	078	ロシヤ語
029	其　　他	079	其他諸國語
030	百科事彙. 類書	080	叢書. 全集
031	日 本 語	081	日　本　語
032	支 那 語	082	支　那　語
032	イギリス語	082	イギリス語
034	ドイツ語	084	ドイツ語
035	フランス語	085	フランス語
036	スペイン語. ポルトガル語	086	スペイン語. ポルトガル語
037	イタリー語	087	イタリー語
038	ロシヤ語	088	ロシヤ語
039	其他諸國語	089	其他諸國語
040	一般論文集. 講演集	090	隨筆. 雜書
041	日 本 語	091	日　本　語
042	支 那 語	092	支　那　語
042	イギリス語	092	イギリス語
044	ドイツ語	094	ドイツ語
045	フランス語	095	フランス語
046	スペイン語. ポルトガル語	096	スペイン語. ポルトガル語
047	イタリー語	097	イタリー語
048	ロシヤ語	098	ロシヤ語
049	其他諸國語	099	其他諸國語

16　NDC第2版, p.31-40 より

100	哲學總記	150	倫 理 學
101	効　　　用	151	國家 及 社會道德
102	哲　學　史	152	家族 及 性道德
103	事彙，辭書，書目	153	職業道德
104	論説，講演集	154	修身．教訓，實踐倫理
105	逐次刊行書；哲學雑誌	155	敕語，詔書
106	學會；議事錄，報告	156	心學．道話
107	研究 及 教授	157	報　德　教
108	叢　　　書	158	禮　　　式
109	思想 及 思想問題	159	其他道德問題
110	形而上學	160	宗教．神學
111	實　體　論	161	宗教哲學
112	方　法　論	162	比較宗教學
113	宇　宙　論	163	自然神學
114	空間．時間	164	宗教卜科學
115	数　　量	165	社　　寺
116	物質．運動．力	166	宗儀，禮拜，祈祷
117	心　靈　論	167	神話學．宗教傳説
118	認　識　論	168	原始的宗教
119	論　理　學	169	世界各宗教
120	東洋哲學	170	神　　道
121	日本哲学：日本思想	171	神道哲學
122	支那哲学；經書	172	祭神．神體
123	四　　書	173	祝　　詞
124	儒　　家	174	伊勢神宮
125	儒　　學	175	神社．神名．社記．靈驗記
126	道家．道教	176	祭典，葬儀，忌穢，願文
127	墨家．墨教	177	布教．説教
128	名家，法家 及 雑家	178	神道諸教派
129	印度哲學	179	三種神器
130	西洋哲學	180	佛　　教
131	古代哲學	181	佛教哲學
132	初期キリスト教學派 及 中世哲學	182	釋迦．佛弟子
133	近世哲學：英米	183	經．律．論
134	ド　イ　ツ	184	語錄，法語
135	フランス	185	寺院．縁起
136	スペイン 及 ポルトガル	186	佛會．儀規
137	イタリー	187	布教．説教
138	ロシヤ 及 スカンディナヴィヤ	188	佛教諸宗派
139	哲學諸體系	189	佛　　像
140	心　理　學	190	キリスト教
141	普通心理学	191	教義神學．信條論
142	實驗心理學	192	キリスト．使徒
143	發生心理學	193	聖　　書
144	集團心理學	194	實踐神學
145	異常〔變態〕心理學	195	教會〔神學〕
146	妖怪．心靈學	196	儀式〔神學〕
147	幻術，占術	197	牧　會　學
148	觀相學．骨相學	198	キリスト教各派
149	應用心理學	199	キリスト教團體

200	歷史科學總記	250	北アメリカ洲
201	歷史哲學. 文化史	251	カ ナ ダ
202	史 學 史	252	ニューファウンランド
203	事彙. 辭書. 年表. 書目	253	アメリカ合衆國
204	論説. 講演集	254	アラスカ
205	逐次刊行書；史學雜誌	255	メキシコ
206	學會；議事錄. 報告	256	中央アメリカ
207	研究 及 教授	257	ホンデュラス. グァテマラ. サルヴァ
208	叢　書		ドル
209	世 界 史	258	ニカラグァ. コスタリカ. パナマ
		259	西インド諸島
210	日　　本		
211	關東地方	260	南アメリカ洲
212	奧羽地方	261	コロンビヤ. ヴェネズエラ. ギヤナ
213	中部地方	262	ブラジル
214	近畿地方	263	パラグァイ
215	中國 及 四國地方	264	ウルグァイ
216	九州地方	265	アルゼンティン
217	北海道地方	266	チ　リ
218	臺　　灣	267	ボリヴィヤ
219	朝　　鮮	268	ペ ル ー
		269	エクアドル
220	アジヤ洲		
221	滿　　州	270	太洋洲. 極地
222	支　　那	271	オーストララシヤ
223	印度支那. マレイ半島	272	オーストラリヤ
224	マレイ群島	273	メラネシヤ
225	イ ン ド	274	ミクロネシヤ
226	アフガニスタン. ベルチスタン. ペ	275	ポリネシヤ
	ルシヤ	276	ハワイ諸島
227	小アジヤ	277	極　　地
228	アラビヤ	278	北　　極
229	アジヤ―ロシヤ	279	南　　極
230	ヨーロッパ洲	280	傳記. 叢傳
231	ギリシャ（古代）	281	日本人叢傳
232	ローマ（古代）	282	アジヤ諸國人叢傳
233	イギリス	283	ヨーロッパ諸國人叢傳
234	ドイツ 附 中歐諸國	284	アフリカ諸國人叢傳
235	フランス	285	北アメリカ諸國人叢傳
236	スペイン	286	南アメリカ諸國人叢傳
237	イタリー	287	太洋洲諸國人叢傳
238	ロシヤ 附 北歐諸國	288	系譜. 家傳
239	其他歐洲諸國	289	各　　傳
240	アフリカ洲	290	地誌 及 紀行
241	北アフリカ	291	日本地誌
242	エジプト	292	アジヤ地誌
243	バルバリ諸國；トリポリ	293	ヨーロッパ地誌
244	アルジェリヤ. モロツコ. テユ	294	アフリカ地誌
	ニス	295	北アメリカ地誌
245	東アフリカ	296	南アメリカ地誌
246	アビシニヤ	297	太洋洲. 極地
247	マダガスカル其他東沿岸諸島	298	探見史. 發見史
248	南アフリカ	299	歷史地理學
249	西アフリカ		

3. 第3次区分および細目表　231

300	社會科學總記	350	統 計 學
301	理　　論	351	日本統計表
302	社會科學史	352	アジヤ洲統計表
303	事彙, 辭書. 書目	353	ヨーロッパ洲統計表
304	論説, 講演集	354	アフリカ洲統計表
305	逐次刊行書	355	北アメリカ洲統計表
306	學　　會	356	南アメリカ洲統計表
307	研究 及 教授	357	太洋洲統計表
308	叢　　書	358	特種統計表
309		359	
310	政 治 學	360	社會學. 社會問題
311	國家學. (國體) 政體	361	社會政策. 社會改良
312	國 法 學	362	社會組織
313	立　　法	363	社會主義
314	選挙法, 選挙権	364	階級 及 人種問題
315	政　　黨	365	生活問題
316	外交, 外國關係	366	勞働 及 職業問題
317	行 政 學	367	婦人問題. 家族 及 兩性問題
318	地方行政	368	社會病理學, 社會事業
319	拓植, 移住 附 植民地行政	369	社會團體
320	法 律 學	370	教 育 學
321	憲　　法	371	實地教育
322	刑　　法	372	普通教育
323	民　　法	373	高等教育
324	商　　法	374	師範教育
325	訴 訟 法	375	專門教育
326	裁判所構成法	376	女子教育
327	國 際 法	377	特殊教育
328	古代法制. 有職故實	378	社會教育
329	外國法制, 法律	379	學生, 學校案内, 試驗
330	經 濟 學	380	民俗學. 風俗 及 慣習
331	經濟政策	381	服飾, 流行
332	價 値 論	382	社　　交
333	人 口 論	383	社會風習
334	生 産 論	384	年中行事
335	企 業 論	385	家庭風習
336	交換論：金融論	386	冠婚葬祭
337	商 業 論	387	遊女, 藝妓
338	分配 及 消費論	388	傳説, 口碑, 昔噺
339	保　　險	389	民謠, 諺
340	財 政 學	390	軍 事 學
341	國家財政	391	軍備, 兵制
342	會 計 法	392	戰略, 戰術
343	官有土地財産	393	軍事司法
344	租　　税	394	醫事衛生
345	關税, 關税率	395	兵　　器
346	國債, 公債	396	陸　　軍
347	戰費, 償金	397	海　　軍
348	官營, 專賣	398	戰史, 戰記
349	地方財政	399	武藝（古代兵器 及 兵法）

(2版)

400	自然科學總記	450	地 質 學
401	理　　論	451	動力地質學
402	科 學 史	452	地 文 學
403	事彙, 辭書, 書目	453	氣 象 學
404	論説, 講演集	454	構造地質學
405	逐次刊行書；科學雜誌	455	地層學, 地史學
406	學會；議事錄, 報告	456	岩 石 學
407	研 究 及 教授	457	結 晶 學
408	叢　　書	458	鑛 物 學
409	蘭學. 洋學	459	古生物學
410	數　　學	460	生 物 學
411	算　　術	461	系統 及 比較生物學
412	代 數 學	462	生命, 生活現象, 生物本質
413	公 算 論	463	進 化 論
414	解 析 學	464	優 生 學
415	幾 何 學	465	細 菌 學
416	三 角 法	466	顯微鏡用法
417	畫法幾何學	467	博物採集 及 標本製作法
418	解析幾何學	468	人類學, 人種學, 土俗學
419	和漢算法, 珠算	469	考 古 學
420	物 理 學	470	植 物 學
421	力　　學	471	植物形態學
422	水 力 學	472	植物生理學
423	氣　　學	473	植物病理學
424	音 響 學	474	植物生態學
425	光　　學	475	植物地理學
426	熱　　學	476	植物分類學
427	電 氣 學	477	隱花植物
428	磁 氣 學	478	顯花植物
429	分 子 論	479	應用植物學（全般）
430	化　　學	480	動 物 學
431	理論化學. 物理化學	481	動物形態學
432	實驗科學	482	動物生理學
433	分析化學	483	動物病理學
434	定性分析	484	動物生態學
435	定量分析	485	動物地理學
436	合成化學	486	動物分類學
437	無機化學	487	無脊椎動物
438	有機化學	488	脊椎動物
439	應用化學（全般）	489	應用動物學（全般）
440	天 文 學	490	醫　　學
441	理論天文學	491	解 剖 學
442	天體力學	492	生理學. 醫化學
443	實測天文學	493	病理學. 細菌學
444	球面天文學	494	藥　　學
445	曆學, 曆書	495	治 療 學
446	天體物理學. 敍述天文學	496	内 科 學
447	地　　球	497	外 科 學　皮革, 眼, 耳鼻, 咽喉, 齒科學
448	測 地 學		
449	航海天文學	498	産婦人科學. 小兒科學
		499	衛生學. 法醫學

3. 第3次区分および細目表 *233*

500	工藝學. 工學 及 工業總記	550	鑛山工學 及 鑛業
501	工業經濟學. 工業政策	551	鑛山政策
502	工業史. 各國工業事情	552	採鑛. 鑛床
503	事彙. 辭書. 書目	553	採　鑛
504	論説. 講演集	554	選　鑛
505	逐次刊行書	555	試　金
506	學會；議事錄, 報告	556	冶　金
507	研究 及 教授	557	採　炭
508	叢　書	558	採　油
509	發明, 特許, 意匠, 商標, 工業所有權	559	建築石材 及 寶石
		560	船舶工學 及 航海術
510	土木工學	561	船舶設計 及 構造
511	石工術, 土工, 基礎工事	562	舶用機關工學
512	鐵道工學	563	運　用　術
513	道路工學	564	航海用具
514	橋梁工學	565	水路測量法
515	隧道工學	566	航路標識
516	水理工學	567	水路法, 水先案内
517	港灣工學	568	難船, 衝突, 船舶救助
518	運河工學	569	潛　水　術
519	衛生 及 都市工學	570	化學工業
520	建　築　學	571	化學品, 工業藥品
521	日本建築	572	電氣化學工業
522	東洋建築	573	發火物工業
523	西洋建築	574	飲食物工業
524	建築材料 及 構造	575	油脂工業, 照明工業
525	建築設計, 施工法	576	硅酸工業〔窯業〕
526	各種建築	577	染色工業
527	配管工事	578	香粧品工業
528	煖房, 換氣, 照明	579	其他化學工業
529	建築裝飾	580	機械工業
530	機械工學	581	金屬工業
531	機械學, 機械設計	582	鐵, 鋼工業
532	蒸汽工學	583	木　工　業
533	内燃機關	584	皮革工業
534	水力機械	585	製紙工業
535	氣壓機械	586	纖維工業
536	機械, 器具, 工場	587	ゴム工業
537	昇降機 及 運搬機	588	手　工　業
538	航空工學	589	其他雜工業
539	自動車工學	590	家　政　學
540	電氣工學	591	家事經濟
541	電氣測定	592	日用理化學
542	發　電	593	裁　縫
543	電氣機械 及 器具	594	衣類整容 及 洗濯
544	送電. 配電	595	美　容　術
545	電氣照明 及 電熱	596	食物, 料理法
546	電信. 電話	597	住居 及 家具
547	無　電	598	家庭醫學, 看護法
548	電氣鐵道 及 電氣自動車	599	出産, 育兒
549	其他電氣應用		

（2版）

234 第6章 日本十進分類法の分類表の変遷

600	産業總記	650	蠶　業
601	産業經濟，産業政策	651	蠶業經濟，蠶業政策
602	産業史，各國産業事情	652	蠶體學
603	事彙，辭書．書目	653	蠶　種
604	論説，講演集	654	養　蠶
605	逐次刊行書	655	蠶室，蠶具
606	博覽會，共進會	656	病害 及 保護
607	研究 及 教授	657	栽　桑
608	叢　書	658	繭
609	度 量 衡	659	製 絲 業
610	農　業	660	水 産 業
611	農業經濟學	661	水産政策，漁業經濟
612	農業基礎科學	662	水産基礎科學
613	育種學．種苗	663	水産養殖
614	耕種學．耕種栽培	664	漁業，漁撈
615	農業工學，機械學	665	漁船，漁具
616	作物病害 及 益鳥蟲	666	非魚養殖
617	農産製造學	667	水産製造
618	農産物利用法	668	水産物 及 其利用法
619	茶　業	669	鹽　業
620	園　藝	670	商　業
621	園藝經濟	671	商業經濟學，商業政策
622	蔬菜園藝	672	商 品 學
623	花卉園藝	673	商業經營
624	果樹園藝	674	廣　告
625	溫室．綠室．裝飾用溫室	675	取引所，市塲，相塲，投機
626	園藝作物病害 及 保護	676	銀行 及 信託業
627	園藝作物加工品	677	倉 庫 業
628	園藝利用學	678	外國貿易
629	造 園 學	679	會計學．簿記學
630	林　業	680	交　通
631	林業經濟學，林政學	681	交通政策
632	森林基礎科學	682	水上運輸
633	森林施業	683	河　川
634	造 林 學	684	運　河
635	森林工學	685	海　運
636	森林保護學	686	陸上運輸
637	林産製造學	687	道　路
638	森林利用學	688	鐵　道
639	風致工學，森林風致	689	空中運輸
640	畜 産 業	690	通　信
641	畜産經濟，畜政	691	通信政策
642	畜産飼料	692	郵　便
643	養　畜	693	電　信
644	養　禽	694	ケーブル
645	養蜂，養蟲	695	電　話
646	酪　農	696	ラディオ，放送
647	畜産製造	697	電送寫眞
648	畜産利用	698	信　號
649	獸 醫 學	699	傳 書 鳩

3. 第3次区分および細目表　　235

700	美術總記	750	工藝美術
701	美學. 藝術解剖學	751	窯　工
702	美　術　史	752	漆　工
703	事彙, 辭書. 書目	753	刺繡, 染色
704	論説, 講演集	754	木　工
705	逐次刊行書；美術雜誌	755	玉, 石, 牙, 角, 貝, 甲, ガラス, 皮
706	美術團體, 美術館, 展觀		革細工
707	研究 及 教授	756	金　工
708	叢　書	757	室内裝飾
709	美術品目錄 及 圖錄	758	美術家具
		759	骨　董　品
710	彫　刻		
711	材料 及 手法	760	音　樂
712	塑　像	761	邦樂. 支那樂
713	木　彫	762	聲　樂
714	石　彫	763	劇樂. 歌劇
715	金　彫	764	聖樂. 教會音樂
716	象牙彫, 角彫	765	器樂合奏
717	篆刻, 印章, 花押, 印譜	766	鍵盤樂器
718	泉貨學, 貨幣, メダル	767	絃 樂 器
719		768	管 樂 器
		769	打樂器. 機械樂器
720	繪　畫		
721	日 本 畫	770	演藝. 演劇
722	支 那 畫	771	日本演劇
723	洋畫各派	772	支那演劇
724	洋畫ノ主題	773	西洋演劇
725	素描. 描畫	774	能. 狂言
726	水彩畫. 油繪	775	人形芝居
727	圖　案	776	野外劇, 童話劇
728	書 及 書道	777	歌　劇
729	文 房 具	778	活動寫眞, 映畫劇
		779	曲藝 其他 演藝
730	版畫. 印刷		
731	木　版	780	運動. 競技
732	金屬版 及 腐蝕版	781	體操 及 遊戲
733	石　版	782	陸上運動競技
734	寫　眞　版	783	球　技
735	活　版	784	氷雪上運動競技
736	印　刷	785	水上運動競技
737	タイプライティング	786	競　馬
738	製　本　術	787	遊獵, 鷹狩, 釣魚, 楊弓
739	出版, 版權	788	登山, 遠足
740	寫　眞	789	相撲, 拳闘 其他 闘技
741	材料 及 技法	790	遊藝. 娛樂
742	寫眞光學	791	茶　道
743	寫眞化學	792	香　道
744	撮　影　術	793	華道, 生花
745	陰　畫　法	794	盆石, 盆景
746	陽　畫　法	795	熟練遊技
747	天然色寫眞	796	僥倖遊技
748	テレヴィジョン	797	投扇興, 投壺
749	活動寫眞, 幻燈寫眞	798	福引, 手品
		799	舞踏, 舞踊

（2版）

800	語學總記	850	フランス語〔佛語〕
801	理　論	851	文字．發音
802	言語學史，言語地理學	852	語　原
803	事彙，辭書．書目	853	辭　書
804	論説，講演集	854	同　義　語
805	逐次刊行書；言語學雜誌	855	文　法
806	學會；議事錄 及 報告	856	解釋，讀解　佛文和譯
807	研究 及 教授	857	會　話
808	叢　書	858	訛語．方言．俚語
809	比較言語學	859	プロヴァンス語
810	日 本 語	860	スペイン語〔イスパニヤ語〕
811	文字．發音	861	文字．發音
812	語　原	862	語　原
813	辭　書	863	辭　書
814	同　義　語	864	同　義　語
815	文　法	865	文　法
816	解　釋	866	解釋，讀解　西文和譯
817	ローマ字 附 國字國語問題	867	會　話
818	俗語．訛語．方言．俚語．古語	868	訛語．方言．俚語
819	琉球，アイヌ，臺灣，朝鮮語	869	ポルトガル語
820	支 那 語	870	イタリヤ語
821	文字．發音	871	文字．發音
822	語　原	872	語　原
823	辭　書	873	辭　書
824	同　義　語	874	同　義　語
825	文　法	875	文　法
826	解　釋	876	解釋，讀解　伊文和譯
827	會　話	877	會　話
828	俗語．訛語．俚語．方言	878	訛語．方言．俚語
829	其他アジヤ諸國語	879	其他ロマンス語
830	イギリス語	880	ロシヤ語
831	文字．發音	881	文字．發音
832	語　原	882	語　原
833	辭　書	883	辭　書
834	同　義　語	884	同　義　語
835	文　法	885	文　法
836	解釋，讀解　英文和譯	886	解釋，讀解　露文和譯
837	會　話	887	會　話
838	訛語．方言．俚語	888	訛語．方言．俚語
839	アングロ―サクソン語	889	其他スラヴ語
840	ドイツ語〔獨語〕	890	其他諸國語
841	文字．發音	891	ラテン語
842	語　原	892	ギリシャ語
843	辭　書	893	其他ヨーロッパ諸國語
844	同　義　語	894	アフリカ語
845	文　法	895	北アメリカ土人語
846	解釋，讀解　獨文和譯	896	南アメリカ土人語
847	會　話	897	太洋州土人語
848	訛語．方言．俚語	898	エスペラント
849	其他チュートン語〔西部ゲルマン語〕	899	其他國際語

3. 第3次区分および細目表　*237*

900	文學總記	950	フランス文學
901	文學理論　修辭學	951	詩
902	文學史	952	戲　曲
903	事彙, 辭書. 書目	983	小　説
904	論説, 講演集	954	エッセイ
905	逐次刊行書文學雜誌	955	演　説
906	學會；議事録及報告	956	書　翰
907	研究及教授	957	諷刺. 滑稽
908	叢書, 合集	958	雜文學
909	幼年文學	959	プロヴァンス文學
910	日本文學	960	スペイン文學
911	日本詩歌	961	詩
912	日本戲曲	962	戲　曲
913	日本小説. 物語	983	小　説
914	國　文	964	エッセイ
915	演　説	965	演　説
916	書簡文. 消息往來	966	書　翰
917	諷刺. 滑稽	967	諷刺. 滑稽
918	雜文學	968	雜文學
919	琉球, アイヌ, 臺灣, 朝鮮文學	969	ポルトガル文學
920	支那文學	970	イタリー文學
921	漢　詩	971	詩
922	支那戲曲	972	戲　曲
923	支那小説	983	小　説
924	漢　文	974	エッセイ
925	演　説	975	演　説
926	書翰. 尺牘	976	書　翰
927	諷刺. 滑稽	977	諷刺. 滑稽
928	雜文學	978	雜文學
929	其他アジア文學	979	其他ロマンス文學
930	イギリス及アメリカ文學	980	ロシヤ文學
931	詩	981	詩
932	戲　曲	982	戲　曲
983	小　説	983	小　説
934	エッセイ	984	エッセイ
935	演　説	985	演　説
936	書　翰	986	書　翰
937	諷刺. 滑稽	987	諷刺. 滑稽
938	雜文學	988	雜文學
939	アングローサクソン文學	989	其他スラヴ文學
940	ドイツ文學	990	其他諸國文學
941	詩	991	ラテン文學
942	戲　曲	992	ギリシャ文學
983	小　説	993	其他ヨーロッパ文學
944	エッセイ	994	アフリカ諸文學
945	演　説	995	北アメリカ土人文學
946	書　翰	996	南アメリカ土人文學
947	諷刺. 滑稽	997	太洋州土人文學
948	雜文學	998	
949	其他チュートン文學	999	

（2版）

238　第6章　日本十進分類法の分類表の変遷

表6-16　NDC第3版の要目表[17]

000	總　記	050	一般逐次刊行書，雜誌	
001		051	日　本　語	
002		052	支　那　語	
003	"特殊文庫又ワ	052	イギリス語	
004		054	ドイツ語	
005	郷土誌料ナド	055	フランス語	
006		056	スペイン語．ポルトガル語	
007	ニ充ル"	057	イタリー語	
008		058	ロシヤ語．其他諸國語	
009		059	年　鑑	
010	圖書館學	060	一般學會	
011	圖書館行政	061	日　　本	
012	圖書館建築	062	支　　那	
013	圖書館組織	062	英　　米	
014	圖書管理法	064	ド　イ　ツ	
015	專門圖書館	065	フランス	
016	普通圖書館	066	スペイン．ポルトガル	
017	大學〔高等學校〕圖書館	067	イタリー	
018	圖書 及 圖書館利用法，讀書法	068	ロシヤ．其他諸國	
019	圖書館延長 及 諸事業	069	博　物　館	
020	圖書學．書誌學	070	一般新聞．新聞紙學	
021	著作 及 考證	071	日　本　語	
022	材料 及 形態	072	支　那　語	
023	出版 及 販賣	072	イギリス語	
024	名家手澤本	074	ドイツ語	
025	寫　本	075	フランス語	
026	刊　本	076	スペイン語．ポルトガル語	
027	蒐書．藏書記	077	イタリー語	
028	圖書館目錄	078	ロシヤ語	
029	圖書解題 及 目錄	079	其他諸國語	
030	百科事彙．類書	080	叢書．全集	
031	日　本　語	081	日　本　語	
032	支　那　語	082	支　那　語	
032	イギリス語	082	イギリス語	
034	ドイツ語	084	ドイツ語	
035	フランス語	085	フランス語	
036	スペイン語．ポルトガル語	086	スペイン語．ポルトガル語	
037	イタリー語	087	イタリー語	
038	ロシヤ語	088	ロシヤ語	
039	其他諸國語	089	其他諸國語	
040	一般論文集．講演集	090	隨筆．雜書	
041	日　本　語	091	日　本　語	
042	支　那　語	092	支　那　語	
042	イギリス語	092	イギリス語	
044	ドイツ語	094	ドイツ語	
045	フランス語	095	フランス語	
046	スペイン語．ポルトガル語	096	スペイン語．ポルトガル語	
047	イタリー語	097	イタリー語	
048	ロシヤ語	098	ロシヤ語	
049	其他諸國語	099	其他諸國語	

17　NDC第3版，p.31-40 より

3. 第3次区分および細目表　　*239*

100	哲學總記	150	倫理學
101	目的. 効用	151	國家 及 社會道德
102	哲學史（一般）	152	家族 及 性道德
103	事彙. 辭書. 書目	153	職業道德
104	論説. 講演集	154	實踐道德. 修養. 教訓
105	逐次刊行書；哲學雑誌	155	敕語. 詔書
106	學會；議事録. 報告	156	武士道. 武家訓
107	研究 及 教授	157	報德教
108	叢書	158	石門心學. 道話
109		159	其他道德問題
110	形而上学	160	宗教
111	實體論. 存在學	161	宗教學
112	方法論	162	宗教法. 宗教行政
113	宇宙論	163	自然神學
114	空間. 時間	164	宗教卜科學
115	數量	165	社寺
116	物質. 運動. 力	166	儀禮. 禮拜. 祈祷
117	心靈論	167	神話. 宗教傳説
118	認識論	168	原始宗教
119	論理學	169	世界各宗教
120	東洋哲學	170	神道
121	日本哲学；日本思想	171	神道學説. 神道哲學
122	支那哲学	172	祭神. 神體. 神名
123	經書	173	神典. 祝詞
124	儒家. 儒教	174	伊勢神宮
125	儒學諸體系	175	神社. 神職. 神託. 靈驗記
126	道家. 道教	176	祭典. 葬儀. 觸穢
127	墨家. 墨教	177	布教. 説教
128	名家. 法家 及 雜家	178	教派神道
129	印度哲學	179	三種神器. 十種神寶
130	西洋哲學	180	佛教
131	古代哲學	181	佛教教理. 佛教哲學
132	初期キリスト教学派 及 中世哲學	182	釋迦牟尼. 佛弟子
133	近世哲學：英. 米	183	佛典（經. 律. 論）
134	ドイツ 及 スイス	184	語録. 法語
135	フランス, オランダ, ベルギー	185	寺院. 緣起. 僧侶. 尼僧
136	スペイン 及 ポルトガル	186	佛會. 儀規
137	イタリー	187	布教. 説教
138	ロシヤ 及 スカンディナヴィヤ	188	佛教諸宗派
139	哲學諸體系	189	佛像
140	心理學	190	キリスト教
141	普通心理学	191	教義神學. 信條論
142	實驗心理学	192	キリスト. 使徒
143	發生心理学	193	聖書
144	集團心理学	194	實踐神學
145	異常心理学	195	教會. 牧師
146	妖怪學. 心靈學. 迷信	196	儀式〔神學〕
147	咒術. 占術	197	傳道. 説教〔牧會學〕
148	人相學. 性相學	198	キリスト教各派
149	應用心理學（全般）	199	キリスト教團體

200 歴史科學總記	250 北アメリカ洲
201 　歴史哲學. 史學	251 　カナダ
202 　史學史	252 　ニューファウンランド
203 　事彙. 辭書. 年表. 書目	253 　アメリカ合衆國
204 　論説. 講演集	254 　　アラスカ
205 　逐次刊行書；史學雑誌	255 　メキシコ
206 　學會；議事録, 報告	256 　中央アメリカ
207 　考古學. 研究 及 教授	257 　　ホンデュラス. グァテマラ. サル.
208 　叢　書	ヴァドル
209 　世 界 史	258 　　ニカラグァ. コスタリカ. パナマ
210 日　　本	259 　西インド諸島
211 　東北地方	260 南アメリカ洲
212 　關東地方	261 　コロンビヤ. ヴェネズエラ. ギヤナ
213 　中部地方	262 　ブラジル
214 　近畿地方	263 　パラグァイ
215 　中國 及 四國地方	264 　ウルグァイ
216 　九州地方	265 　アルジェンティン
217 　北海道地方. 樺太	266 　チ　リ
218 　臺　灣	267 　ボリヴィヤ
219 　朝　鮮	268 　ペルー
220 アジヤ洲	269 　エクアドル
221 　滿　州	270 太洋洲. 極地
222 　支　那	271 　オーストララシヤ
223 　印度支那	272 　　オーストラリヤ
224 　マレイ群島〔東印度諸島〕	273 　メラネシヤ
225 　インド	274 　ミクロネシヤ. 南洋群島
226 　イラン地方	275 　ポリネシヤ
227 　西部アジヤ. 小アジヤ	276 　　ハワイ諸島
228 　　アラビヤ	277 　極　地
229 　アジヤ-ロシヤ	278 　　北　極
230 ヨーロッパ洲	279 　　南　極
231 　ギリシャ（古代史）	280 傳記. 叢傳
232 　ローマ（古代史）	281 　日 本 人
233 　イギリス	282 　アジヤ諸國人
234 　ドイツ 附 中歐諸國	283 　ヨーロッパ諸國人
235 　フランス	284 　アフリカ諸國人
236 　スペイン. ポルトガル	285 　北アメリカ諸國人
237 　イタリー	286 　南アメリカ諸國人
238 　ロシヤ 附 北歐諸國	287 　太洋洲諸國人
239 　其他ヨーロッパ諸國	288 　系譜, 家傳. 皇室
240 アフリカ洲	289 　各　傳
241 　北アフリカ	290 地誌 及 紀行
242 　　エジプト	291 　日　本
243 　　バルバリ諸國；トリポリ	292 　アジヤ
244 　　　アルジェリヤ. モロッコ. テュ	293 　ヨーロッパ
ニス	294 　アフリカ
245 　東アフリカ	295 　北アメリカ
246 　　エティオピヤ	296 　南アメリカ
247 　　マダガスカル其他東沿岸諸島	297 　太洋洲. 極地
248 　南アフリカ	298 　探見史, 發見史
249 　西アフリカ	299 　漂 流 記

300	社會科學總記	350	統計. 統計學
301	理　　論	351	日本統計表
302	社會科學史	352	アジヤ洲統計表
303	事彙, 辭書. 書目	353	ヨーロッパ洲統計表
304	論説, 講演集	354	アフリカ洲統計表
305	逐次刊行書	355	北アメリカ洲統計表
306	學會；議事録, 報告	356	南アメリカ洲統計表
307	研究 及 教授	357	太洋洲統計表
308	叢　　書	358	特種統計表
309	思想 及 思想問題	359	
310	政治. 政治學	360	社會學. 社會問題
311	國家學. 國體. 政體	361	社會政策. 社會改良
312	國 法 學	362	社會組織
313	立法. 議會	363	社會主義
314	選擧権, 選擧法	364	階級 及 人種問題
315	政　　黨	365	生活問題
316	外交. 國際關係	366	勞働 及 職業問題
317	行政. 行政學	367	婦人, 家族 及 性問題
318	地方自治行政	368	社會事業. 社會病理
319	移植民. 外地行政	369	社會團體
320	法律. 法律學	370	教育. 教育學
321	憲　　法	371	教育制度. 實地教育
322	刑　　法	372	教 授 法
323	民　　法	373	普通教育
324	商　　法	374	高等教育, 大學, 留學
325	訴 訟 法	375	專門教育
326	裁判所構成法	376	師範教育
327	國 際 法	377	特種教育
328	古代法制. 有職故實	378	社會教育
329	外 國 法	379	学生 及 試驗
330	經濟. 經濟學	380	民俗學. 風俗 及 習慣
331	經濟政策	381	服飾, 流行
332	資本主義	382	禮儀作法. 社交
333	人　　口	383	社會風習
334	生　　産	384	民間年中行事
335	企業. 組合	385	家庭風習
336	交換. 金融	386	冠婚葬祭
337	景　　気	387	遊女, 藝妓
338	分配 及 消費	388	傳説, 説話
339	保　　險	389	民謡, 諺
340	財政. 財政學	390	軍　　事
341	財政政策. 財務行政	391	軍備, 兵制
342	會 計 法	392	戰略, 戰術, 戰記
343	官有土地財産	393	軍　　法
344	租　　税	394	軍陣醫學
345	關　　税	395	兵器, 軍需品, 兵糧
346	公　　債	396	陸　　軍
347	戰費, 償金	397	海　　軍
348	官業, 專賣	398	空　　軍
349	地方財政. 外地財政	399	武藝（古代兵器 及 兵法）

（3版）

400	自然科學總記	450	地質學. 地理学
401	理　論	451	動力地質學. 構造地質学
402	科　學　史	452	地　理　學
403	事彙, 辭書. 書目	453	氣　象　學
404	論説, 講演集	454	地震學. 火山學
405	逐次刊行書；科學雜誌	455	層位學, 地史學
406	學會；議事録, 報告	456	岩　石　學
407	研究 及 教授	457	結　晶　學
408	叢　　書	458	鑛　物　學
409	蘭學. 洋學	459	古生物學
410	數　　學	460	生物學. 博物学
411	算　　術	461	系統 及 比較生物學
412	代　數　學	462	生命, 生活現象, 生物本質
413	確　率　論	463	進　化　論
414	解　析　學	464	優　生　學
415	幾　何　學	465	顯微鏡 及 檢鏡法. 細菌學
416	三　角　法	466	天然記念物
417	畫法幾何學	467	本　草　學
418	解析幾何學	468	人類學, 人種學
419	和漢算法, 珠算	469	先史考古學
420	物　理　學	470	植　物　學
421	力　　學	471	植物形態學
422	流體力學	472	植物生理學
423	氣體學論	473	植物病理學
424	音　響　學	474	植物生態學
425	光　　學	475	植物地理學
426	熱　　學	476	植物分類學
427	電　氣　學	477	隱花植物
428	磁　氣　學	478	顯花植物
429	分　子　論	479	應用植物學 (全般)
430	化　　學	480	動　物　學
431	物理化學. 理論化學	481	動物形態學
432	實驗科學	482	動物生理學
433	分析化學	483	動物病理學
434	定性分析	484	動物生態學
435	定量分析	485	動物地理學
436	合成化學	486	動物分類學
437	無機化學	487	無脊椎動物
438	有機化學	488	脊椎動物
439	應用化學 (全般)	489	應用動物學 (全般)
440	天　文　學	490	醫　　學
441	理論天文學	491	解　剖　學
442	天體力學	492	生理學. 醫化學
443	實地天文學	493	病理學. 細菌學
444	球面天文學	494	藥學. 藥理學
445	曆學, 曆書	495	治　療　法
446	天體物理學. 記述天文學	496	内科學. 小兒科學
447	地　　球	497	外科學 皮膚, 眼, 耳鼻咽喉, 歯科
448	測　地　學		學
449	航海天文學 (全般)	498	産婦人科學
		499	衛生學. 法醫學

3. 第3次区分および細目表　243

500　工藝學. 工學 及 工業總記	550　鑛山工學 及 鑛業
501　　工業經濟. 政策 及 經營	551　　鑛山經濟. 政策 及 經營
502　　工業史 及 事情	552　　採鑛, 鑛床
503　　事彙, 辭書. 書目	553　　採　鑛
504　　論説, 講演集	554　　選　鑛
505　　逐次刊行書；年鑑	555　　試　金
506　　學會；議事錄, 報告	556　　冶　金
507　　科學模型. 研究 及 教授	557　　炭坑. 採炭
508　　叢　書	558　　油田. 採油
509　　發明, 工業所有權	559　　建築石材 及 寶石
510　土木工學	560　海事工學
511　　土工材料 及 施工法	561　　船舶工學. 造船學
512　　鐵道工學	562　　舶用機關學
513　　道路工學	563　　運 用 術
514　　橋梁工學	564　　航 海 術
515　　隧道工學	565　　水路測量. 水路圖誌
516　　水力工學. 河海工學	566　　水路法, 水先案内
517　　　港灣工學	567　　海上信號. 航路標識, 燈臺
518　　　運河工學	568　　船員. 海難 及 救助
519　　衛生 及 都市工學	569　　潛 水 術
520　建 築 學	570　化學工業
521　　日本建築樣式	571　　化學藥品, 工業藥品
522　　東洋建築樣式	572　　電氣化學工業
523　　西洋建築樣式	573　　珪酸鹽工業
524　　建築材料 及 構造	574　　燃料 及 爆發物工業. 乾溜工業
525　　建築計劃, 施工法	575　　油脂工業, 香粧品工業
526　　特種建築計劃	576　　塗料 及 染料工業
527　　配管工事	577　　繊維素化學工業
528　　煖房, 換氣, 照明	578　　食品 及 飲料品工業
529　　建築裝飾	579　　其他化學工業
530　機械工學	580　機械的工業
531　　機構學, 機械材料 及 設計	581　　金屬工業
532　　蒸汽工學	582　　鐵, 鋼工業
533　　内燃機關	583　　木材工業. 家具工業
534　　水力機械. 揚水機	584　　皮革工業
535　　氣壓機械	585　　紙工業
536　　機械工作. 工作機械	586　　繊維工業
537　　捲揚機 及 運搬機	587　　ゴム工業
538　　航空工學	588　　手 工 業
539　　自動車工學	589　　其他雜工業
540　電氣工學	590　家 政 學
541　　電氣測定	591　　家事經濟
542　　發　電	592　　家庭科學
543　　電氣機器	593　　裁　縫
544　　送電. 配電	594　　衣類整容 及 洗濯
545　　電氣照明 及 電熱	595　　美 容 術
546　　電信. 電話	596　　食物, 料理
547　　無線工學	597　　住居 及 家具
548　　電氣鐵道 及 電氣自動車	598　　家庭醫學
549　　其他電氣應用	599　　出産 及 育兒

（3版）

600	産業總記	650	蠶業
601	經營學, 産業政策	651	蠶業經濟, 蠶業政策
602	産業史 及 事情	652	蠶體學
603	事彙, 辭書. 書目	653	蠶種
604	論説, 講演集	654	養蠶
605	逐次刊行書	655	蠶室, 蠶具
606	博覽會, 共進會	656	病害 及 保護
607	研究 及 教授	657	栽桑
608	叢書	658	繭
609	度量衡	659	製絲
610	農業	660	水産業
611	農業經濟. 農政學	661	水産經濟, 漁業政策
612	農業基礎科學	662	水産基礎科學
613	育種學. 種苗	663	水産養殖
614	作物栽培	664	漁業, 漁撈
615	農業工學	665	漁船, 漁具
616	作物病害 及 保護	666	水産病害 及 保護
617	農産製造	667	水産製造
618	農産利用	668	水産利用
619	茶業	669	鹽業
620	園藝	670	商業
621	園藝經濟	671	商業經濟, 商業政策
622	蔬菜園藝	672	商品. 包装
623	花卉園藝	673	商店經營
624	果樹園藝	674	廣告
625	園藝用具. 溫室	675	市場, 取引所 及 相場
626	園藝作物病害 及 保護	676	銀行 及 會社
627	園藝作物加工品	677	倉庫
628	園藝利用	678	外國貿易
629	造園	679	會計. 簿記
630	林業	680	交通
631	林業經濟, 林政學	681	交通經濟. 交通政策
632	森林基礎科學	682	水上運輸
633	森林經營. 施業	683	河川
634	造林	684	運河
635	森林工學	685	海運
636	森林保護	686	陸上交通
637	林産製造	687	道路
638	森林利用	688	鐵道
639	風致工學, 風致林	689	航空運輸
640	畜産業	690	通信
641	畜産經濟, 畜政學	691	通信政策
642	畜産飼料	692	郵便
643	養畜	693	電信
644	養禽	694	寫眞電送
645	養蜂, 養蟲	695	電話
646	酪農	696	ラヂオ
647	畜産製造	697	メッセンジャーサーヴィス
648	畜産利用	698	信號
649	獸醫學	699	傳書鳩

3. 第3次区分および細目表　*245*

700	美術〔藝術〕總記	750	工藝美術
701	美學. 藝術解剖學	751	窯　工
702	美術史	752	漆　工
703	事彙, 辭書. 書目	753	刺繡, 染織
704	論説, 講演集	754	木　工
705	逐次刊行書；美術雜誌	755	玉, 石, 牙, 角, 貝, 革細工
706	美術團體, 美術館, 展觀	756	金　工
707	研究 及 教授	757	室内裝飾
708	叢書. 圖錄 及 美術目錄	758	美術家具
709	國寶. 古器. 金石史	759	美術玩具
710	彫　刻	760	音　樂
711	材料 及 技法	761	邦樂. 支那樂
712	塑　造	762	聲　樂
713	木　彫	763	劇樂. 歌劇
714	石　彫	764	聖樂. 宗教音樂
715	金　彫	765	器樂合奏
716	象牙彫, 角彫	766	鍵盤樂器
717	篆刻, 印章, 花押, 落款, 印譜	767	絃樂器
718	錢貨學, 古錢, メダル	768	管樂器
719		769	打樂器. 機械樂器
720	繪　畫	770	演　劇
721	日　本	771	日本劇
722	支　那	772	支那劇
723	西　洋	773	西洋劇
724	繪畫ノ主題	774	能. 狂言
725	素描. 描畫	775	人形芝居
726	水彩畫. 油繪	776	野外劇, 兒童劇
727	圖　案	777	歌　劇
728	書 及 書道	778	映畫, 映畫劇
729	文 房 具	779	曲藝其他演藝
730	版畫. 印刷	780	運動. 競技
731	木版. 版畫	781	體操 及 遊戲
732	金屬版 及 腐蝕版	782	陸上運動競技
733	凸版〔活版〕	783	球　技
734	平版印刷	784	氷雪上運動競技
735	凹版印刷	785	水上運動競技
736	特殊印刷	786	競　馬
737	タイプライター	787	遊獵, 放鷹, 釣魚, 楊弓
738	製　本	788	登山, 遠足. 物見遊山
739	出版, 版權	789	相撲, 拳鬪 其他 鬪技
740	寫　眞	790	遊藝. 娛樂
741	材料 及 技法	791	茶　道
742	寫眞光學	792	香　道
743	寫眞化學	793	華　道
744	撮 影 法	794	盆景, 盆石, 盆畫
745	陰 畫 法	795	熟練遊技
746	陽 畫 法	796	僥倖遊技
747	寫眞複製法	797	投扇興, 投壺, 拳
748	天然色寫眞. 赤外線寫眞	798	福引, 手品
749	幻燈寫眞	799	舞踏〔ダンス〕, 舞踊

（3版）

246   第6章　日本十進分類法の分類表の変遷

800	語學總記	850	フランス語
801	理　論	851	文字. 音聲
802	言語史, 言語地理學	852	語　原
803	事彙, 辭書. 書目	853	辭　書
804	論説, 講演集	854	同　義　語
805	逐次刊行書；語學雑誌	855	文　法
806	學會；議事録 及 報告	856	解釋, 讀解
807	研究 及 教授	857	會　話
808	叢　書	858	慣用語, 方言, 俚語
809	比較言語學	859	プロヴァンス語
810	日 本 語	860	スペイン語
811	文字. 音聲	861	文字. 音聲
812	語　原	862	語　原
813	辭　書	863	辭　書
814	同　義　語	864	同　義　語
815	文　法	865	文　法
816	解　釋	866	解釋, 讀解
817	ローマ字 附 國字國語問題	867	會　話
818	俗語, 訛語, 方言, 俚語, 古語	868	慣用語, 方言, 俚語
819	琉球, アイヌ, 臺灣, 朝鮮語	869	ポルトガル語
820	支 那 語	870	イタリー語
821	文字. 音韻	871	文字. 音聲
822	語　原	872	語　原
823	辭　書	873	辭　書
824	同　義　語	874	同　義　語
825	文　法	875	文　法
826	解　釋	876	解釋, 讀解
827	會　話	877	會　話
828	俗語, 訛語. 方言, 俚語	878	慣用語, 方言, 俚語
829	其他アジヤ諸國語	879	其他ロマンス語
830	イギリス語	880	ロシヤ語
831	文字. 音聲	881	文字. 音聲
832	語　原	882	語　原
833	辭　書	883	辭　書
834	同　義　語	884	同　義　語
835	文　法	885	文　法
836	解釋, 讀解	886	解釋, 讀解
837	會　話	887	會　話
838	慣用語, 方言, 俚語	888	慣用語, 方言, 俚語
839	アングロ-サクソン語	889	其他スラヴ語
840	ドイツ語	890	其他諸國語
841	文字. 音聲	891	ラテン語
842	語　原	892	ギリシャ語
843	辭　書	893	其他ヨーロッパ諸國語
844	同　義　語	894	アフリカ語
845	文　法	895	北アメリカ土人語
846	解釋, 讀解	896	南アメリカ土人語
847	會　話	897	太洋州土人語
848	慣用語, 方言, 俚語	898	エスペラント
849	其他テュートン語	899	其他國際語

3. 第3次区分および細目表　　*247*

900	文學總記	950	フランス文學
901	文學理論. 修辭學	951	詩
902	文 學 史	952	戲　　曲
903	事彙, 辭書. 書目	983	小　　説
904	論説, 講演集	954	エッセイ
905	逐次刊行書；文學雜誌	955	演　　説
906	學會；議事錄 及 報告	956	書　　翰
907	研究 及 教授	957	諷刺. 滑稽
908	叢書, 合集	958	雜 文 學
909	幼年文學	959	プロヴァンス文學
910	日本文學	960	スペイン文學
911	日本詩歌	961	詩
912	日本戲曲	962	戲　　曲
913	日本小説, 物語	983	小　　説
914	國　　文	964	エッセイ
915	演　　説	965	演　　説
916	書 簡 文	966	書　　翰
917	諷刺. 滑稽	967	諷刺. 滑稽
918	雜 文 學	968	雜 文 學
919	琉球, アイヌ, 臺灣, 朝鮮文學	969	ポルトガル文學
920	支那文學	970	イタリー文學
921	漢　　詩	971	詩
922	支那戲曲	972	戲　　曲
923	支那小説	983	小　　説
924	漢　　文	974	エッセイ
925	演　　説	975	演　　説
926	書翰. 尺牘	976	書　　翰
927	諷刺. 滑稽	977	諷刺. 滑稽
928	雜 文 學	978	雜 文 學
929	其他アジア文學	979	其他ロマンス文學
930	イギリス 及 アメリカ文學	980	ロシヤ文學
931	詩	981	詩
932	戲　　曲	982	戲　　曲
983	小　　説	983	小　　説
934	エッセイ	984	エッセイ
935	演　　説	985	演　　説
936	書　　翰	986	書　　翰
937	諷刺. 滑稽	987	諷刺. 滑稽
938	雜 文 學	988	雜 文 學
939	アングローサクソン文學	989	其他スラヴ文學
940	ドイツ文學	990	其他諸國文學
941	詩	991	ラテン文學
942	戲　　曲	992	ギリシャ文學
983	小　　説	993	其他ヨーロッパ文學
944	エッセイ	994	アフリカ諸文學
945	演　　説	995	北アメリカ土人文學
946	書　　翰	996	南アメリカ土人文學
947	諷刺. 滑稽	997	太洋州土人文學
948	雜 文 學	998	エスペラント文學
949	其他テュートン文學	999	

（3版）

第4版

　第4版「要目表」の変更は，第3版に比べればそれほど多くない。差異の多くは名辞の追加／削除や同じ分類記号の下で名辞の順序を入れ替え，あるいは文字種の変更であり，項目の意味合いが変更になった箇所は多くない（表6-17，p.249～258）。

　文字は，少しずつ旧字体が減ってきている。たとえば170は，第3版「神道」から第4版では「神道」となった。ただし，下位は「171　神道學説．神道哲學」のままであり（というよりも，要目表では170だけが「神」の字を用いている），まだ徹底されていない。同種の問題として，「アジア」と「アジヤ」が混在していたり，「特殊」と「特種」が混在していたりする。後者は358「特種統計表」（第3版）が「特殊統計表」（第4版）となったが，「377　特種教育」は第4版でも変更されていない。

　用語・用字レベルを超えた変更としては，第3版以前は311に含まれていた「政体」が312に独立したこと，「340　財政」の下位や526／529が再編されたことが大きい。ほかには，「582　鐵，鋼工業」（第3版）が削除されたこと，「639　風致工學，風致林」が「狩猟術」になったこと，719に「金石史，銘」が新設されたこと，「899　その他国際語」が898で「エスペラント」と統合され，899に「速記」が新設されたことが挙げられる。

　なお，第3版要目表で誤植だった「224　マレイ群島〔西印度諸島〕」は第4版で修正されたが，「821　文學」（正しくは支那語の「文字」）は第4版でも誤植のままである（表6-17では修正した）。

　第4版の「總分類細目表」も，第3版までと大差ない。細分展開によるページは第3版のときと同じ規模（5ページ増）であり，第3版と同程度の規模といえよう。

表 6-17　NDC 第 4 版の要目表[18]

000	總　　記	050	一般逐次刊行書，雜誌
001		051	日　本　語
002		052	支　那　語
003	"特殊文庫又ワ	052	イギリス語
004		054	ドイツ語
005	郷土誌料ナド	055	フランス語
006		056	スペイン語．ポルトガル語
007	ニ充ル"	057	イタリー語
008		058	ロシヤ語．其他諸國語
009		059	年　　鑑
010	圖書館學	060	一般學會
011	圖書館行政	061	日　　本
012	圖書館建築	062	支　　那
013	圖書館組織	062	英　　米
014	圖書管理法	064	ド　イ　ツ
015	專門圖書館	065	フランス
016	普通圖書館	066	スペイン．ポルトガル
017	學校圖書館	067	イタリー
018	圖書 及 圖書館利用法．讀書法	068	ロシヤ．其他諸國語
019	圖書館延長 及 諸事業	069	博　物　館
020	圖書學．書誌學	070	一般新聞．新聞紙學
021	著作 及 考證	071	日　本　語
022	材料 及 形態	072	支　那　語
023	出版 及 販賣	072	イギリス語
024	名家手澤本	074	ドイツ語
025	寫　　本	075	フランス語
026	刊　　本	076	スペイン語．ポルトガル語
027	蒐書．藏書記	077	イタリー語
028	圖書館目錄	078	ロシヤ語
029	圖書解題 及 目錄	079	其他諸國語
030	百科事彙．類書	080	叢書．全集
031	日　本　語	081	日　本　語
032	支　那　語	082	支　那　語
032	イギリス語	082	イギリス語
034	ドイツ語	084	ドイツ語
035	フランス語	085	フランス語
036	スペイン語．ポルトガル語	086	スペイン語．ポルトガル語
037	イタリー語	087	イタリー語
038	ロシヤ語	088	ロシヤ語
039	其他諸國語	089	其他諸國語
040	一般講論集	090	隨筆．雜書
041	日　本　語	091	日　本　語
042	支　那　語	092	支　那　語
042	イギリス語	092	イギリス語
044	ドイツ語	094	ドイツ語
045	フランス語	095	フランス語
046	スペイン語．ポルトガル語	096	スペイン語．ポルトガル語
047	イタリー語	097	イタリー語
048	ロシヤ語	098	ロシヤ語
049	其他諸國語	099	其他諸國語

18　NDC 第 4 版，p.35-44 より

100	哲學總記	150	倫理學
101	目的. 効用	151	國民 及 社會道德
102	哲學史 (一般)	152	家族 及 性道德
103	事彙, 辭書. 書目	153	職業道德
104	講論集	154	修養. 教訓
105	逐次刊行書；哲學雜誌	155	敕語. 詔書
106	學會；議事錄, 報告	156	武士道. 武家訓
107	研究 及 教授	157	報德教
108	叢書	158	石門心學. 道話
109		159	其他道德問題
110	形而上學. 理論哲學	160	宗教
111	實體論. 存在學	161	宗教學
112	方法論	162	宗教法. 宗教行政
113	宇宙論	163	自然神學
114	空間. 時間	164	宗教ト科學
115	数. 量	165	社寺
116	物質. 運動. 力	166	儀禮, 禮拜, 祈祷
117	心靈論	167	神話. 宗教傳説
118	認識論	168	原始的宗教. 宗教民俗學
119	論理學	169	世界各宗教. 類似宗教
120	東洋哲學	170	神道
121	日本哲学, 日本思想	171	神道學説. 神道哲學
122	支那哲学	172	祭神. 神體. 神名
123	經書	173	神典. 祝詞
124	儒家. 儒教	174	伊勢神宮
125	儒學諸體系	175	神社, 神職, 靈驗記, 神託
126	道家. 道教	176	祭典, 葬儀, 觸穢
127	墨家. 墨教	177	布教. 傳道
128	名家, 法家 及 雜家	178	教派神道
129	印度哲學	179	三種神器. 十種神寶
130	西洋哲學	180	佛教
131	古代哲學	181	佛教教理. 佛教哲學
132	初期キリスト教學派 及 中世哲學	182	釋迦牟尼. 佛弟子
133	近世哲學：英. 米	183	佛典 (經. 律. 論)
134	ドイツ 及 スイス	184	語録, 法語, 説話
135	フランス, オランダ, ベルギー	185	寺院, 緣起. 僧侶. 尼僧
136	スペイン 及 ポルトガル	186	佛會, 儀規
137	イタリー	187	布教. 説教
138	ロシヤ 及 スカンディナヴィヤ	188	佛教諸宗派
139	哲學諸體系	189	佛像
140	心理學	190	キリスト教
141	個人心理学. 心理各論	191	教義神學. 信條論
142	實驗心理學	192	キリスト. 使徒
143	發生心理學	193	聖書
144	集團心理學	194	信仰, 説話. 實踐神學
145	變態心理學	195	教會. 牧師
146	妖怪學. 心靈學. 迷信	196	儀式〔神學〕
147	咒術, 占術	197	傳道, 説教學〔牧會學〕
148	相法. 相卜	198	キリスト教各派
149	應用心理學 (全般)	199	キリスト教團體

3. 第3次区分および細目表　*251*

200	歷史科學總記	250	北アメリカ洲
201	史學. 歷史哲學	251	カ ナ ダ
202	史 學 史	252	ニューファウンドランド
203	事彙. 辭書. 年表. 書目	253	アメリカ合衆國
204	講 論 集	254	アラスカ
205	逐次刊行書；史學雜誌	255	メキシコ
206	學會；議事錄, 報告	256	中央アメリカ
207	考古學. 研究 及 教授	257	ホンデュラス. グァテマラ. サル
208	叢　書		ヴァドル
209	世界史. 文化史	258	ニカラグァ. コスタリカ. パナマ
210	日　　本	259	西インド諸島
211	東北地方	260	南アメリカ洲
212	關東地方	261	コロンビヤ. ヴェネズエラ. ギヤナ
213	中部地方	262	ブラジル
214	近畿地方	263	パラグァイ
215	中國 及 四國地方	264	ウルグァイ
216	九州地方	265	アルジェンティン
217	北海道地方. 樺太	266	チ　リ
218	臺　灣	267	ボリヴィヤ
219	朝　鮮	268	ペル ー
220	アジア洲	269	エクアドル
221	滿　州	270	太洋洲. 極地
222	支　那	271	オーストララシヤ
223	印度支那	272	オーストラリヤ
224	マレイ諸島〔東印度諸島〕	273	メラネシヤ
225	イ ン ド	274	ミクロネシヤ. 南洋群島
226	イラン地方	275	ポリネシヤ
227	西部アジヤ. 小アジヤ	276	ハワイ諸島
228	アラビヤ	277	兩極地方
229	アジヤ-ロシヤ	278	北　極
230	ヨーロッパ洲	279	南　極
231	ギリシャ（古代史）	280	傳記. 叢傳
232	ローマ（古代史）	281	日 本 人
233	イギリス	282	アジヤ諸國人
234	ドイツ 附 中歐諸國	283	ヨーロッパ諸國人
235	フランス	284	アフリカ諸國人
236	スペイン. ポルトガル	285	北アメリカ諸國人
237	イタリー	286	南アメリカ諸國人
238	ロシヤ 附 北歐諸國	287	太洋洲諸國人
239	其他ヨーロッパ諸國	288	皇室. 系譜, 家傳
240	アフリカ洲	289	各　傳
241	北アフリカ	290	地誌 及 紀行
242	エジプト	291	日　　本
243	バルバリ諸國；トリポリ	292	ア ジ ヤ
244	アルジェリヤ. モロッコ. テユ	293	ヨーロッパ
	ニス	294	アフリカ
245	東アフリカ	295	北アメリカ
246	エティオピヤ	296	南アメリカ
247	マダガスカル其他東沿岸諸島	297	太洋洲. 極地
248	南アフリカ	298	探檢史. 發見史
249	西アフリカ	299	漂 流 記

（4版）

300	社會科學總記	350	統計. 統計學
301	理論. 社會學	351	日本統計表
302	社 會 史	352	アジヤ洲統計表
303	事彙, 辭書. 書目	353	ヨーロッパ洲統計表
304	講 論 集	354	アフリカ洲統計表
305	逐次刊行書	355	北アメリカ洲統計表
306	學會；議事錄, 報告	356	南アメリカ洲統計表
307	研究 及 教授	357	太洋洲統計表
308	叢 書	358	特殊統計表
309	思想 及 思想問題	359	
310	政治. 政治學	360	社會問題
311	國家. 國體	361	社會政策. 社會改良
312	政 體	362	社會組織
313	議會, 立法	363	社會主義
314	選擧権, 選擧法	364	階級 及 人種問題
315	政 黨	365	生活問題
316	外交, 國際關係	366	勞働 及 職業問題
317	行政. 行政學	367	婦人, 家族 及 性問題
318	地方自治行政	368	社會事業. 社會病理
319	外地行政. 移植民	369	社會團體
320	法律. 法律學	370	教育. 教育學
321	憲 法	371	教育制度. 實地教育
322	刑 法	372	教授法. 各科教育
323	民 法	373	普通教育
324	商 法	374	高等教育, 大學, 留學
325	訴訟法. 手續法	375	專門教育
326	裁判所構成法. 司法	376	師範教育
327	國 際 法	377	特種教育
328	古代法制. 有職故實	378	社會教育
329	外 國 法	379	學生 及 試驗
330	經濟. 經濟學	380	民俗學. 風俗 及 習慣
331	經濟政策	381	服飾, 流行
332	資本主義. 帝國主義	382	禮儀. 作法. 社交
333	人 口	383	社會風習
334	生産, 土地, 資源, 資本	384	民間年中行事
335	企業, 經營學. 組合	385	家庭風習
336	金融, 物價, 貨幣, 爲替	386	冠婚葬祭
337	景氣. 恐慌	387	遊里風俗
338	分配 及 消費	388	傳說, 說話
339	保 險	389	民謠, 諺
340	財政. 財政學	390	國防. 軍事
341	財政政策. 財務行政	391	軍備, 兵制
342	會計法. 會計制度	392	戰爭, 戰略, 戰術, 戰記
343	經費. 歲出論	393	軍 法
344	収入. 租税	394	軍陣醫學
345	關 税	395	兵器, 軍需品, 兵糧
346	公 債	396	陸 軍
347	官業 及 官有財産. 專賣	397	海 軍
348	地方財政	398	空軍. 防空
349	外地財政	399	武藝（古代兵器 及 兵法）

3. 第3次区分および細目表　*253*

400	自然科學總記	450	地質學. 地理学
401	理　　論	451	動力地質學. 構造地質学
402	科　學　史	452	地理學. 地形學. 海洋學
403	事彙, 辭書. 書目	453	氣　象　學
404	講　論　集	454	地震學. 火山學
405	逐次刊行書；科學雜誌	455	層位學, 地史學
406	學會；議事錄, 報告	456	岩　石　學
407	研　究　及　教授	457	結　晶　學
408	叢　　書	458	鑛　物　學
409	蘭學. 洋學	459	古生物學
410	數　　學	460	生物學. 博物学
411	算　　術	461	系統 及 比較生物學
412	代數學. 整數論	462	生命, 生活現象, 生物本質
413	確　率　論	463	進　化　論
414	解　析　學	464	優　生　學
415	幾　何　學	465	顯微鏡 及 檢鏡法. 細菌學
416	三　角　法	466	天然記念物
417	畫法幾何學. 圖學	467	本　草　學
418	解析幾何學	468	人類學, 人種學
419	和漢算法, 珠算	469	先史考古學
420	物　理　學	470	植　物　學
421	力　　學	471	植物形態學
422	流體力學	472	植物生理學
423	氣體學論	473	植物病理學
424	音　響　學	474	植物生態學
425	光　　學	475	植物地理學
426	熱　　學	476	植物分類學
427	電　氣　學	477	隱花植物
428	磁　氣　學	478	顯花植物
429	分　子　論	479	應用植物學（全般）
430	化　　學	480	動　物　學
431	理論化學. 物理化學	481	動物形態學
432	實驗科學	482	動物生理學
433	分析化學	483	動物病理學
434	定性分析	484	動物生態學
435	定量分析	485	動物地理學
436	合成化學	486	動物分類學
437	無機化學	487	無脊椎動物
438	有機化學	488	脊椎動物
439	應用化學（全般）	489	應用動物學（全般）
440	天　文　學	490	醫　　學
441	理論天文學	491	解　剖　學
442	天體力學	492	生理學. 醫化學
443	實地天文學	493	病理學. 細菌學
444	球面天文學	494	藥學. 藥理學
445	曆學, 曆書	495	治　療　法
446	天體物理學. 記述天文學	496	内科學. 小兒科學
447	地　　球	497	外科學 皮膚, 眼, 耳鼻咽喉, 齒科學
448	測　地　學		
449	航海天文學（全般）	498	産婦人科學. 産婆學
		499	衛生學. 法醫學

（4 版）

254 第6章 日本十進分類法の分類表の変遷

500	工藝學. 工學 及 工業總記	550	鑛山工學
501	基礎工學	551	鑛業經濟. 政策 及 經營
502	工業史 及 事情	552	採鑛, 鑛床學
503	事彙, 辭書. 書目	553	採 鑛
504	講 論 集	554	選 鑛
505	逐次刊行書；年鑑	555	試 金
506	學會；議事錄, 報告	556	冶金. 金属工學
507	科學模型. 研究 及 教授	557	炭坑. 採炭
508	叢 書	558	油田. 採油
509	工業經濟 及 工業所有權	559	建築石材 及 寶石
510	土木工學	560	海事工學
511	土工力學, 材料 及 施工法	561	船舶工學. 造船學
512	鐵道工學	562	舶用機關學
513	道路工學	563	運 用 術
514	橋梁工學	564	航 海 術
515	隧道工學	565	水路測量. 水路圖誌
516	水工學. 河海工学	566	水路法, 水先案内
517	港灣工學	567	海上信號. 航路標識
518	運河工學	568	船員. 海難 及 救助
519	衛生 及 都市工學	569	潜 水 術
520	建 築 學	570	化學工業
521	日本建築樣式	571	化學藥品, 工業藥品
522	東洋建築樣式	572	電氣化學工業
523	西洋建築樣式	573	珪酸鹽工業
524	建築材料 及 構造	574	燃料 及 爆發物工業. 乾溜工業
525	建築計劃 及 施工法	575	油脂工業, 香粧品工業
526	各種建築	576	塗料 及 染料工業
527	住宅建築	577	纖維素化學工業
528	建築設備	578	食品 及 飲料品工業
529	建築意匠 及 裝飾	579	其他化學工業
530	機械工學	580	機械的製造工業
531	機構學, 機械材料 及 設計	581	金屬製品工業
532	蒸汽工學	582	
533	内燃機關	583	木材工業. 家具工業
534	水力機械. 揚水機	584	皮革工業
535	氣壓機械	585	紙 工 業
536	機械工作. 工作機械	586	纖維工業
537	捲揚機 及 運搬機	587	ゴム工業
538	航空工學	588	手 工 業
539	自動車工學	589	其他雜工業
540	電氣工學	590	家 事
541	電氣材料 及 測定	591	家事經濟
542	發 電	592	家庭科學
543	電氣機器	593	裁 縫
544	送電 及 配電	594	衣類整容 及 洗濯
545	電燈. 電氣照明 及 電熱	595	美 容 術
546	通信工學	596	食物, 料理
547	無線工學	597	住居 及 家具
548	電氣鐵道 及 電氣自動車	598	家庭醫學
549	其他電氣應用	599	育 兒 法

3. 第3次区分および細目表　　*255*

600	産業總記	650	蠶　業
601	産業政策	651	蠶業經濟, 蠶業政策
602	産業史 及 事情	652	蠶體學
603	事彙, 辭書. 書目	653	蠶　種
604	講 論 集	654	養　蠶
605	逐次刊行書	655	蠶室, 蠶具
606	博覽會, 共進會	656	病害 及 保護
607	研究 及 教授	657	栽　桑
608	叢　書	658	繭
609	度 量 衡	659	生　絲
610	農　業	660	水 産 業
611	農業經濟. 農政學	661	水産經濟, 漁業政策
612	農業基礎科學	662	水産基礎科學
613	育種學. 種苗	663	水産養殖
614	作物栽培	664	漁業, 漁撈
615	農業工學	665	漁船, 漁具
616	作物病害 及 保護	666	水産病害 及 保護
617	農産製造	667	水産製造
618	農産利用	668	水産利用
619	茶　業	669	鹽　業
620	園　藝	670	商　業
621	園藝經濟	671	商業經濟, 商業政策
622	蔬菜園藝	672	商品. 包装
623	花卉園藝. 盆栽	673	商店經營. 販賣
624	果樹園藝	674	廣　告
625	園藝用具. 溫室	675	市場, 取引所 及 相場
626	園藝作物病害 及 保護	676	銀行, 信託 及 會社
627	園藝作物加工品	677	倉　庫
628	園藝利用	678	外國貿易
629	造　園	679	會計. 簿記
630	林　業	680	交　通
631	林業經濟. 林政學	681	交通經濟. 交通政策
632	森林基礎科學	682	水上運輸
633	森林經營. 施業	683	河　航
634	造　林	684	運　河
635	森林工學	685	海　運
636	森林保護	686	陸上交通
637	林産製造	687	道　路
638	森林利用	688	鐵　道
639	狩獵術	689	航空運輸
640	畜 産 業	690	通　信
641	畜産經濟, 畜政學	691	通信政策
642	畜産飼料	692	郵　便
643	養　畜	693	電　信
644	養　禽	694	寫眞電送
645	養蜂, 養蟲	695	電　話
646	酪　農	696	ラディオ
647	畜産製造	697	メッセンジャー　サーヴィス
648	畜産利用	698	信　號
649	獸醫學	699	傳書鳩

（4版）

256　第6章　日本十進分類法の分類表の変遷

700	美術〔藝術〕總記	750	工藝美術
701	美學. 藝術解剖學	751	窯 工 藝
702	美 術 史	752	漆 工 藝
703	事彙. 辭書. 書目	753	染織工藝
704	講 論 集	754	木竹工藝
705	逐次刊行書；美術雜誌	755	玉石, 牙角, 皮革 及 雜工藝
706	美術團體, 美術館, 展觀	756	金 工 藝
707	研究 及 教授	757	裝 飾
708	叢書. 圖錄 及 美術目錄	758	美術家具
709	國寶. 古器	759	美術玩具
710	彫 刻	760	音 樂
711	材料 及 技法	761	邦樂. 支那樂
712	塑 造	762	聲 樂
713	木 彫	763	劇樂. 歌劇
714	石 彫	764	聖樂. 宗教音樂
715	金 彫	765	器樂合奏
716	象牙彫, 角彫	766	鍵盤樂器
717	篆刻, 印章, 花押, 落款, 印譜	767	絃樂器
718	錢貨學, 古錢, メダル	768	管樂器
719	金石史, 銘	769	打樂器. 機械樂器
720	繪 畫	770	演 劇
721	日 本	771	日 本 劇
722	支 那	772	支 那 劇
723	西 洋	773	西 洋 劇
724	繪畫ノ主題	774	能. 狂言
725	素描. 描畫	775	人形芝居
726	水彩畫. 油繪. 壁畫	776	野外劇, 兒童劇
727	圖 案	777	歌劇. 舞踊
728	書 及 書道	778	映畫, 映畫劇
729	文 房 具	779	巷間演藝
730	版畫. 印刷	780	運動. 競技
731	木版. 版畫	781	體操 及 遊戲
732	金屬版 及 腐蝕版	782	陸上競技
733	凸版〔活版〕	783	球 技
734	平版印刷	784	氷雪上競技
735	凹版印刷	785	水上競技. 航空競技
736	特殊印刷	786	競 馬
737	タイプライター	787	遊獵, 放鷹, 釣魚, 楊弓
738	製 本	788	登山, 遠足. 物見遊山
739	出版, 版權	789	相撲, 拳鬪 其他 鬪技
740	寫 眞	790	遊藝. 娛樂
741	材料 及 技法	791	茶 道
742	寫眞光學	792	香 道
743	寫眞化學	793	華 道
744	撮 影 法	794	盆景, 盆石, 盆畫
745	陰 畫 法	795	熟練遊技
746	陽 畫 法	796	僥倖遊技
747	寫眞複製法	797	投扇興, 投壺, 拳, 獨樂
748	天然色寫眞. 赤外線寫眞	798	福引, 判じ物, 手品
749	幻燈寫眞	799	社交ダンス

3. 第3次区分および細目表　*257*

800	語學總記	850	フランス語
801	理　　論	851	文字. 音聲
802	言語史, 言語地理學	852	語　　原
803	事彙, 辭書. 書目	853	辭　　書
804	論說, 講演集	854	同　義　語
805	逐次刊行書；語學雜誌	855	文　　法
806	學會；議事錄 及 報告	856	解釋, 讀解
807	研 究 及 教授	857	會　　話
808	叢　　書	858	慣用語, 方言, 俚語
809	比較言語學	859	プロヴァンス語
810	日 本 語	860	スペイン語
811	文字. 音聲	861	文字. 音聲
812	語　　原	862	語　　原
813	辭　　書	863	辭　　書
814	同　義　語	864	同　義　語
815	文　　法	865	文　　法
816	解　　釋	866	解釋, 讀解
817	國語問題, ローマ字	867	會　　話
818	慣用語, 方言, 俚語	868	慣用語, 方言, 俚語
819	琉球, アイヌ, 臺灣, 朝鮮語	869	ポルトガル語
820	支 那 語	870	イタリー語
821	文字. 音聲	871	文字. 音聲
822	語　　原	872	語　　原
823	辭　　書	873	辭　　書
824	同　義　語	874	同　義　語
825	文　　法	875	文　　法
826	解　　釋	876	解釋, 讀解
827	會　　話	877	會　　話
828	慣用語. 方言, 俚語	878	慣用語, 方言, 俚語
829	其他アジヤ諸國語	879	其他ロマンス語
830	イギリス語	880	ロシヤ語
831	文字. 音聲	881	文字. 音聲
832	語　　原	882	語　　原
833	辭　　書	883	辭　　書
834	同　義　語	884	同　義　語
835	文　　法	885	文　　法
836	解釋, 讀解	886	解釋, 讀解
837	會　　話	887	會　　話
838	慣用語, 方言, 俚語	888	慣用語, 方言, 俚語
839	アングロ−サクソン語	889	其他スラヴ語
840	ドイツ語	890	其他諸國語
841	文字. 音聲	891	ラテン語
842	語　　原	892	ギリシャ語
843	辭　　書	893	其他ヨーロッパ諸國語
844	同　義　語	894	アフリカ語
845	文　　法	895	北アメリカ土人語
846	解釋, 讀解	896	南アメリカ土人語
847	會　　話	897	太洋州土人語
848	慣用語, 方言, 俚語	898	エスペラント. 國際語
849	其他テュートン語	899	速　　記

（4版）

258 第6章 日本十進分類法の分類表の変遷

900	文學總記	950	フランス文學	
901	文學理論. 修辭學	951	詩	
902	文 學 史	952	戲　　曲	
903	事彙. 辭書. 書目	983	小　　説	
904	講　論　集	954	エッセイ	
905	逐次刊行書；文學雜誌	955	演　　説	
906	學會；議事錄 及 報告	956	書　　翰	
907	研究 及 教授	957	諷刺. 滑稽	
908	叢書, 合集	958	雜 文 學	
909	幼年文學	959	プロヴァンス文學	
910	日本文學	960	スペイン文學	
911	詩　歌	961	詩	
912	戲　　曲	962	戲　　曲	
913	小説, 物語	983	小　　説	
914	日記, 紀行, 隨筆, 小品, 評論	964	エッセイ	
915	演　　説	965	演　　説	
916	書　　翰	966	書　　翰	
917	諷刺. 滑稽	967	諷刺. 滑稽	
918	雜 文 學	968	雜 文 學	
919	琉球, アイヌ, 臺灣, 朝鮮文學	969	ポルトガル文學	
920	支那文學	970	イタリー文學	
921	漢　　詩	971	詩	
922	戲　　曲	972	戲　　曲	
923	小　　説	983	小　　説	
924	漢　　文	974	エッセイ	
925	演　　説	975	演　　説	
926	書翰. 尺牘	976	書　　翰	
927	諷刺. 滑稽	977	諷刺. 滑稽	
928	雜 文 學	978	雜 文 學	
929	其他アジヤ文學	979	其他ロマンス文學	
930	イギリス 及 アメリカ文學	980	ロシヤ文學	
931	詩	981	詩	
932	戲　　曲	982	戲　　曲	
983	小　　説	983	小　　説	
934	エッセイ	984	エッセイ	
935	演　　説	985	演　　説	
936	書　　翰	986	書　　翰	
937	諷刺. 滑稽	987	諷刺. 滑稽	
938	雜 文 學	988	雜 文 學	
939	アングローサクソン文學	989	其他スラヴ文學	
940	ドイツ文學	990	其他諸國文學	
941	詩	991	ラテン文學	
942	戲　　曲	992	ギリシャ文學	
983	小　　説	993	其他ヨーロッパ文學	
944	エッセイ	994	アフリカ諸文學	
945	演　　説	995	北アメリカ土人文學	
946	書　　翰	996	南アメリカ土人文學	
947	諷刺. 滑稽	997	太洋州土人文學	
948	雜 文 學	998	エスペラント ノ文學	
949	其他テュートン文學	999		

（4版）

第5版

　第5版の「要目表」の変更は，第4版のときも同様だったが，比較的軽微なものであった。字句の修正，追加（あるいは削除）がほとんどで，大きなところでは，448「航海天文學（全般）」が「應用天文學（全般）」になったことを除けば概念の位置づけなどの変更はほとんど見られない（表6-18，p.260〜269）。

　いっぽう「總分類細目表」は，いくつかの分野において細分展開が行われている。たとえば「011　圖書館行政」などは第4版ではすべて小数点以下1桁（分目）で，011.1から.7まで展開されていたが，第5版では011.1，.2，.4，.5がそれぞれ2桁（厘目）の展開がなされている。同様の細分展開は各類で行われているが，特に3類の社会科学の下では積極的に行われ，特に「320　法律．法学」（第4版では「法律」）の下位で顕著である。

　中でも，「322　刑法」は，第4版では分目だったものが厘目，さらに第5版で細分新設された「322.24　刑罰．行刑」の下位も.242，.243……と毛目を使用するまでに細分されている。同様に「324　民法」は，第4版で既に毛目が使用されていた「324.24　株式會社」の下位「.243　機關」の下が「.2431　株主總會」「.2432　取締役」「.2433　監査役」と，絲目（7桁）の展開がなされているなど，詳細度が深くなっている。

　また，第4版での「427.7　放射能」が第5版では429.4へ，「428.5　逆磁気」が428.7へ，など移動にともなう削除も数か所で行われている（削除されたところは第4版での記号のみ残り，項目名が割り当てられていない）。

　第5版の細目表は「本書ノ歴史」（第5章「2．本書の歴史」参照）でもふれられていたように，多くの箇所が2段組でレイアウトされている。すべての項目が2段組されているわけではないため不規則であり，通覧性はかなり損なわれている。文字の大きさも小さいものが散見されており，求める名辞を細目表のブラウズで確認するのは，それなりに通暁していないと難しい。

　他方，これによってページ数は圧縮されている。第4版以前でも2段組は時折使われていたが，第5版での改訂をそのまま1行1項で追加したのであれば，数〜10ページ程度の増加を必要としていたであろう。

260　第6章　日本十進分類法の分類表の変遷

表6-18　NDC第5版の要目表[19]

000	總　記	050	一般逐次刊行書．雜誌
001		051	日　本　語
002		052	支　那　語
003	"特殊文庫又ワ	052	イギリス語
004		054	ドイツ語
005	郷土誌料ナド	055	フランス語
006		056	スペイン語．ポルトガル語
007	ニ充ル"	057	イタリー語
008		058	ロシヤ語．其他諸國語
009		059	年　鑑
010	圖書館學	060	一般學會
011	圖書館行政	061	日　　本
012	圖書館建築	062	支　　那
013	圖書館組織	062	英　　米
014	圖書管理法	064	ド　イ　ツ
015	專門圖書館．文書館	065	フランス
016	普通圖書館	066	スペイン．ポルトガル
017	學校圖書館	067	イタリー
018	圖書 及 圖書館利用法．讀書法	068	ロシヤ．其他諸國語
019	圖書館延長 及 諸事業	069	博　物　館
020	圖書學．書誌學	070	一般新聞．新聞紙學
021	著作 及 考證	071	日　本　語
022	材料 及 形態	072	支　那　語
023	出版 及 販賣	072	イギリス語
024	名家手澤本	074	ドイツ語
025	寫　　本	075	フランス語
026	刊　　本	076	スペイン語．ポルトガル語
027	蒐書．藏書記	077	イタリー語
028	圖書館目錄	078	ロシヤ語
029	圖書解題 及 目錄	079	其他諸國語
030	百科事彙．類書	080	叢書．全集
031	日　本　語	081	日　本　語
032	支　那　語	082	支　那　語
032	イギリス語	082	イギリス語
034	ドイツ語	084	ドイツ語
035	フランス語	085	フランス語
036	スペイン語．ポルトガル語	086	スペイン語．ポルトガル語
037	イタリー語	087	イタリー語
038	ロシヤ語	088	ロシヤ語
039	其他諸國語	089	其他諸國語
040	一般講論集	090	隨筆．雜書
041	日　本　語	091	日　本　語
042	支　那　語	092	支　那　語
042	イギリス語	092	イギリス語
044	ドイツ語	094	ドイツ語
045	フランス語	095	フランス語
046	スペイン語．ポルトガル語	096	スペイン語．ポルトガル語
047	イタリー語	097	イタリー語
048	ロシヤ語	098	ロシヤ語
049	其他諸國語	099	其他諸國語

19　NDC第5版，p.37-46より

100	哲學總記	150	倫 理 學
101	目的. 効用	151	國民 及 社會道德
102	哲學史 (一般)	152	家族 及 性道德
103	事彙, 辭書. 書目	153	職業道德
104	講 論 集	154	修養. 教訓
105	逐次刊行書；哲學雜誌	155	敕語. 詔書
106	學會；議事錄, 報告	156	武士道. 武家訓
107	研究 及 教授	157	報 德 教
108	叢　書	158	石門心學. 道話
109		159	其他道德問題
110	形而上学. 理論哲學	160	宗 教
111	實體論. 存在學	161	宗 教 學
112	方 法 論	162	宗教法. 宗教行政
113	宇 宙 論	163	自然神學
114	空間. 時間	164	宗教ト科學
115	数. 量	165	社　寺
116	物質. 運動. 力	166	儀禮, 禮拜, 祈祷
117	心 靈 論	167	神話. 宗教傳説
118	認 識 論	168	原始的宗教. 宗教民俗學
119	論 理 學	169	世界各宗教. 類似宗教
120	東洋哲學	170	神　道
121	日本哲学, 日本思想	171	神道學説. 神道哲學
122	支那哲学	172	祭神. 神體. 神名
123	經　書	173	神典. 祝詞
124	儒家. 儒教	174	伊勢神宮
125	儒學諸體系	175	神社, 神職, 靈驗記, 神託
126	道家. 道教	176	祭典, 葬儀, 觸穢
127	墨家. 墨教	177	布教. 傳道
128	名家, 法家 及 雜家	178	教派神道
129	印度哲學	179	三種神器. 十種神寶
130	西洋哲學	180	佛　教
131	古代哲學	181	佛教教理. 佛教哲學
132	初期キリスト教学派 及 中世哲學	182	釋迦牟尼. 佛弟子
133	近世哲學：英. 米	183	佛典 (經. 律. 論)
134	ドイツ 及 スイス	184	語錄, 法語, 説話
135	フランス, オランダ, ベルギー	185	寺院, 緣起. 僧侶. 尼僧
136	スペイン 及 ポルトガル	186	佛會, 儀規
137	イタリー	187	布教. 説教
138	ロシヤ 及 スカンディナヴィヤ	188	佛教諸宗派
139	哲學諸體系	189	佛　像
140	心 理 學	190	キリスト教
141	個人心理學. 心理各論	191	教義神學. 信條論
142	實驗心理學	192	キリスト. 使徒
143	發生心理學	193	聖　書
144	集團心理學	194	信仰, 説話. 實踐神學
145	變態心理學	195	教會, 牧師
146	妖怪學. 心靈學. 迷信	196	儀式〔神學〕
147	咒術, 占術	197	傳道, 説教學
148	相法. 相卜	198	キリスト教各派
149	應用心理學 (全般)	199	キリスト教團體

200	歴史科學總記		250	北アメリカ洲
201	史學. 歴史哲學		251	カナダ
202	史學史		252	ニューファウンドランド
203	事彙. 辭書. 年表. 書目		253	アメリカ合衆國
204	講論集		254	アラスカ
205	逐次刊行書；史學雜誌		255	メキシコ
206	學會；議事錄，報告		256	中央アメリカ
207	考古學. 研究 及 教授		257	ホンデュラス. グァテマラ. サルヴァドル
208	叢書		258	ニカラグァ. コスタリカ. パナマ
209	世界史. 文化史		259	西インド諸島
210	日本		260	南アメリカ洲
211	東北地方		261	コロンビヤ. ヴェネズエラ. ギヤナ
212	關東地方		262	ブラジル
213	中部地方		263	パラグァイ
214	近畿地方		264	ウルグァイ
215	中國 及 四國地方		265	アルジェンティン
216	九州地方		266	チリ
217	北海道地方. 樺太		267	ボリヴィヤ
218	臺灣		268	ペルー
219	朝鮮		269	エクアドル
220	アジヤ洲		270	太洋洲. 極地
221	滿州		271	オーストララシヤ
222	支那		272	オーストラリヤ
223	印度支那		273	メラネシヤ
224	マレイ諸島〔東印度諸島〕		274	ミクロネシヤ. 南洋群島
225	インド		275	ポリネシヤ
226	イラン地方		276	ハワイ諸島
227	西部アジヤ. 小アジヤ		277	兩極地方
228	アラビヤ		278	北極
229	アジヤ-ロシヤ		279	南極
230	ヨーロッパ洲		280	傳記. 叢傳
231	ギリシャ（古代史）		281	日本人
232	ローマ（古代史）		282	アジヤ諸國人
233	イギリス		283	ヨーロッパ諸國人
234	ドイツ		284	アフリカ諸國人
235	フランス		285	北アメリカ諸國人
236	スペイン. ポルトガル		286	南アメリカ諸國人
237	イタリー		287	太洋洲諸國人
238	ロシヤ 附 北歐諸國		288	皇室. 系譜，家傳
239	其他ヨーロッパ諸國		289	各傳
240	アフリカ洲		290	地誌 及 紀行
241	北アフリカ		291	日本
242	エジプト		292	アジヤ
243	バーバリー諸國；トリポリ		293	ヨーロッパ
244	アルジェリヤ. モロッコ. テユニス		294	アフリカ
245	東アフリカ		295	北アメリカ
246	エティオピヤ		296	南アメリカ
247	印度洋諸島，マダガスカル		297	太洋洲. 極地
248	南アフリカ		298	探檢史. 發見史
249	西アフリカ		299	漂流記

300	社會科學総記	350	統計. 統計學
301	理論. 社會學	351	日本統計表
302	社 會 史	352	アジヤ洲統計表
303	事彙, 辭書. 書目	353	ヨーロッパ洲統計表
304	講 論 集	354	アフリカ洲統計表
305	逐次刊行書	355	北アメリカ洲統計表
306	學會；議事錄, 報告	356	南アメリカ洲統計表
307	研究 及 教授	357	太洋洲統計表
308	叢 書	358	特殊統計表
309	思想 及 思想問題	359	
310	政治. 政治學	360	社會問題
311	國家. 國體	361	社會政策. 社會改良
312	政 體	362	社會組織
313	議會, 立法	363	社會主義
314	選擧権, 選擧法	364	階級 及 人種問題
315	政 黨	365	生活問題. 食糧問題
316	外交, 國際關係	366	勞働 及 職業問題
317	行政. 行政學	367	婦人, 家族 及 性問題
318	地方自治行政	368	社會事業. 社會病理
319	外地行政. 移植民. 租界	369	社會團體. 祕密結社
320	法律. 法律學	370	教育. 教育學
321	憲法. 行政法. 皇室法	371	教育制度. 實地教育
322	刑 法	372	教授法. 各科教育
323	民 法	373	普通教育
324	商 法	374	高等教育, 大學, 留學
325	訴訟法. 手續法	375	專門教育
326	裁判所構成法. 司法	376	師範教育
327	國 際 法	377	特種教育
328	古代法制. 有職故實	378	社會教育
329	外 國 法	379	学生 及 試驗. 学校案内
330	經濟. 經濟學	380	民俗學. 風俗 及 習慣
331	經濟政策	381	服飾, 流行
332	資本主義. 帝國主義	382	禮儀. 作法. 社交
333	人 口	383	社會風習
334	生産, 土地, 資源, 資本	384	民間年中行事
335	企業 及 經營. 組合	385	家庭風習
336	金融, 物價, 貨幣, 爲替	386	冠婚葬祭
337	景氣. 恐慌	387	遊里風俗
338	所得, 分配. 消費	388	傳説, 説話
339	保 險	389	民謠, 諺
340	財政. 財政學	390	國防. 軍事
341	財政政策. 財務行政	391	軍備, 兵制
342	會計法. 會計制度	392	戰爭, 戰略, 戰術, 戰記
343	經費. 歲出論	393	軍 法
344	收入. 租税	394	軍陣醫學
345	關 税	395	兵器, 軍需品, 兵糧
346	公 債	396	陸 軍
347	官業 及 官有財産. 專賣	397	海 軍
348	地方財政	398	空軍. 防空
349	外地財政	399	武藝（古代兵器 及 兵法）

（5版）

400	自然科學總記		450	地質學. 地理学
401	理　　論		451	動力地質學. 地球物理学
402	科　學　史		452	地理學. 地形學. 海洋學
403	事彙, 辭書. 書目		453	氣　象　學
404	講　論　集		454	地震學. 火山學
405	逐次刊行書；科學雜誌		455	層位學, 地史學
406	學會；議事錄, 報告		456	岩　石　學
407	研究 及 教授		457	結　晶　學
408	叢　　書		458	鑛　物　學
409	蘭學. 洋學		459	古生物學
410	數　　學		460	生物學. 博物学
411	算　　術		461	系統 及 比較生物學
412	代數學. 整數論		462	生命, 生活現象, 生物本質
413	確　率　論		463	進　化　論
414	解　析　學		464	優　生　學
415	幾　何　學		465	顯微鏡 及 檢鏡法. 細菌學
416	三　角　法		466	天然記念物
417	畫法幾何學. 圖學		467	本　草　學
418	解析幾何學		468	人類學, 人種學
419	和漢算法, 珠算		469	先史考古學
420	物　理　學		470	植　物　學
421	力　　學		471	植物形態學
422	流體力學		472	植物生理學
423	氣體力學		473	植物病理學
424	音　響　學		474	植物生態學
425	光　　學		475	植物地理學
426	熱　　學		476	植物分類學
427	電　氣　學		477	隱花植物
428	磁　氣　學		478	顯花植物
429	原子物理學		479	應用植物學（全般）
430	化　　學		480	動　物　學
431	理論化學. 物理化學		481	動物形態學
432	實驗科學		482	動物生理學
433	分析化學		483	動物病理學
434	定性分析		484	動物生態學
435	定量分析		485	動物地理學
436	合成化學		486	動物分類學
437	無機化學		487	無脊椎動物
438	有機化學		488	脊椎動物
439	應用化學（全般）		489	應用動物學（全般）
440	天　文　學		490	醫　　學
441	理論天文學		491	解　剖　學
442	天體力學		492	生理學. 醫化學
443	實地天文學		493	病理學. 細菌學
444	位置天文學. 球面天文學		494	藥學. 藥理學
445	曆學, 曆書		495	治　療　法
446	天體物理學. 記述天文學		496	内科學. 小兒科學
447	地　　球		497	外科學 皮革, 眼, 耳鼻咽喉, 歯科
448	測　地　學			學
449	應用天文學（全般）		498	産婦人科學. 産婆學
			499	衛生學. 法醫學

3. 第3次区分および細目表　*265*

500	工藝學. 工學 及 工業總記	550	鑛山工學
501	基礎工學	551	鑛業經濟. 政策 及 經營
502	工業史 及 事情	552	採鑛, 鑛床學
503	事彙, 辭書. 書目	553	採　鑛
504	講　論　集	554	選　鑛
505	逐次刊行書；年鑑	555	試　金
506	學會；議事錄, 報告	556	冶金. 金属工學
507	研究 及 教授. 科學模型	557	炭坑. 採炭
508	叢　　書	558	油田. 採油
509	工業經濟 及 工業所有權	559	建築石材 及 寶石
510	土木工學	560	海事工學
511	土工力學, 材料 及 施工法	561	船舶工學. 造船學
512	鐵道工學	562	舶用機關學
513	道路工學	563	運　用　術
514	橋梁工學	564	航　海　術
515	隧道工學	565	水路測量. 水路圖誌
516	水工學. 河海工学	566	水路法, 水先案内
517	港灣工學	567	海上信號. 航路標識
518	運河工學	568	船員. 海難 及 救助
519	衛生 及 都市工學	569	潛　水　術
520	建　築　學	570	化學工業
521	日本建築樣式	571	化學藥品, 工業藥品
522	東洋建築樣式	572	電氣化學工業
523	西洋建築樣式	573	珪酸鹽工業
524	建築材料 及 構造	574	燃料 及 爆發物工業. 乾溜工業
525	建築計畫 及 施工法	575	油脂工業, 化粧品工業
526	各種建築	576	塗料 及 染料工業
527	住宅建築	577	纖維素化學工業
528	建築設備	578	飲料品 及 食品工業
529	建築意匠 及 裝飾	579	其他化學工業
530	機械工學	580	製造工業
531	機構學, 機械材料 及 設計	581	金屬製品工業
532	蒸汽工學	582	
533	内燃機關	583	木材工業. 家具工業
534	水力機械. 揚水機	584	皮革工業
535	氣壓機械	585	紙　工　業
536	機械工作. 工作機械. 精密工作	586	纖維工業
537	捲揚機 及 運搬機	587	ゴム工業
538	航空工學	588	手　工　業
539	自動車工學	589	其他雜工業
540	電氣工學	590	家　　事
541	電氣材料 及 測定	591	家庭經濟
542	發　　電	592	家庭科學
543	電氣機器	593	裁　　縫
544	送電 及 配電	594	衣類整理 及 洗濯
545	電燈. 照明, 電熱	595	美　容　術
546	通信工學	596	食物, 料理
547	無線工學	597	住居 及 家具
548	電氣鐵道 及 電氣自動車	598	家庭醫學
549	其他電氣應用	599	育　兒　法

（5版）

600	産業總記	650	蠶　業
601	産業政策	651	蠶業經濟，蠶業政策
602	産業史 及 事情	652	蠶體學
603	事彙，辭書．書目	653	蠶　種
604	講 論 集	654	養　蠶
605	逐次刊行書	655	蠶室，蠶具
606	博覽會，共進會	656	病害 及 保護
607	硏究 及 教授	657	栽　桑
608	叢　書	658	繭
609	度 量 衡	659	生　絲
610	農　業	660	水 産 業
611	農業經濟．農政學	661	水産經濟，漁業政策
612	農業基礎科學	662	水産基礎科學
613	育種學．種苗	663	水産養殖
614	作物栽培	664	漁業，漁撈
615	農業工學	665	漁船，漁具
616	作物病害 及 保護	666	水産病害 及 保護
617	農産製造	667	水産製造
618	農産物利用	668	水産利用
619	茶　業	669	鹽　業
620	園　藝	670	商　業
621	園藝經濟	671	商業經濟，商業政策
622	蔬菜園藝	672	商品，包装
623	花卉園藝．盆栽	673	商店經營．販賣
624	果樹園藝	674	廣　告
625	園藝用具．溫室	675	市場，取引所 及 相場
626	園藝作物病害 及 保護	676	銀行，信託 及 會社
627	園藝作物加工品	677	倉　庫
628	園藝利用	678	外國貿易
629	造　園	679	會計．簿記
630	林　業	680	交　通
631	林業經濟，林政學	681	交通經濟．交通政策
632	森林基礎科學	682	水上交通
633	森林經營．施業	683	河航．渡船
634	造　林	684	運河．海峽
635	森林工學	685	海　運
636	森林保護	686	陸上交通
637	林産製造	687	道路．自動車運輸
638	森林利用	688	鐵　道
639	狩 獵 術	689	航空運輸
640	畜 産 業	690	通　信
641	畜産經濟，畜政學	691	通信政策
642	畜産飼糧	692	郵　便
643	養　畜	693	電　信
644	養　禽	694	寫眞電送
645	養蜂，養蟲	695	電　話
646	酪　農	696	ラディオ
647	畜産製造	697	メッセンジャー　サーヴィス
648	畜産利用	698	信　號
649	獸 醫 學	699	傳 書 鳩

700	美術〔藝術〕總記	750	工藝美術
701	美學. 藝術解剖學	751	窯工藝
702	美術史	752	漆工藝
703	事彙, 辭書. 書目	753	染織工藝
704	講論集	754	木竹工藝
705	逐次刊行書；美術雜誌	755	玉石, 牙角, 皮革及雜工藝
706	美術團體, 美術館, 展觀	756	金工藝
707	研究及教授	757	裝飾
708	叢書. 圖錄及美術目錄	758	美術家具
709	國寶. 古器	759	美術玩具
710	彫刻	760	音樂
711	材料及技法	761	邦樂. 支那樂
712	塑造	762	聲樂
713	木彫	763	劇樂. 歌劇
714	石彫	764	聖樂. 宗教音樂
715	金彫	765	器樂合奏
716	象牙彫, 角彫	766	鍵盤樂器
717	篆刻, 印章, 花押, 落款, 印譜	767	絃樂器
718	錢貨學, 古錢, メダル	768	管樂器
719	金石史, 銘	769	打樂器. 機械樂器
720	繪畫	770	演劇
721	日本	771	日本劇
722	支那	772	支那劇
723	西洋	773	西洋劇
724	繪畫ノ主題	774	能. 狂言
725	素描. 描畫	775	人形芝居
726	水彩畫. 油繪. 壁畫	776	野外劇, 兒童劇
727	圖案	777	歌劇, 舞踊
728	書及書道	778	映畫, 映畫劇
729	文房具	779	巷間演藝
730	版畫. 印刷	780	運動. 競技
731	木版. 版畫	781	體操及遊戲
732	金屬版及腐蝕版	782	陸上競技
733	凸版〔活版〕	783	球技
734	平版印刷	784	氷雪上競技
735	凹版印刷	785	水上競技. 航空競技
736	特殊印刷	786	競馬
737	タイプライター	787	遊獵, 放鷹, 釣魚, 楊弓
738	製本	788	登山, 遠足. 物見遊山
739	出版, 版權	789	相撲, 拳鬪其他鬪技
740	寫眞	790	遊藝. 娛樂
741	材料及技法	791	茶道
742	寫眞光學	792	香道
743	寫眞化學	793	華道
744	撮影法	794	盆景, 盆石, 盆畫
745	陰畫法	795	熟練遊技
746	陽畫法	796	僥倖遊技
747	寫眞複製法	797	投扇興, 投壺, 拳, 獨樂
748	天然色寫眞. 赤外線寫眞	798	福引, 判じ物, 手品
749	幻燈寫眞	799	社交ダンス

（5版）

268　第6章　日本十進分類法の分類表の変遷

800	語學總記	850	フランス語
801	理　論	851	文字. 音聲
802	言語史, 言語地理學	852	語　原
803	事彙, 辭書. 書目	853	辭　書
804	講　論　集	854	同　義　語
805	逐次刊行書；語學雜誌	855	文　法
806	學會；議事錄 及 報告	856	解釋, 讀解
807	研究 及 教授	857	會　話
808	叢　書	858	慣用語, 方言, 俚語
809	比較言語學	859	プロヴァンス語
810	日　本　語	860	スペイン語
811	文字. 音聲	861	文字. 音聲
812	語　原	862	語　原
813	辭　書	863	辭　書
814	同　義　語	864	同　義　語
815	文　法	865	文　法
816	解　釋	866	解釋, 讀解
817	國語問題, ローマ字	867	會　話
818	慣用語, 方言, 俚語	868	慣用語, 方言, 俚語
819	琉球, アイヌ, 臺灣, 朝鮮語	869	ポルトガル語
820	支　那　語	870	イタリー語
821	文字. 音聲	871	文字. 音聲
822	語　原	872	語　原
823	辭　書	873	辭　書
824	同　義　語	874	同　義　語
825	文　法	875	文　法
826	解　釋	876	解釋, 讀解
827	會　話	877	會　話
828	慣用語. 方言, 俚語	878	慣用語, 方言, 俚語
829	其他アジヤ諸國語	879	其他ロマンス語
830	イギリス語	880	ロシヤ語
831	文字, 音聲	881	文字. 音聲
832	語　原	882	語　原
833	辭　書	883	辭　書
834	同　義　語	884	同　義　語
835	文　法	885	文　法
836	解釋, 讀解	886	解釋, 讀解
837	會　話	887	會　話
838	慣用語, 方言, 俚語	888	慣用語, 方言, 俚語
839	アングローサクソン語	889	其他スラヴ語
840	ドイツ語	890	其他諸國語
841	文字. 音聲	891	ラテン語
842	語　原	892	ギリシャ語
843	辭　書	893	其他ヨーロッパ諸國語
844	同　義　語	894	アフリカ語
845	文　法	895	北アメリカ土人語
846	解釋, 讀解	896	南アメリカ土人語
847	會　話	897	太洋州土人語
848	慣用語, 方言, 俚語	898	エスペラント. 國際語
849	其他テュートン語	899	速　記

3. 第3次区分および細目表　*269*

900	文學總記	950	フランス文學
901	文學理論. 修辭學	951	詩
902	文 學 史	952	戲 曲
903	事彙, 辭書. 書目	983	小 説
904	講 論 集	954	エッセイ
905	逐次刊行書；文學雜誌	955	演 説
906	學會；議事錄 及 報告	956	書 翰
907	研究 及 教授	957	諷刺. 滑稽
908	叢書, 合集	958	雜 文 學
909	幼年文學	959	プロヴァンス文學
910	日本文學	960	スペイン文學
911	詩 歌	961	詩
912	戲 曲	962	戲 曲
913	小説, 物語	983	小 説
914	日記, 紀行, 隨筆, 小品, 評論	964	エッセイ
915	演 説	965	演 説
916	書 翰	966	書 翰
917	諷刺. 滑稽	967	諷刺. 滑稽
918	雜 文 學	968	雜 文 學
919	琉球, アイヌ, 臺灣, 朝鮮文學	969	ポルトガル文學
920	支那文學	970	イタリー文學
921	漢 詩	971	詩
922	戲 曲	972	戲 曲
923	小 説	983	小 説
924	漢 文	974	エッセイ
925	演 説	975	演 説
926	書翰. 尺牘	976	書 翰
927	諷刺. 滑稽	977	諷刺. 滑稽
928	雜 文 學	978	雜 文 學
929	其他アジヤ文學	979	其他ロマンス文學
930	イギリス 及 アメリカ文學	980	ロシヤ文學
931	詩	981	詩
932	戲 曲	982	戲 曲
983	小 説	983	小 説
934	エッセイ	984	エッセイ
935	演 説	985	演 説
936	書 翰	986	書 翰
937	諷刺. 滑稽	987	諷刺. 滑稽
938	雜 文 學	988	雜 文 學
939	アングローサクソン文學	989	其他スラヴ文學
940	ドイツ文學	990	其他諸國文學
941	詩	991	ラテン文學
942	戲 曲	992	ギリシャ文學
983	小 説	993	其他ヨーロッパ文學
944	エッセイ	994	アフリカ文學
945	演 説	995	北アメリカ土人文學
946	書 翰	996	南アメリカ土人文學
947	諷刺. 滑稽	997	太洋州土人文學
948	雜 文 學	998	エスペラント　ノ文學
949	其他テュートン文學	999	

（5版）

270 第6章　日本十進分類法の分類表の変遷

第6版

　第6版（抄録版）の總分類細目表は，内容は第5版そのままであるが，白紙ページは省かれており，細目表の最後146ページは上半分が「990　其他諸國文學」，下半分には奥付が置かれている本書の最終ページである。限界までページ数を節約した結果である。

4. 助記表およびその他の諸表

　「助記表」は，現在のNDCでいう「補助表」に相当する（「助記表」の名称は新訂8版まで使用された）。複数の付表からなるが，これらについては本書では引用はせず，その構成や，主要な箇所の比較や考察にとどめる。

　その他，NDCには各種の記号表（例：第3版での「兒童用日本十進分類表」）が改訂とともに設けられている。これらは次版に継承され，改訂時にも内容が変わることはほとんどなかった。

原案

　原案の「助記表」は全部で1ページに収めるという，簡素ながらも（A）一般形式區分，（B）地理的區分，（C）言語的區分（國語區分），（D）分類區分，（E）文学形式區分，（F）言語形式區分と，現在のNDCの「補助表」と大きく変わらない構成となっている。

　うち，（A）一般形式區分は現在の形式区分の原型ともいえる01から09の記号と使用例が表として記されているが，使用法は現在と異なり（具体的な言及はないが）細目表で指示のある分類項目の下位にしか付加できなかったように思える。

　（B）地理的區分は「10-79（細目表210-279ニヨル）」，（C）言語的區分（國語區分）は「10-97（細目表910-997ニヨル）」，（E）文学形式區分は「1-8（細目表830-338ニヨル）」※，（F）言語形式區分「1-8（細目表930-939ニヨル）」と，それぞれの例の提示だけにとどめ，これらの助記表を「表」というにはあまりに簡素である（※注：原文ママ；「830-838」の誤記）。

また，（D）分類区分は「100 -999　細目表ニヨル」とし，使用例として「017.76　音楽圖」（＝017 専門図書館＋760 音楽）とあるように，細目表中に「分類区分」と指示のあるところで表の記号を合成できる機能を示している。用語はともかく，現在の NDC でもこの機能は随所に残っており，新訂 10 版の表現では「綱目表に準じて細分」として 2 桁を付与しての細分が可能であることを指示している（例：018.37　教育図書館）。

第1版

第 1 版「助記表（MNEMONIC TABLES)」は，以下のものが用意されている。原案のものより種類が増えた。

その使用法に共通しているのは，総表で指示のある箇所だけに適用できるという点であり，これは現在の補助表の使用法とは異なる。ほとんどの補助表は総表の記号に準じており，助記表には記号 1 桁だけが列挙されている（B　一般形式及總記共通區分を除く）。

■A　主分類區分

現在の「＊綱目表に準じて細分」に相当。総表の記号に準じ，特定主題に関するものに使用する。例として「371.44　科學教授法」（371.4 諸科教授法，教科書）が挙げられている。

■B　一般形式及總記共通區分

現在の形式区分に相当。これは総表とは独立した記号群である。原案に比べて項目は増えたが，現在使用されていないもの（「014　心理」や「017　美術，美学」など）や後に変更になったもの（「015　統計」や「09　随筆，雑書，講義録，教科書ナド」など）がある。

■C　地理的區分

ここには基本的な 1 桁しか列挙されていないが，「2　アジヤ」の隣に「22　支那　ナド」，「3　ヨーロッパ」の隣に「33　イギリス　等」と例の記載がある。また，（詳細ハ總表中　歴史ノ部 210 -799 ニ依ル，但シ最初ノ 2 ヲ除ク）と注記

されており，実際上現在の地理区分と同様である。

■D　日本地方區分

地理区分と独立した表として，「1　関東地方」から「9　朝鮮地方」まで1桁列挙されている。これも211-219と対応している。

■E　日本時代區分

これも210の下にある時代区分の1桁だけを列挙している。例として「913.3　平安時代ノ小説物語」が挙げられている。

■F　言語的區分

810-899と対応し，1桁だけ列挙されている。

■G　言語共通區分

これは基本1桁だが，「5　文法」の下位に「59　作文」がある（現在は言語共通区分に-59は存在しない）。他の項目も現在のものと若干異なる。

■H　文學形式區分

これは1桁のみ，8項目が列挙されている。ただし「4　論文」など現在のものと一部が異なっている。

第2版

第2版「助記表」の種類は第1版と変わらないが，各表の名称のうち，「C　地理的区分」は「C　地方區分」に，「F　言語的區分」は「F　國語區分」に，「G　言語共通區分」は「G　國語共通區分」にそれぞれ変更となった。さらにどの表にも例が付され，実際の適用がよりわかりやすくなった。また，段組みのレイアウトが改善され，やや見やすくなっている。

　また，「B　一般形式及總記共通区分」については内容が整理され，第1版にあった番号・標目のいくつかが廃止されている。たとえば第1版の「016　報告」は廃止された。第2版では逐次刊行書の一種としての「059　年鑑，報

告，統計表ナド」に統合されたものと思われる（単行される報告については上位の01に「概論」「梗概」などがあるので，そちらに包含されたと考えられる）。

第3版

第3版「助記表」も，第2版と大きな変化はない。

「B　一般形式區分及總記共通形式區分」は第2版の「B　一般形式及總記共通區分」から名称を変更している。その内容として特徴的なのは

　　000-009　他ノ主題トノ關係（主分類區分オスル）

　　　　例：490.016　醫學ト宗教

という1項が加えられた点である。他の項目にも差異は見られない。

その他の助記表は，例示も含めほぼそのまま第2版を踏襲している。

例外は，「D　日本地方區分」の関東と東北が入れ替わったことと，「H　文学形式區分」の「4　論文」が「4　論文〔エッセイ〕」と変更になった箇所程度である。

第4版

第4版「助記表」はレイアウトを大きく変えた。

第3版では部分的に2段組であり，「A　主分類區分」と「B　一般形式區分及總記共通形式區分」は1段だったものが，第4版ではすべて2段組となった。段組みの中央に罫線がひかれ，わかりやすくレイアウトされている。

また，これまでは「A　主分類區分」というように表記されていたものが「表A．主分類區分」と改まっている。

助記表の扉で，使用方法について第3版では（助記法ニ就テワ導言第18頁オ参照）と書かれていたのに対し，第4版では（助記法ニ就イテワ導言ノ"助記法"ノ項オ参照）とページではなく項目を指示している。

内容も，例示がかなり増え，また項目名も補記された箇所が多くなっている。

特に「B　一般形式區分及總記共通形式區分」（現在の形式区分）は，たとえば03の下位が第3版では「039書目，要語索引ナド」しかなかったのに対し，031／039の9区分に展開された（ただし現在の体系とは大きく異なる）など，項

274 第6章 日本十進分類法の分類表の変遷

表6-19 日本時代区分の比較[20]

第4版	第3版
1 古代	1 上古時代
2 　奈良時代	2 奈良時代
3 　平安時代	3 平安時代
4 　中世：鎌倉時代	4 鎌倉及吉野時代
5 　室町桃山時代	5 室町及安土桃山時代
6 　近世：江戸時代	6 江戸時代
7 　最近世：明治以後	7 明治，大正，昭和時代

目数が倍近くに及んでいる（第3版19項目に対し，第4版35項目）。

　また，「Ｅ　日本地方区分」は，記号に対する時代の範囲は変わらないが，字下げにより古代，中世，近世をまず分けている（表6-19）。

　これは，十進体系の階層性からすると必ずしも適切な区分ではないが，助記記号として1桁付加するだけであるから，許容できる範囲と考えられなくもない（厳密に十進体系として考えるなら，奈良時代は「1　古代」の下位に「11　奈良時代」のようにすべきであるが，字下げで1の下位にあたることを示している）。

　その他，「Ｈ　文學形式區分」は項目名が若干変更になっている。

第5版

　第5版「助記表」は，第4版で大きく変わったこともあり，第5版では全く差異がない（表Ｃ地方区分の例示レイアウトなどごく微細な修正はある）。

　ただし地方区分や国語区分は2類や8類の内容を援用しているので（詳細は総表参照，というように），助記記号にまったく差異がないわけではない。

兒童用日本十進分類表

　これは第3版で新設され（相関索引の後，巻末に掲載），第5版まで改訂なく掲載された。表6-20では，第3版掲載のものをもとに2桁までのみ掲載した（小数点以下の13項目は省略）。

20　NDC第4版，p.192およびNDC第3版，p.183をもとに作成

4. 助記表およびその他の諸表　*275*

表6-20　兒童用日本十進分類表[21]

00	**一般圖書**	**50**	**工作. 工業. 發明**
00	郷　土	51	鐵道, 道路, 橋, 港, 水道, トンネル
01	圖書館. 讀書法	52	建築, 家
02	圖書目録. 本ノ話	53	機械, 汽車, 飛行機, 自動車
03	百科事彙	54	電信, 電話, ラヂオ, 電燈, 電車
05	雑誌. 年鑑	55	鑛山, 油田, 炭坑
06	博物館	56	船, 航海, 燈臺
07	新　聞	57	火藥, ガス, 石油, マッチ, ガラス, 酒
08	叢書, 全集	58	紙, 絲, 織物, ゴム, 金物
09	雑	59	家事, 裁縫, 手藝, 料理
10	**哲　學**	**60**	**産業. 物産**
11	日本精神. 大和魂	61	農業 (米, 麦, 棉, 茶)
12	孔子, 老子ノ教	62	園藝, 野菜, 果物, 公園, 庭
13	西洋ノ哲學	63	林業, 山林, 材木, 竹
14	國民性, 記憶術	64	牧畜 (牛, 馬, 羊, 犬, 鶏, 蜜蜂)
15	修身, 作法 教訓, 事蹟	65	蠶業 (蠶, 桑, 生絲)
16	宗教. 神話. 傳説	66	漁業. 漁夫
17	神道. 神社. 神器	67	商業. 市場, 銀行, 會社
18	佛教〔釋迦ノ教〕	68	交　通
19	キリスト教. 聖書物語	69	通信 (郵便, 電報, 傳書鳩)
20	**歴　史**	**70**	**美術. 藝術**
21	日本史〔國史〕	71	彫刻, 彫物
22	東洋史 (滿洲國, 支那其他アジヤ)	72	繪, 圖畫, 漫畫. 繪本
23	西洋史 (ヨーロッパ, アメリカ, ア	73	印刷, 版畫, 寫シ繪
	フリカ)	74	寫眞, 幻燈
		75	手工, 陶器, 玩具
26	皇室. 天皇	76	音樂 (唱歌, 樂器, レコード)
27	紋. 國旗	77	芝居, 映畫
28	傳記 (英雄, 偉人物語, 逸話)	78	運動, 遊戯, 體操
29	地理. 旅行記	79	生花, 茶之湯, 双六, 舞
30	**社會. 公民**	**80**	**國　語**
31	政治 (國家, 議會, 選擧)	81	文字, 假名遣, 字引
32	法　律	82	讀方, 讀本, 課外讀本
33	經濟. 貨幣	83	書方, 習字手本
34	財政. 租税		
35	統計, 国勢調査	85	綴方, 文集, 作文
36	慈善事業	86	話方, 繪噺
37	學校, 試驗, 學藝會	87	ローマ字
38	風俗 (年中行事, 民謡)		
39	軍事 (國防, 兵器, 陸・海・空軍)	89	外國語 (英語, ドイツ語ナド)
40	**理科〔科學〕 科學遊戯. 發見**	**90**	**文　學**
41	數學 (算術, 珠算, 代数, 幾何)	91	和歌, 俳句, 童謡, 童詩
42	物理 (力, 光, 音, 熱, 電氣, 磁石)	92	兒童劇, 對話
43	化學〔物質ノ變化〕	93	童話, お伽噺
44	天文 (太陽, 月, 星, 地球, 暦)	94	物語 (小説, 戯曲ナドノ)
45	地學 (山, 川, 海, 空, 地震, 鑛物)	95	少年少女小説
46	博物 (生物, 進化, 人間)	96	講談
47	植物 (草, 木, 花)	97	滑稽, 笑話, 判ジ物
48	動物 (蟲, 魚, 鳥, 獸)		
49	醫學 (身體, 病氣, 藥, 養生)		

21　NDC 第3版, p.302-303 をもとに作成

276　第6章　日本十進分類法の分類表の変遷

　一般（成人）向け図書とは「全ク別組織ノモトニ整理スル」ことを意図しているようで，NDC の体系に準じつつも基本は2桁（一部小数点を用いて3桁），また一部の項目は主綱表や要目表とも違いを持たせている。総じて，主綱表や要目表の名辞の読み替えや抜粋がほとんどだが，特に1類には大きな読み替えが多い。時世が反映したものであろうか。

　小数点以下の展開があるのは 15，28，29，37 の4箇所・計13項目だけである。

　なお 04（本来の 040 一般論文集）はこの表には存在せず，かわりに 00 が上位（総記）を示す一般図書と，郷土資料のための 00 とが書かれている。

　また，世界史は三分法を用いている（29.1／.7 は NDC に準じた1桁の地理区分）。そのぶん 24／25 は存在せず，「26　皇室．天皇」「27　紋．国旗」というように，この表は単純に NDC を短縮形にしたわけではない。

　いちばん大きい改変は，8類が基本的に国語であり，外国語は 89 のみという点である。また文学も同様で，ここでは言語を考慮せず，国内外の文学とも形式で区分しているように思われる（数の多い小説が 93 ではなく 94 であるのもやや興味深い）。

小圖向日本十進分類表

　第4版で新設され（「兒童用日本十進分類表」の前に掲載），第5版まで改訂なく掲載された。

　　此ノ分類表ワ青年圖文庫ソノ他小形ノ一般圖用トシテ總表ヨリ必要ト認ム
　　ルノオ適出シタモノデアル

とのみ短い解説が添えられ，5ページにわたって2段組みで列挙されている。

　内容は，原則として3桁の分類記号と項目名が列挙されただけのもので，注記等はごく最小限である。

　精粗の度合いもまちまちで，心理学は 140 のみで 141／145 は省略（146／148 はある），神道は 170 と 175，178 のみ，キリスト教は 190 のみというように括りの大きいものから，「360　社会問題」や「390　軍事」のように9区分すべてが列挙されている綱目もある。「335 企業．経営」はこの表ではかなり例外的に，分目（小数点以下1桁）の記載がある（他に 291.1／9（日本の）地誌，紀

行，910，911，912，913の下位で分目が用意されている。逆に，歴史では
「220　アジア諸国史」の下位は221／229と各国（地方）が展開されているの
に対し，「230　欧州史，西洋史」の下位はまったく展開されていない（イギリ
スもドイツもすべて230）。

小説作者記號表

　これは第5版で新設された（第5版の巻末「兒童用日本十進分類表」の後に掲載）。
　以前より森は著者記号表の必要性についても言及していたが，これはごく簡
素な表であり，小説に使用を限定している。単純化した使用法は，10項ある
使用法の1項目にこう記されている。

　　1．小説（明治以後）別集（一個人ノ作品ワ總テ‘F’[FictionノF]ノ記
　　號文字ト，ソノ著者名ニヨッテ下記表ノ2数字ヲ使用シ，コレオ分類記號
　　ト見做ス．例エバ：―菊池寛ノ小説ワF20，横光利一ノモノワF92ノ如
　　ク．

　表によれば「キ　―　キコ」は20，「ヨ　―　ヨサ」は92であり，小説を
示すFにそのまま付加することで，「913.7　現本小説」の代替とし，大雑把な
著者50音順での排列を可能にするものである。

　記号は表6-21に抜粋したようなものであり，たとえば，島崎藤村の小説で
あればシマ→37となり，F37となる。数字記号と文字範囲に規則性はなく，

表6-21　小説作者記號表（抜粋）[22]

著者表								
00	ア	―	アオ	35	シ	―	シト	70	ヒヤ	―	ヒン
01	アカ	―	アト	36	シナ	―	シホ	71	フ	―	フコ
02	アナ	―	アヨ	37	シマ	―	シモ	72	フサ	―	フト
03	アラ	―	アン	38	シヤ	―	シヨ	73	フナ	―	フン
04	イ	―	イコ	39	シラ	―	シン	74	ヘ		
05	イサ	―	イソ					75	ホ		

22　NDC第5版，p.324より抜粋

付与された数字記号から著者名を逆算的に類推することは難しい。

この使用法では続いて，同一記号のもとに多数著者が集まる際の工夫として図書記号の中で調整する方法，全集や合作，合集等さまざまな例が示されている。

これは簡素な著者記号表であったが，森自身の手によって『カッター・サンボーン著者記号表（Cutter-Sanborn three-figure author table)』の日本版ともいうべき，ローマ字と数字からなる精緻な『日本著者記号表』[23] が刊行されたのは，1951（昭和26）年のことである（『図書館雑誌』に案を公表したのは1949年）。

5. 相関索引等

相関索引については，NDCがこれを原案の時点から設けていたのは当時の国内の分類法と大きく異なった点である。この変遷については，顕著な変更点だけの記述にとどめ，収録されている個々の語については考察をしない。また，初期は相関索引だけでなく，範囲を限定した索引も複数備えられていた。

この統廃合は第3版まで試行錯誤しながら続けられた。

原案

原案では，記事後半（1巻3号）に割かれた47ページのほぼすべてを索引に充てている。

現在のNDCの相関索引と異なり，いわゆるA–Z順の主題に対する索引全体を「Ⅱ　相關索引」として載せているほか，「Ⅲ　地名記號表索引」「Ⅳ　言語索引」「Ⅴ　地理細目事項表」「Ⅵ　日本地名記号表」を含めたものとなっている（最後の二つは「助記表」の性格を帯びている）。

第1版

第1版では，巻末に以下の四つの索引が設けられた。
- 相關事項名索引（RELATIVE SUBJECT INDEX）

23　文献（e54）：森清『日本著者記号表』（1951）

1ページの凡例に続いて，ローマ字順の索引が64ページにもわたって掲載されている。

頭文字ごとに区切ってあるが，さらに「Ab」「Ac」「Ad」など2〜3文字でも区切りを印字してあり，視認性を工夫している。

• 地理的區分事項索引

上述のとおり，地理的区分を使用できるのは総表で指示のある箇所だけであるため，その指示のある分類を，項目のローマ字順に索引化したものである（例：702　美術．美術史，706　美術館……）。

• 英綴地理的記號索引

地理的区分に用いる記号を，国名・地域名の英語型（イギリス綴アルファベット順）で検索できるようにした索引である。ここでは地理的区分の記号だけが列挙されており（例：Africa　4，Africa—East　45……），歴史なら2，迷信なら388にその記号を附加するよう指示されている。

• 英綴言語的記號索引

同様に，言語名の英語型で検索できる索引である。ここはすべて8から始まる分類記号それ自体が示されている（例：Arabic　829.77，Bantu　894.93）。

第2版

第2版の索引は「地理的區分事項索引」が相関件名索引内に組み込まれ，3表となった。

種類としては「相關件名索引」と「英綴地方及國語記號索引」の2種で，後者に2表が含まれている。

• 相關件名索引（RELATIVE SUBJECT INDEX）

事項名索引から件名索引に名称が変更された。凡例も2ページとなり，索引全体としても97ページに大幅拡充されている。この拡充に際しては，標目の選択は主として加藤宗厚の『日本件名標目表』[24] に拠ったことと，「中川貞惠君ノ少カラヌ助力ヲ得タ」ことが凡例の最後に述べられている。

• 英綴地方及國語記號索引（INDEXES OF LOCAL AND LANGUAGE NUMBERS）

24　文献（e24）：加藤宗厚『日本件名標目表』（1930）

280 第6章 日本十進分類法の分類表の変遷

この見出しのもと，2表が置かれている。

• 英綴地方記號索引（INDEX OF LOCAL NUMBERS）

第1版の「英綴地理的記號索引」からの名称変更である。第1版の5ページから第2版では6ページに拡充された。

• 英綴國語記號索引（INDEX OF THE LANGUAGE NUMBERS）

第1版の「英綴言語的記號索引」からの名称変更である。こちらはページ数に差異はない。

第3版

第3版では，索引は「相關件名索引」と「地方記號索引」の2表になった。

第2版にあった「英綴國語記號索引」については，第3版では掲載されていない。このことについては，「本書ノ歴史」で「餘リ必要オ認メナイノデ掲載オ見合セタ」とある。

• 相關件名索引（RELATIVE SUBJECT INDEX）

凡例が少し整理され，15項あった項目は11項になった。凡例の末尾に，

索引ノ作成ニアッテワ，尾崎委久子君ノ好意デ，標目全部オカードニ浄書
シテ貫ウコトガ出來タ．爰ニソノ助力ヲ謝ス．

と，作業手順についても記している。

また，索引語も第1版からの増加に比べれば若干ではあるが，細目表の増加にあわせて語彙を増やしている。

• 地方記號索引（INDEX OF LOCAL NUMBERS）

第2版の6ページから，第3版では9ページに拡充されている。これは，あらためて相関件名索引から地名に関する語が独立し，第2版の「英綴地方記號索引」と統合されたものである（ローマ字順に和洋混排）。

第4版

第4版の索引の構成は，第3版を踏襲している。

• 相關件名索引（RELATIVE SUBJECT INDEX）

凡例から，第3版で記載のあった協力者尾崎委久子への言及がなくなり，10項になった。

索引のページ数は 118 ページから 129 ページへと大幅に増えている。

• 地方記號索引（INDEX OF LOCAL NUMBERS）

第 3 版の 9 ページから，第 4 版では 10 ページに拡充されており，20〜30 件程度の追加が行われた。

第 5 版

第 5 版でも索引の構成は変わっていない。

• 相關件名索引（RELATIVE SUBJECT INDEX）

凡例は 10 項までは第 4 版と差異なく踏襲しているが，11 項に，新たに華語について言及された。

> 11. 華語項目（合作，典當，合會ナド）ワ本索引ヨリ除外シタ．之レ等ワ近ク取リ纏メノ上何等カノ方法デ發表スル考デアル．

索引のページ数は，第 4 版に比して微増である。

ただ，内容を比較すると「アメリカ土人文学」や「アメリカ画派」などのように，第 4 版で存在していた索引語が削除されているものもわずかながら見られる。

また，排列用のローマ字表記が省略され，見やすくなっている。第 4 版以前は過半数の見出語につけられていたが，第 5 版では主要なものだけに付されている。排列は困難だが，検索するには見やすいものであっただろう。

表 6-22（p.282）は第 5 版と，比較用に第 4 版の索引を抜粋した。排列用のローマ字が省略されていることと，第 5 版では「茶碗（工藝）」が追加されたこと，逆に第 4 版にあった「チャル語」「チェレミス語」が第 5 版で削除されたことがわかる。

• 地方記號索引（INDEX OF LOCAL NUMBERS）

この項目は，ページ数は変わらず，10 数件程度の追加・移動が行われた。

282　第 6 章　日本十進分類法の分類表の変遷

表 6-22　NDC 第 4 版・第 5 版の相関索引比較[25]

第 5 版 — C —			第 4 版 — C —		
Cha	茶＝栽培	619	Cha	茶＝栽培	619
	＝製造	578.4		＝製造	578.4
	茶番狂言	779.1	Chaban	茶番狂言	779.1
	茶道	791	Chadô	茶道	791
	茶業	619	Chagyô	茶業	619
	茶器. 茶庭. 茶室	791	Chaki	茶器. 茶庭. 茶室	791
	着色法（金属）	556.9	Chakush	着色法（金属）	556.9
	茶之湯	791	Chanoyu	茶之湯	791
	茶亭	629.7	Charugo	チャル語	829.74
	茶碗（工藝）	751.2	Chatei	茶亭	629.7
Che	チェインストアー経営	673.85	Cheinsu	チェインストアー経営	673.85
	チェッカー	795.4	Chekkâ	チェッカー	795.4
	チェック語	889.5	Chekku	チェック語	889.5
	チェリモヤ（園）	624.77	Cheremi	チェレミス語	893.96
	チェロ（樂）	767.3	Cherimo	チェリモヤ（園）	624.77
	チェス	795.3	Chero	チェロ（樂）	767.3
Chian'ij	治安維持法. 治安警察法	322.4	Chessu	チェス	795.3
Chibung	地文學	452	Chian'ij	治安維持法. 治安警察法	322.4
			Chibung	地文學	452

25　NDC 第 5 版, p.197 および NDC 第 4 版, p.204 より抜粋

おわりに

　本書では，新訂6版の刊行に至るまでの時代についてまとめた。

　本書が目的としたのは，巻頭にも記したように当事者たちの回想や記録を中心として分散していたNDC史をひとつの軸に集約することであった。そして，歴史を追うこの過程から見えてきたものがいくつかある。

(1) NDCは森清ひとりによって作成されたものではない

　森は確かに原案を作製したが，その公表・刊行には間宮の意向がかなり強く働いていた。それが不十分なものであったことは森自身が充分に承知しており，牧野富太郎のような外部識者の意見も容れて増補改訂を行っていた。いっぽう，加藤が実用に供していき，鈴木が理論面で他の分類法に対するアドバンテージを主張していくなかで，連盟の会員がいる館を中心に採用実績が増え，その実績が逆に森の「大きく改訂したい」という考えを制約していた側面もある。特に戦後は，森自身が上野・日比谷図書館の分類や幻と消えた標準分類表案に参画し，NDCとは別の新しい十進分類表を模索していたが，結局NDCの枠にとどまらざるをえなかった。

　NDCは森ひとりでは成立しえなかった。他方，森が成立させえたとしても，戦後という節目を乗り越えて日本の標準分類法となることは困難であっただろう。戦後NDCに対する最大の功労者は分類委員長の加藤であろうが，その加藤と森の意見が対立していたこともまた事実である。

　NDCは確かに森のライフワークであったが，森ははたして成長していくNDCに対して，十分に満足していたのだろうか。

(2) 戦後，GHQはNDCに理解を示していた

　NDCが日本の標準分類表となるにあたってGHQ（CIE）との交渉があり，GHQ側がDDCを推奨するのを覆してNDCを認めさせた，というのは端的な事実として伝わっているが，順を追って確認すると，『学校図書館の手引』や国立国会図書館で採用する分類，ひいては日本の標準分類法となりえる分類として，キーニーやグラハム，ダウンズらはおおむね一貫して日本の事情を汲ん

で，NDC の採用に前向きであったことがわかる。

『手引』の当事者であったバーネットも，確かに一時は DDC を主張していたが，これはおそらく DDC の採用を強く推した毛利宮彦の干渉によるものであり，地方ブロックで意見広聴の結果を尊重して NDC を認めている。

「CIE の意向として」DDC の採用が主張されたのは基本的にバーネットによる一時期のみであって，むしろ NDC 普及最大の障壁は国内の NDC 否定派だったのである。

さらにいえば，毛利の NDC 批判はつまるところ加藤と鈴木への反発ではなかったかと推察することができる。戦前は鈴木との標準分類法論争，戦後は加藤との公認をめぐる論戦が繰り広げられていた。当時，実際に顔を合わせた際の，あるいは私人としての当人同士にどのようなコミュニケーションがあったかを知ることは今日では困難だが，少なくとも誌上論争から見える毛利の言からは，鈴木や加藤（ひいては連盟関係者）を快く思っていないことを感じさせる。発端はおそらく鈴木のレビューであり，毛利の一般分類表案発表の時期が NDC と同月でなければ，この関係はどのようになっていただろうか。

(3) 改訂規模についてのジレンマはほぼ最初期から続いていた

上にも書いたが，森は NDC の完成度に決して満足していなかったようである。しかし改訂については最初期はともかくとして，第 4 版頃から改訂の規模は小さくなる。分目以下で細分展開はなされているが，これは特に戦後 NDC への継承時に森の意向と加藤の意向が対立したところである。いくつかの綱・目では変更を行わざるをえなかったが，方針としては「使用館の実績に極力影響を及ぼさないように」という配慮がなされていた。

しかしながら，戦後 NDC が新訂 10 版に至り，その方針のもとでは限界に達している分野が散見されているのが実情であり，今後の分類委員会において検討を要する点である。

戦前の NDC に対する批判は，主題排列や記号の論理性に対するものよりも，急速に勃興した連盟に対する不信感や反発心から生じたものが多いように思われる。

いっぽう，戦後 NDC に対する批判は「分類法としての NDC」に対する批

判が多く，また採用館の急増から，実用面での疑問や不満などが多く文献として存在している。

　いずれ機会を設け，新訂6版以降の審議や綱目の変遷をも含めて追いかけたいところではあるが，これらは戦後NDC史あるいは通史として稿を改めたい。

あとがきと謝辞

　本書をいつからこの形として執筆し始めたかは，まったく記憶にない。

　2012年8月に京都で開催されたTP&Dフォーラム2012（第22回整理技術・情報管理等研究集会）においてNDC史について初めて発表し，それをもとに論文を起こしたが，その後関連したテーマで文献を書く機会が続いた。いずれそれらを整理統合しようと思って，少なくとも2016年の夏より前にはもう文章を書き始めていた。

　また，私的な趣味の一環として，電子ブック（ePub）の型式で表示できる文章を書こう，と思っていた時期，そのための実験に供していたこともある。Unicodeでの文字表現や分類表の表現など課題が多く，結局のところうまくいかなかったが，本書のもとになった原稿は，縦書き・横書きとさまざまに試みており，その都度，調べ物と相まって原稿は厚くなっていった。

　論文とも書籍ともつかない手慰みのようなその原稿であったが，樹村房の大塚栄一社長のお声がけで，思いもかけず日の目を見ることとなった。コラムにも書いたが，間宮商店跡地を訪ねた翌日の大阪で開催されたTP&Dフォーラム2017の懇親の席で，拙稿を出版しないかと打診してくださったのである。

　それまで明確な〆切を設けるでもなく，気が向いた夜にぽつぽつと書いていたものであったが，それを機にさらに多くの記録を読むことになった。しかし，それでもまだなお見落としているものが多数あるに違いない。実際，何年も前から文献を入手して書き続けていたものであるはずなのに，本書執筆の打診後になって，読み落としていたものに気づかされることが多々あった。後日，「あれにも言及しておくべきだった」ということのないよう，いろいろ盛り込んではみたが，やや冗長であったかという気がしないでもない。

　本書の執筆にあたってお世話になった方，御礼を申し上げたい方は大塚社長，本書担当の石村さんをはじめ，本当に多数にのぼる。

現在進行形で改訂・維持の労苦をともにしている日本図書館協会分類委員会，筆者の分類研究の蒙を啓いてくれた私立大学図書館協会東地区研究部分類研究分科会，TP&Dフォーラムで初参加以来20年おつきあいをいただいている日本図書館研究会情報組織化研究グループ（旧・整理技術研究グループ）はじめフォーラム実行委員の方々，ほかにも枚挙に遑がない。

あえてひとり挙げるとすれば，日本図書館協会の松岡要さんにはなにかと助けられた。松岡さんは，筆者が協会の図書館の自由委員会の末席にいた頃から折に触れてご助言をいただいていたが，筆者が分類委員会に参画する契機をくださった方でもある。現在は協会資料室におられ，多くの文献入手を助けて下さった。この研究にあたって励ましの言葉も何度もいただいた。筆者にとっての恩人である。

筆者にとって人生の悲願とすることは，① 退職までに自分の名前で著書を出すこと ② 生涯のうちにNDCの改訂編集に携わること のふたつであった。①は2006年に，②は2007年に（我ながら若いうちに）それぞれ実現してしまい，次なる目標として ③ 分類に関する著書を出すこと を立てたが，どうやらこれにて大願成就，ということになりそうである。ただ，それに甘んじてはいけない。より完成度の高い，次なる目標を立てなくてはならない。

　　2018年8月

　　　　　　　　　　　　　　　　　　　　　　　　藤倉　恵一

関連年表（1871-1950）

本書で取り扱う出来事に，一部図書館界全般や，一般社会の重要な出来事を加えて時系列に並べた。なお，旧字体やカナ表記は基本的に用いず，簡易な表現とした。

年	月	できごと
1871（明治 4）		［一般］文部省設立（湯島）
1872（明治 5）	4 月	［館界］書籍館設置（湯島）
1873（明治 6）		［分類］デューイ，十進分類法の基礎を考案
1874（明治 7）		［館界］書籍館の蔵書を浅草に移転，浅草文庫
1875（明治 8）	4 月	［館界］東京書籍館設置（改称）
1876（明治 9）		［分類］デューイ「十進分類法」刊行
		［分類］「東京書籍館書目」に「六門分類法」掲載
1877（明治 10）		［館界］東京書籍館廃止，東京府書籍館に改組（東京府に移管）
1880（明治 13）		［館界］東京府書籍館，再度文部省に移管し東京図書館に改組
1885（明治 18）		［館界］東京図書館，上野に移転
1886（明治 19）		［分類］東京図書館「和漢書分類目録」刊行
1887（明治 20）	12 月	［分類］東京図書館「八門分類法」（田中稲城）
1888（明治 21）		［人物］田中稲城ら文部省官僚，英米図書館視察（～1890）
1889（明治 22）		［館界］東京図書館改組，東京教育博物館が分離
		［一般］大日本帝国憲法発布
1891（明治 24）		［分類］カッター「展開分類法」
1892（明治 25）		［館界］日本文庫協会創立
	12 月	［分類］西村竹間「図書館管理法」（日本初の図書館学書）刊行，DCC 紹介
1894（明治 27）		［分類］「帝国議会図書館和漢図書目録」刊行
		［一般］日清戦争はじまる（～1895）
1897（明治 30）		［分類］ブラウン「件名分類法」
		［館界］帝国図書館設置（名称変更）
1900（明治 33）		［分類］文部省「図書館管理法」刊行，EC・DDC の概要掲載
1901（明治 34）		［分類］「米国議会図書館分類法」
1904（明治 37）		［分類］京都府立図書館，十進分類表を採用
		［一般］日露戦争はじまる（～1905）

年	月	できごと
1905 (明治 38)		[分類] オトレ，ラ・フォンテーヌ「国際十進分類法」
1906 (明治 39)		[館界] 文部省「図書館に関する規程」公布
	8月25日	[人物] 森清生まれる
1907 (明治 40)		[館界] 日本図書館協会「図書館雑誌」創刊
1909 (明治 42)		[分類] 「山口県立山口図書館分類表」（佐野友三郎）
1910 (明治 43)		[分類] 日本図書館協会総会「各図書館における分類法を一定すること」否決
1911 (明治 44)		[分類] 石川県立図書館，十進分類表を採用
		[人物] 間宮不二雄，丸善社内用の分類作成
1914 (大正 3)		[一般] 第一次世界大戦はじまる（〜1918）
1915 (大正 4)		[館界] 「図書館小識」刊行
1916 (大正 5)		[分類] 新潟県立図書館，十進分類表を採用
1917 (大正 6)		[分類] 台湾総督府図書館「台湾総督府図書館和漢図書分類目録」（太田為三郎）
1918 (大正 7)		[分類] 全国府県立図書館長会議，「標準図書分類法設定ニ関スル件」で山口図書館分類表の綱目表を採択，標準化を提言
1921 (大正 10)		[館界] 文部省図書館員教習所開設
		[人物] 森（15歳）と間宮（31歳），ローマ字研究会で出会う
1922 (大正 11)		[人物] 間宮，大阪市北区木幡町にて合資会社間宮商店を開業
	12月	[人物] 森，間宮商店に就職
1923 (大正 12)		[分類] 名古屋市立図書館，十進分類表を採用
		[一般] 関東大震災
1924 (大正 13)		[分類] 東京市立図書館「和漢図書分類表」
		[分類] 間宮商店「図書館研究」にて分類表特集
1925 (大正 14)		[分類] 杜定友「世界図書分類法」
		[館界] 文部省図書館講習所設置（改称）
		[人物] 田中稲城没（1856-1925）
1926 (大正 15)		[分類] 中島猶治郎，全国専門高等学校図書館協議会で標準分類法提案（否決）
		[分類] 衛藤利夫「図書分類の論理的原則」で国内の十進分類表群を批判
		[館界] 「図書館雑誌」発行を間宮商店に委託（〜1928）

関連年表（1871-1950）　*289*

年	月	できごと
1927（昭和2）		［人物］間宮商店，大阪市南区安堂寺橋通に移転
	11月15日	［館界］青年図書館員連盟発足
1928（昭和3）		［分類］神奈川県学務部「和漢図書十分法分類表」
		［館界］青年図書館員連盟「圕研究」創刊
	4月	［分類］森清「和洋圖書共用十進分類表案」を「圕研究」に発表
	7月	［分類］同索引を発表
		［分類］フェローズ，「改変十進分類表に対する抗議」を送付（10月「圕研究」に掲載）
1929（昭和4）		［館界］国際図書館連盟（IFLA）に日本加入決定
	7月	［館界］文部省社会教育局設置
	8月1日	［分類］乙部泉三郎「日本書分類表」
	8月15日	［分類］毛利宮彦「簡明十進分類表」
	8月25日	［分類］森清「日本十進分類法（NDC）」第1版刊行
	10月	［分類］鈴木賢祐，「どれが標準分類表か？」発表
		［一般］世界恐慌はじまる
1930（昭和5）	3月	［分類］毛利宮彦「所謂「標準分類表」の批評について」発表（鈴木への反論；標準分類法論争はじまる）
	8月	［分類］加藤宗厚「日本件名標目表（NSH）」刊行
		［分類］「図書館雑誌」の新刊図書目録にNDCとNSHを適用
	11月4日	［館界］社団法人日本図書館協会設立
	12月15日	［人物］森，間宮商店退職
1931（昭和6）	4月	［分類］加藤「分類規程試案」を発表
	6月	［人物］森，鳥取県立図書館就職
	6月10日	［分類］NDC第2版刊行
	9月	［一般］満州事変
	10月	［分類］第25回全国図書館大会（金沢）でNDC認定決議（否決）
1932（昭和7）		［分類］芸艸会「図書館研究」にてNDC批判特集
		［一般］上海事変
		［一般］満州国建国

年	月	できごと
1933（昭和8）		［分類］ランガナータン「コロン分類法」
	10月	［分類］青年図書館員連盟に「日本十進分類法研究委員会」設置（幹事：仙田正雄）
1934（昭和9）	6月	［分類］青年図書館員連盟定時総会でNDCを公認
	11月	［人物］和田万吉没（1865-1934）
	12月	［人物］森，神戸市立図書館に転職
1935（昭和10）	7月15日	［分類］NDC第3版刊行
1936（昭和11）		［分類］毛利宮彦「N・D・C第三版を見る」（NDC批判）発表
		［人物］太田為三郎没（1864-1936），村島靖雄没（1885-1936）
1937（昭和12）		［分類］青年図書館員連盟「日本十進分類法研究委員会」解散
		［一般］日中戦争はじまる
1938（昭和13）	2月	［人物］森，上海日本近代科学図書館に転職（鈴木からの招聘），東京勤務
	4月	［人物］森，上海へ赴任
1939（昭和14）	1月1日	［分類］NDC第4版刊行
	9月	［人物］鈴木，上海日本近代科学図書館を退職，九州帝国大学図書館に転職
		［一般］第二次世界大戦はじまる（〜1945）
	11月	［人物］森，華中鉄道に転職
1940（昭和15）		［人物］加藤宗厚，富山県立図書館長として赴任（NDC採用）
1941（昭和16）		［館界］日本図書館協会創立50周年，総裁賞が加藤宗厚・天野敬太郎，臨時総裁賞が間宮不二雄，森清らに授与
		［一般］太平洋戦争はじまる（〜1945）
1942（昭和17）	1月1日	［分類］NDC第5版刊行
	5月	［分類］麓鶴「分類に於ける日本的性格」（NDC批判）発表
	10月	［人物］森，支那派遣軍総司令部参謀部に尉官待遇で出向
	11月	［館界］文部省社会教育局廃止，図書館は教化局所管へ
1943（昭和18）		［分類］裴開明「漢和図書分類法」
		［館界］青年図書館員連盟「日本目録規則」刊行

関連年表 (1871-1950) *291*

年	月	できごと
1944（昭和19）		［分類］NDC 第5版増刷
	4月10日	［館界］財団法人大日本図書館協会に改組
	7月16日	［館界］青年図書館員連盟解散
	9月	［館界］「図書館雑誌」休刊（1946年6月まで）
1945（昭和20）	3月	［館界］文部省図書館講習所閉鎖
		［一般］東京大空襲
	3月14日	［館界］間宮商店焼失（間宮，家族は無事）
		［一般］大阪大空襲
	4月	［館界］東京都内図書館の大半が焼失・閉館
	8月	［一般］原爆投下，無条件降伏
	10月	［館界］文部省社会教育局設置，図書館は GHQ/SCAP 影響下に
1946（昭和21）		［人物］CIE 図書館担当官キーニー着任
	2月	［人物］森，華中鉄道の留用解除，4月帰国．市川市立図書館の創設事務に
	11月	［一般］日本国憲法公布
	11月23日	［館界］日本図書館研究会発足（戸澤信義主席理事），NDC 販売請負を報告
1947（昭和22）	1月	［分類］文部省「学校図書館の手引」審議はじまる
		［人物］森清，帝国図書館嘱託となる
	2月25日	［分類］NDC 抄録第6版刊行（明和書院）
	3月	［分類］加藤，「手引」の「学校図書館の整備」の章を担当
		［分類］米国図書館協会のグラハム，NDC の掲載を序言
	4月	［人物］キーニー帰国，バーネット着任
	5月	［館界］日本図書館研究会「図書館界」創刊
	8月	［館界］日本図書館協会，再度社団法人認可
	9月15日	［分類］NDC 縮刷第7版発行（宝塚文芸図書館）
	10月	［分類］バーネット，「手引」に NDC を採択することへの再検討を文部事務官深川恒喜に指示
	12月	［分類］標準分類表制定委員会発足；12月16日から1月9日までに9回の審議で新分類表案を検討
		［館界］帝国図書館，国立図書館に改称
	12月15日	［館界］文部省「学校図書館の手引」刊行

年	月	できごと
1948（昭和23）	1月16日	［分類］標準分類表制定委員会，新分類表1,000区分案提示；1月19日と22日に拡大委員会で審議するが結論出ず
	2月	［館界］国立国会図書館法公布
	3月1日	［分類］NDC縮刷第8版発行（宝塚文芸図書館）
	3月19日	［分類］加藤，金曜会において「手引」にNDC採用を表明，折衷案としてNDCとDDC併載を打診
	3月31日	［人物］森，事務補佐官（11月に文部事務官）
	4月1日	［分類］バーネット，「手引」にDDCを挿入するよう指示；5月にかけて日本各地区ブロック会議で広聴
	5月18日	［分類］バーネット，「手引」にNDC採用を指示
	6月	［館界］国立国会図書館開館
	6月14日	［分類］全国図書館大会において日本図書館協会に各種委員会設置（分類・目録委員会）の設置承認；加藤，分類委員会委員長を委嘱される
	6月24日	［分類］国立国会図書館が採用すべき分類表に関する懇談会開催
	7月	［分類］ダウンズ，文部省の武田虎之助に国立国会図書館の分類やNDC改訂検討を要請
		［人物］CIE特別顧問ダウンズ来日
	7月24日	［分類］第1回分類・目録委員会，ダウンズの要請を受ける
	7月28日	［分類］第2回分類委員会，国立国会図書館では洋書にDDC，和書にNDCという案を答申
	8月2日	［分類］第3回分類委員会，NDC改訂か新分類のいずれかを審議
	8月9日	［分類］ダウンズとの第2回分類協議会
	8月21日	［分類］第4回分類委員会，森からNDC第5版の問題を提示
	8月30日	［分類］第5回分類委員会，森の大規模改訂案を否決
	9月6日	［分類］第6回分類委員会，NDCの細目改訂審議始まる
	9月11日	［分類］ダウンズ，通称「ダウンズ勧告」をGHQに提出，国立国会図書館では和書に対しNDC採用を勧告
	9月13日	［分類］第7回分類委員会，NDC改訂審議

関連年表（1871-1950）　*293*

年	月	できごと
1949（昭和24）	3月	［分類］分類委員会，1,000区分の改訂案を衛藤日図協理事長に報告
	3月	［館界］国立図書館廃止，国立国会図書館支部上野図書館に改組
		［人物］森，国立国会図書館主事に
	4月	［分類］「図書館雑誌」4月号別冊としてNDC改訂1,000区分案が公表
	6月	［分類］分類委員会，諮問委員と実行委員に再編，鈴木賢祐が分類副委員長就任
1950（昭和25）	3月	［分類］NDC改訂案細目表案完成
	4月30日	［館界］図書館法公布
	7月25日	［分類］NDC新訂6版第1分冊・本表篇刊行
	12月25日	［分類］NDC新訂6版第2分冊・索引篇刊行

参考・関連文献

　本書を執筆するにあたり，以下の文献を参考にした。

　特に論集や特集記事に含まれる個々の項目・記事については，引用が生じたものを中心に下位に列挙したが，それ以外の項目・記事も参考にしている。

　それぞれのカテゴリの下はおおむね時系列で並べたが，いくつかは恣意的に入れ替えているものがあるので（関連性が高いものなど），厳密な排列順ではない。

[A　NDC 各版]

a1：　　森清「和洋圖書共用十進分類表案」圕研究, 1(2), 1928, p.121-161.

a2：　　森清「和洋圖書共用十進分類表案 Ⅱ 相關索引」圕研究, 1(3), 1928, p.[380]-426.

a3：　　森清編『日本十進分類法：和漢洋書共用分類表及索引』間宮商店, 1929, 212p.

a4：　　森清編『日本十進分類法：和漢洋書共用分類表及索引』訂正増補第 2 版. 間宮商店, 1931, 293p.

a5：　　森清編『日本十進分類法：和漢洋書共用分類表及索引』訂正増補第 3 版. 間宮商店, 1935, 303p.

a6：　　森清編『日本十進分類法：和漢洋書共用分類表及索引』訂正増補第 4 版. 間宮商店, 1939, 327p.

a7：　　森清編『日本十進分類法：和漢洋書共用分類表及索引』訂正増補第 5 版. 間宮商店, 1942, 324p.

a8：　　森清編『日本十進分類法』抄録第 6 版. 明和書院, 1947, 146p.

a9：　　森清編『日本十進分類法：和漢洋書共用分類表及索引』第 7 版. 寶塚文藝圖書舘, 1947, 324p.

a10：　　森清編『日本十進分類法：和漢洋書共用分類表及索引』第 8 版. 寶塚文藝圖書舘, 1949, 324p.

a11：　　森清編；日本図書館協会分類委員会改訂『日本十進分類法：和漢洋書共用分類表及び相関索引』新訂 6 版. 第 1 分冊（本表篇）. 日本図書館協会, 1950, 270p.

a12：　　森清編；日本図書館協会分類委員会改訂『日本十進分類法：和漢洋書共用分類表及び相関索引』新訂 6 版. 第 2 分冊（索引篇）. 日本図書館協会, 1950, 206p.

a13：　　森清編；日本図書館協会分類委員会改訂『日本十進分類法：和漢洋書共用分類表及び相関索引』新訂 6-A 版. 日本図書館協会, 1951, 521p.

［B　主として人物に関する文献（自伝・評伝・追悼記事等）］

b1：　［圖書館雑誌］編輯部「デユイー氏の逝去を惜みて」圖書館雑誌, 26(4), 1932, p.87
　　　 -90.

b2：　「生来 “分類” が大好き 国立国会図書館司書 森清氏（本とともに）」朝日新聞, 昭
　　　 和 35 年 10 月 28 日 朝刊, 1960, p.6.

b3：　間宮不二雄『図書館と人生：間宮不二雄古稀記念』間宮不二雄古稀記念会, 1960,
　　　 290p.

b4：　前田哲人編『間宮不二雄の印象』前田哲人, 1964, 240p.

b4-1：　井筒静之助「間宮さんとお化け屋敷」同上, p.24-31.

b4-2：　鈴木賢祐「信債」同上, p.57-58.

b4-3：　戸澤信義「間宮不二雄氏の教訓」同上, p.62-67.

b5：　間宮不二雄先生喜寿記念図書館学論文集刊行会編『間宮不二雄先生喜寿記念図書
　　　 館学論文集』間宮不二雄先生喜寿記念図書館学論文集刊行会, 1968, 385p.

b6：　間宮不二雄『圕とわが生涯 前期』間宮不二雄, 1969, 221p.

b7：　間宮不二雄『圕とわが生涯 後期』不二会, 1971, 216p.

b7-1：　もり・きよし「思い出は, 感謝のなかで」同上, p.31-35.

b8：　仙田正雄教授古稀記念会編『図書館資料論集：仙田正雄教授古稀記念』仙田正雄
　　　 教授古稀記念会, 丸善（発売）, 1970, 327, 139p.

b9：　加藤宗厚『喜寿記念図書館関係論文集』加藤宗厚先生喜寿記念会, 1971, 593p.

b10：　加藤宗厚『最後の国立図書館長：ある図書館守の一生』公論社, 1976, 178p.

b11：　石井敦編『図書館を育てた人々 日本編 1』日本図書館協会, 1983, 176p.

b11-1：　西村正守「我が国最初の図書館学者 田中稲城」同上, p.7-14.

b11-2：　田中隆子「協会再建の大恩人 衛藤利夫」同上, p.[105]-109.

b11-3：　もりきよし「外から図書館を愛した人 間宮不二雄」同上, p.[131]-138.

b11-4：　升井卓弥「反骨の図書館学文献学者 鈴木賢祐」同上, p.[147]-154.

b12：　藤野幸雄編『図書館を育てた人々 外国編 I アメリカ』日本図書館協会, 1984,
　　　 216, xiiip.

b12-1：　藤野幸雄「チャールズ・カッター」同上, p.43-51.

b12-2：　竹内悊「メルヴィル・デューイ」同上, p.75-84.

b13：　もり・きよし先生喜壽記念会編『知識の組織化と図書館：もり・きよし先生喜壽
　　　 記念論文集』もり・きよし先生喜壽記念会, 紀伊國屋書店（発売）, 1983, 502p.

b13-1：　藤田忠雄「NDC 初版について：日本十進分類法初期諸版論序説」同上, p.53-57.

b14：　もり・きよし『司書 55 年の思い出』もり・きよし氏を偲ぶ会, 1991, 66p.

b15：　「戸澤信義氏略歴」図書館界, 47(4), 1995, p.[202].

参考・関連文献　*297*

b16：　ウィーガンド, ウェイン・A；川崎良孝, 村上加代子訳『手に負えない改革者：メルヴィル・デューイの生涯』京都大学図書館情報学研究会, 日本図書館協会（発売）, 2004, xviii, 494p.

b17：　藤野幸雄編『図書館を育てた人々　イギリス篇』日本図書館協会, 2007, ix, 285p.（JLA 図書館実践シリーズ. 8）.

b18：　日本図書館文化史研究会編『図書館人物伝：図書館を育てた 20 人の功績と生涯』日外アソシエーツ, 紀伊國屋書店（発売）, 2007, 7, 457p.（日外選書 Fontana）.

b18-1：　石山洋「森清の生涯と業績：間宮不二雄との交流を軸として」同上, p.71-95.

b19：　岡村敬二研究代表『戦前期「外地」で活動した図書館員に関する総合的研究』京都ノートルダム女子大学人間文化学部, 2012, 173p.（科学研究費補助金（基盤研究C）研究成果報告書）.

b20：　岡村敬二『戦前期外地活動図書館職員人名辞書』武久出版, 2017, 303p.

b21：　小林昌樹「西村竹間（1850〜1933；帝国図書館初代司書官）の著作年譜及び人物文献目録」文献継承, (30), 2017, p.4-9.

［C　主として組織・団体に関する文献］

c1：　青年圖書館員聯盟本部『青年圖書館員聯盟十年略史：1927-1937』青年圖書館員聯盟本部, 1937, 51p.

c2：　「日本圖書館研究會創立經過報告」圖書館界, 1(1), 1947, p.24.

c3：　仲田喜弘「大阪府立図書館目録・分類の変遷」大阪府立図書館紀要, 3, 1965, p.1-11.

c4：　国立国会図書館編『国立国会図書館三十年史』国立国会図書館, 1979, 528p.

c5：　国立国会図書館編『国立国会図書館三十年史　資料編』国立国会図書館, 1979, 661p.

c6：　加藤宗厚「昭和 23 年分類・目録委員会の記録 1」図書館学会年報, 29(2), 1983, p.79-89.

c7：　加藤宗厚「昭和 23 年分類・目録委員会の記録 2」図書館学会年報, 29(3), 1983, p.121-131.

［D　図書館史, 分類史（総論または主に国外事情に関する文献）］

d1：　[Dewey, Melvil] "A classification and subject index for_cataloguing and arranging the books and pamphlets of a library" [Melvil_Dewey], 1876, 42p.

d2：　Cutter, C.A. "Expansive Classification. Part I: The First Six Classifications" Cutter, 1891-1893, 160p.

d3： Brown, James Duff "Subject Classification With Tables, Indexes, etc., For the Sub-Division of Subjects" The Library Supply Co., 1906, 423p.

d4： 間宮不二雄編『圖書館辭典：歐和對譯』文友堂書店, 1925, 1 冊.

d5： Dewey, Melvil "Decimal Clasification and Relativ Index: for libraries and personal use in arranjing for immediate reference books, pamflets, clippings, pictures, manuscript notes and other material" Ed.12 rev. and enl. Forest Pres, Lake Placid Club, 1927, 2v.

d6： ベイコン, コリンヌ；鈴木賢祐譯『圖書分類』間宮商店, 1927, 77p.（圖書館研究叢書. 第 6 篇）.

d7： ［Merrill, W.S.］；加藤宗厚譯述『MERRILL ノ分類規程』間宮商店, 1928, 74p.（圖書館研究叢書. 第 7 篇）.

d8： Richardson, E.C.：加藤宗厚譯「分類法ノ理論及實際」圕研究, 1(1), 1928, p.14-63.

d9： Richardson, Ernest ［C.］；鈴木賢祐譯「分類ノ過去五十年（1876-1926）」圕研究, 1(1), 1928, p.64-69.
　　　　なお，掲載時には著者名に誤記があり「Ernest E. Richardson」と綴られていた。

d10： ［Sayers W.B.］；加藤宗厚譯「セイヤースの分類入門」一. 圖書館雜誌, 22(12), 1928, p.292-295.

d11： ［Sayers W.B.］；加藤宗厚譯「セイヤースの分類入門」二. 圖書館雜誌, (111), 1929, p.65-69.

d12： Dewey；間宮不二雄譯『DEWEY 十進分類法導言』間宮商店, 1930, 111p.（圖書館研究叢書. 第 10 篇）.
　　　　d5Introduction の日本語訳。

d12-1： 間宮不二雄「譯者序文」同上, p.7-12.

d13： 村島靖雄講『圖書分類概論』芸艸會, 1932, 131p.（芸艸會叢書. 第 3 篇）.

d14： 文部省編『圖書分類法關係資料』文部省, 1935, 53p.

d15： Mills, J. "A modern outline of library classification" Chapman & Hall, 1960, viii, 196p.

d16： 服部金太郎「図書館分類法の 100 年略史」現代の図書館, 7(1), 1969, p.17-25.

d17： ミルズ, J.；山田常雄訳『現代図書館分類法概論』日本図書館研究会, 紀伊国屋書店（発売）, 1982, viii, 193p.
　　　　d15 の日本語訳。

d18： 川村敬一「一般分類法における主類の選定と順序：その哲学的および社会歴史的背景の考察」日本図書館情報学会誌, 50(1), 2004, p.1-25.

参考・関連文献　*299*

d19：　ノーデ, ガブリエル；藤野寛之訳『図書館設立のための助言』金沢文圃閣, 2006,
　　　　136p.（図書館学古典翻訳セレクション. 1).

d20：　シャムーリン, エヴゲーニー；藤野幸雄訳『図書館分類＝書誌分類の歴史』第1巻.
　　　　金沢文圃閣, 2007, 427p.（図書館学古典翻訳セレクション. 2).

d21：　シャムーリン, エヴゲーニー；藤野幸雄, 宮島太郎訳『図書館分類＝書誌分類の歴
　　　　史』第2巻. 金沢文圃閣, 2007, 619p.（図書館学古典翻訳セレクション. 2).

d22：　マレー, スチュアート・A.P.；日暮雅通監訳『図説図書館の歴史』原書房, 2011,
　　　　396p.

d23：　セイヤーズ, ウィリアム・バーウィック；藤野寛之訳『セイヤーズの分類マニュ
　　　　アル：図書館員と書誌学者に向けて』金沢文圃閣, 2017, 489p.（図書館学古典翻
　　　　訳セレクション. 8).

［E　図書館史, 分類史（主に国内事情に関する文献）］

e1：　西村竹間編『圖書館管理法』金港堂書籍, 1892, 44p.

e2：　文部省編『圖書館管理法』金港堂書籍, 1900, 132p.

e3：　山口縣立山口圖書館［編］『山口縣立山口圖書館和漢圖書分類目録』山口縣立山
　　　　口圖書館, 1904, 190p.

e4：　山口縣立山口圖書館［編］『山口圖書館和漢書分類目録：明治四十二年十二月末
　　　　現在』山口縣立山口圖書館, 1909, 320p.

e5：　山口縣立山口圖書館［編］『山口圖書館和漢書分類目録』山口縣立山口圖書館,
　　　　1918, 1冊.

e6：　臺灣總督府圖書館［編］『臺灣總督府圖書館和漢圖書分類目録：大正6年末現
　　　　在』臺灣總督府圖書館, 1917, 916, 179p.

e7：　「府縣立圖書館協議會」圖書館雑誌, (39), 1919, p.69.

e8：　「圖書分類綱目」圖書館雑誌, (39), 1919, ［巻末付録（ページ付なし）].

e9：　村島靖雄「本邦現行の圖書分類法」圖書館雑誌, (48), 1922, p.7-12.

e10：　『見出カードノ話 附 分類法』間宮商店, 1924, vi, 49p.（圖書館研究. 第2巻).

e11：　東京市立圖書館編『和漢圖分類表並ニ索引』東京市立圖書館, 1926, 56p.

e12：　衛藤利夫『圖書分類ノ論理的原則』間宮商店, 1926, x, 79p.（圖書館研究叢書. 第
　　　　2篇).

e13：　「昭和の新年を迎へて標準分類制定速成案を提唱す」圖書館雑誌, (86), 1927, p.39.

e14：　鈴木賢祐「「標準分類表」中島氏案の難點」圖書館雑誌, 22(2), 1928, p.30-34.

e15：　Fellows, D.「A prostest［sic］against divized D.C. system（改變十進分類法ニ對
　　　　スル抗議）」圖研究, 1(4), 1928, p.34-37.

e16： 鈴木賢祐「日本十進分類表ノ立場：Dorkas Fellows 女史ノ「改變十進分類法ニ對スル抗議」ニ對シテ」圖研究, 2(2), 1929, p.45-55.

e17： 乙部泉三郎『すぐ役に立つ圖書の整理法』一二三館書店, 1929, 23, 24p.

e17-1： 乙部泉三郎「日本書分類表」同上, p.1-24.

e18： 毛利宮彦「圖書分類法の一つの私案」圖書館雜誌, 117, 1929, p.275-284.

e18-1： 毛利宮彦「簡明十進分類法」同上, p.214-221.

e19： 鈴木賢祐「どれが標準分類表か？ 一. 乙部案―毛利案―森案」圖書館雜誌, (119), 1929, p.262-265.

e20： 鈴木賢祐「どれが標準分類表か？ 二. 乙部案―毛利案―森案」圖書館雜誌, (120), 1929, p.292-294.

e21： 毛利宮彦「所謂「標準分類表」の批評について」圖書館雜誌, (124), 1930, p.37-42.

e22： 仙田正雄「道具の標準化に就て」圖書館雜誌, (126), 1930, p.90-94.

e23： 鈴木賢祐「標準分類表はあり得る, ある：毛利氏の「所謂『標準分類表』の批評について」に對へて」圖書館雜誌, (129), 1930, p.188-195.

e24： 加藤宗厚編『日本件名標目表：附 ローマ字及漢字直接索引』間宮商店, 1930, 358p.

e25： 「日本圖書館協會選定新刊圖書目録」自昭和5年4月至7月. 圖書館雜誌, (129), 1930, p.203-208.

e26： 和田萬吉「「分類法式の畫一に就いて」の一考察」圖書館雜誌, 25(1), 1931, p.41-43.

e27： 鈴木賢祐「分類の標準化に關する若干問題：「分類法式の畫一に就いての一考察」を讀んで和田博士の高教を仰ぐ。」圖書館雜誌, 25(8), 1931, p.281-290.

e28： 加藤宗厚「分類規程試案」圖書館雜誌, 25(4), 1931, p.146-158.

e29： 圖書館研究, 9(1), 1932, p.2-27.

e29-1： 高田定吉「『日本十進分類法』を評す」同上, p.2-8.

e29-2： 彌吉光長「日本十進分類法を打診す」同上, p.9-13.

e29-3： 波多野賢一「日本十進分類法を批判す」同上, p.14-16.

e29-4： と・たまゐ「日本十進分類法の考察」同上, p.17-24.

e29-5： 高橋生「日本十進分類法一私見」同上, p.25-27.

e30： 「N.D.C.ニ對スル最近ノ諸批評ニ就イテ」圖研究, 6(1), 1933, p.137-138.

e31： 「小説ノ別扱ト簡略作者記號表」圖研究, 8(4), 1935, p.509-511.

e32： 毛利宮彦『圖書の整理と運用の研究』圖書館事業研究會, 1936, 13, 722p.

e32-1： 毛利宮彦『簡明十進分類表並兒童圖書分類表』同上, 別冊附録

参考・関連文献　*301*

e33：　毛利宮彦「N・D・C 第三版を見る」圖書館雑誌, 30(3), 1936, p.60-67.

e34：　竹内善作「八門分類法の一研究 上. 手島精一先生のプロフイール」圖書館事業, (4), 1936, p.1-8.

e35：　竹内善作「八門分類法の一研究 中. 手嶋精一先生のプロフイル」圖書館事業, 2 (2), 1938, p.13-15.

e36：　國分剛二「『史話東と西』と「日本十進分類法」」圖書館雑誌, 34(9), 1940, p.387-388.

e37：　毛利宮彦『簡明十進分類表並索引』改訂増補 2600 年版. 圖書館事業研究會, 1940, 64p.

e38：　落合重信「國分剛二氏の説を評す―「日本十進分類法」批判の批判―」圖書館雑誌, 34(11), 1940, p.499-500, 538.

e39：　加藤宗厚「N・D・C 第五版を見る」圖書館雑誌, 36(3), 1942, p.199-202.

e40：　籠鶴「分類に於ける日本的性格―N・D・C の再吟味―」圖書館雑誌, 36(5), 1942, p.330-334.

e41：　籠鶴「分類に於ける日本的性格 追記」圖書館雑誌, 36(6), 1942, p.384.

e42：　増田七郎「日本的分類についての偶感」圖書館雑誌, 36(12), 1942, p.904-905.

e43：　加藤宗厚「回顧十六年」圕研究, 16(1), 1943, p.10-17.

e44：　間宮不二雄「「圕」ノ文字ニ就イテ」圕研究, 16(1), 1943, p.111.

e45：　文部省『学校図書館の手引』師範学校教科書, 1948, 126, 11p.

e46：　『國立國會圖書館に於ける圖書整理：文献參考サーヴィス並びに全般的組識に關する報告』國立國會圖書館, 1948, 24, 31p.

e47：　毛利宮彦「最近の圖書分類法の問題」圖書館雑誌, 43(10), 1949, p.137-138.

e48：　毛利宮彦「最近の圖書分類法上の問題Ⅱ」圖書館雑誌, 43(11), 1949, p.157-159.

e49：　毛利宮彦『圖書館學綜説：圖書の整理と運用の研究』同学社, 1949, 457p.

e50：　加藤宗厚「國立國会図書館と N.D.C.」図書館界, 2(2), 1950, p.58-66.

e51：　加藤宗厚「「學校圖書館の手引」と N.D.C.」圖書館雑誌, 44(1), 1950, p.4-9.

e52：　毛利宮彦「圖書分類法の指標：加藤宗厚氏の文について」圖書館雑誌, 44(5), 1950, p.91-93.

e53：　「座談會 NDC を語る」図書館雑誌, 44(9, 10), 1950, p.222-228.

e54：　森清『日本著者記号表』日本図書館協会, 1951, [4]p.

e55：　日本図書館協会分類委員会「NDC・7 版へのあゆみ」図書館雑誌, 53(9), 1965, p.384-399.

e55-1：　間宮不二雄「日本十進分類法普及化に想う」同上, p.386-387.

e55-2：　加藤宗厚「NDC・その生い立ちと戦前までのこと」同上, p.388-389.

e55-3： 武田虎之助「NDC・戦後のこと」同上, p.390-391.

e55-4： もり・きよし「NDC 誕生あれこれ」同上, p.398-399, 396.

e56： 加藤宗厚「NDC の将来」図書館学会年報, 14(1), 1967, p.1-15.

e57： 加藤宗厚「「学校図書館の手びき」と NDC」学校図書館, (212), 1968, p.51-54.

e58： 「特集 NDC50 年」図書館雑誌, 73(8), 1979, p.391-407.

e58-1： もり・きよし「NDC 五十年雑記」同上, p.391-393.

e58-2： 加藤宗厚「NDC50 年」同上, p.394-395.

e58-3： 中村初雄「書架分類としての日本十進分類法」同上, p.401-404.

e58-4： 戸澤信義「NDC と私：特に戦後縮刷版刊行当時の事情と第 8 版に対する批判と感想」同上, p.396-398.

e59： もりきよし編『NDC 入門』日本図書館協会, 1982, 178p.（図書館員選書. 2）.

e60： 日本図書館協会編『近代日本図書館の歩み年表』日本図書館協会, 1994, 64p.

e61： 大曲俊雄「わが国における図書分類表の使用状況：日本図書館協会「図書の分類に関する調査」結果より」現代の図書館, 48(2), 2010, p.129-141.

e62： 塩見昇, 安藤友張, 今井福司, 根本彰「戦後初期の日本における学校図書館改革：深川恒喜インタビュー記録」生涯学習基盤経営研究, (35), 2010, p.67-94.

e63： 呑海沙織「昭和初期の私立大学図書館における図書分類法」資料組織化研究-e, (58), 2010, p.22-23. http://techser.info/wp-content/uploads/2015/01/58-201003-2-PB.pdf

e64： 高山正也『歴史に見る日本の図書館：知的精華の受容と伝承』勁草書房, 2016, x, 221, xxvp.

e65： 高橋良平「日本十進分類法（NDC）の歴史 前編」NDL 書誌情報ニュースレター, (39), 2016, p.3-11.

e66： 高橋良平「日本十進分類法（NDC）の歴史 後編」NDL 書誌情報ニュースレター, (40), 2017, p.3-10.

e67： 高橋良平「NDC の誕生」国立国会図書館月報, (674), 2017, p.13-15.

［F 筆者による先行文献］

f1： 藤倉恵一「日本十進分類法の史的研究：黎明期（1928-1949）」TP&D フォーラムシリーズ：整理技術・情報管理等研究論集, (22), 2013, p.29-46.
この内容は, TP&D フォーラム 2012（第 22 回整理技術・情報管理等研究集会）において実施した研究発表「日本十進分類法の将来像：NDC 温故知新」に基づくものである。

f2： 藤倉恵一「日本十進分類法の登場とその時代」大学図書館問題研究会誌, (38),

2014, p.1-14.

この内容は，大学図書館問題研究会第 44 回全国大会第 1 分科会（大学図書館史）における研究発表「日本十進分類法の登場とその時代」に基づくものである。

f3： 藤倉恵一「序文にみる日本十進分類法概史」分類研究分科会の 60 年，NDC へのこの 10 年, 2016, p.87-105.

f4： 藤倉恵一「「NDC の日」に間宮商店跡地を訪ねる」図書館雑誌, 111(11), 2017, p.746-747.

索引

事項

▶あ行

青森県立図書館　87, 162

イギリス王立研究所（Royal Institution）
　　　　　　　　　　　　　　　　24

石川県立図書館　34

芸艸会　101, 112

英国科学知識普及協会　24

大阪府立図書館　44

大阪府立図書館分類表　44, 49, 59

▶か行

学問の進歩　5

華中鉄道　115, 123, 124

華中鉄道付属図書館　62

学校図書館の手引　125, 127, 129-131, 138,
　143, 145-150, 168, 169, 283, 284

漢書　5

簡明十進分類法　74, 77

簡明図書分類表　79

漢和図書分類法　42

基本件名標目表（BSH）　60, 88

京都府立図書館　34

金曜会　126-129, 145

クイン・ブラウン分類法　6

群書類従　22, 52

件名分類法（SC）　15, 52, 89, 160

神戸市立図書館　62, 63, 109, 111, 113, 119,
　162, 163, 171

国際十進分類法（UDC）
　　　　　　　18, 20, 52, 61, 89, 150

国立国会図書館　2, 22, 62, 88, 96, 130-133,
　135-138, 140, 145, 147, 168, 169, 283

国立国会図書館に於ける図書整理　→　ダウ

ンズ勧告

国立国会図書館分類表（NDLC）　138

国立図書館　88, 125, 126, 131, 134, 135, 138

コロン分類法（CC）　20, 52, 146

▶さ行

四庫全書　5, 23, 26, 52

七略　4

十進分類法（デューイ）→　デューイ十進
　分類法（DDC）

四部分類　5

上海日本近代科学図書館　62, 113, 115, 165

彰考館目録　22

昌平坂学問所　22

書架分類法（ハリス）　6, 12, 24

書誌分類法（ブリス）（BC）　20, 52, 146

書籍館　22, 161

諸書名と諸学問についての疑問の探求　5

書店および愛書家のためのマニュアル　6

隋書　5

青年図書館員連盟（LYL）　i, v, 2, 55, 60,
　62, 63, 65, 71, 77, 80, 82, 85, 88, 93, 96-98,
　102, 108-110, 119, 122, 124, 139, 143, 160,
　171, 173, 183

セイヤーズの分類マニュアル　8

世界書誌（ゲスナー）　5

世界図書分類法　20, 160, 175, 192

全国専門高等学校図書館協議会　50, 160

全国府県立図書館長会議
　　　　　　　　　　35, 36, 39, 49, 117

▶た行

大英博物館図書館　6

台湾総督府図書館　34, 39, 52

ダウンズ勧告　136

宝塚文芸図書館　139, 142

中経新簿　5

帝国図書館
　　22, 25, 26, 29, 30, 44, 52, 63, 87, 88, 93, 124

帝国図書館分類法
　　　　　　22, 25, 26, 30, 34, 42, 44, 49, 59, 124

デューイ十進分類法（DDC）　iii, 3, 8-10,
　　12-15, 30, 33, 42, 49, 50, 52-58, 61, 63, 66-
　　69, 75, 77, 79, 82, 83, 89, 92, 98-101, 117,
　　126-130, 132-134, 136-138, 146, 150, 160-
　　162, 169, 175, 180, 181, 192, 195, 283, 284

展開分類法（EC）　16, 19, 20, 30, 52, 68, 69,
　　75, 82, 83, 89, 137, 160, 161, 175, 181, 192

天理図書館　162

東京書籍館　22, 25

東京書籍館書目　23

東京書籍館分類法（六門分類法）
　　　　　　　　　　　　　　22, 23, 26

東京市立図書館　34, 42, 204

東京市立図書館分類表
　　　　　　36, 42, 49, 51, 73, 77, 162, 204

東京市立日比谷図書館　89

東京帝国大学附属図書館分類表　44

東京図書館　22, 23, 25, 26, 29, 30

東京都立図書館　124, 126

東京都立日比谷図書館
　　　　　　34, 122, 123, 135, 147, 283

徳島県立図書館　162

図書館界　139

図書館管理法（西村）　29

図書館管理法（文部省）　33, 67

圕研　61, 65, 66, 80, 82, 93, 98, 102, 104,
　　109, 183, 188

図書館研究（芸艸会）　101, 164

図書館研究（間宮商店）　44, 59

図書館講習所　→　文部省図書館職員講習所

図書館雑誌　10, 35, 49, 50, 61, 74, 77, 80, 81,
　　85, 88, 91-96, 102-105, 109, 113, 116, 122,
　　124, 126, 149, 152, 163, 184, 278

図書館事業　25

図書館の配置と管理のための十進体系　9

図書館分類＝書誌分類の歴史　8

図書分類概論　25

図書分類法関係資料　39, 52, 89

鳥取県立図書館
　　　　　　　　62, 63, 108, 110, 111, 162, 163

富山県立図書館　117, 122

都立図書館　→　東京都立図書館

▶な行

長野県立図書館　34, 74

名古屋市立図書館　35

新潟県立図書館　34

ニネヴェ　4

日本件名標目表（NSH）
　　　　　　　　60, 88, 94, 139, 163, 170

日本国見在書目録　22, 52

日本書分類表　74

日本図書館協会　i, ii, 29, 49, 50, 52, 63, 80,
　　86, 93, 100-104, 110, 115, 117-119, 122,
　　124, 126, 131, 140, 143-145, 151, 155, 156,
　　164, 166, 169, 171, 187, 285, 286

日本図書館協会分類委員会　i, ii, 64, 80,
　　118, 129, 131, 132, 134-136, 144-147, 149,
　　151-154, 169, 286

日本図書館研究会
　　　　　　138, 139, 141, 144, 145, 168, 169, 170

日本文庫協会　→　日本図書館協会

日本目録規則（NCR）　60, 109, 139, 170

▶は行

函館市立図書館　109, 162

八門分類法（帝国図書館）　→　帝国図書館

分類法
ハレ分類法　19
蕃書調所　22
ピナケス　4
百科全書　5
標準分類表制定委員会　126, 132
フィフリスト（目録の書）　5
ブラッセルの分類　→　国際十進分類法
　　（UDC）
フレンチ・システム　6, 24, 52
分類委員会　→　日本図書館協会分類委員会
分類規程　91, 92, 184, 185, 189
分類規程（メリル）　88, 90, 181
米国議会図書館分類法（LCC）　19, 20, 52,
　　75, 83, 89, 134, 136, 137, 146, 160
米国図書館協会　125
本朝書籍目録　22, 52
本朝書目　26

▶ま行
マゼラン図書館　3
間宮商店　v, 2, 55, 58, 59, 62, 63, 65, 71, 96,
　　108–110, 122, 123, 140, 143, 156, 158, 163,
　　168, 171, 173, 174, 184, 285
民間情報教育局　→　CIE
メリルの分類規程　→　分類規程（メリル）
目録の書（フィフリスト）　5
文部省　22, 29, 44, 52, 88, 101, 121, 122, 128,
　　140, 141, 148, 161, 166, 169, 187
文部省図書館職員講習所　25, 36, 44, 52,
　　88, 89, 95, 101, 116, 122, 163

▶や・ら・わ行
山口県立図書館　34
山口県立図書館図書分類表
　　　　　　34–36, 39, 41, 42, 49, 50, 52, 59, 126
横浜市立図書館　34

連合国軍最高司令官総司令部　→　GHQ/
　　SCAP
六門分類法　→　東京書籍館分類法
和漢図書十分法分類表（神奈川県）　51
和漢図書分類表　→　東京市立図書館分類表

▶アルファベット
B　BC（Bibliographic Classification）→
　　　書誌分類法（ブリス）
C　CC（Colon Classification）→　コロン
　　　分類法
　　CIE（Civil Information and Educa-
　　　tional Section）：民間情報教育局
　　　125, 127, 128, 130, 133, 138, 283, 284
D　DC（Decimal Classification）→
　　　デューイ十進分類法
　　DDC（Dewey Decimal Classifica-
　　　tion）→　デューイ十進分類法
E　EC（Expansive Classification）→　展
　　　開分類法
G　GHQ/SCAP（General Headquarters,
　　　the Supreme Commander for the
　　　Allied Powers）：連合国軍最高司
　　　令官総司令部　129, 130, 140, 142,
　　　169, 283
L　LCC（Library of Congress Classifica-
　　　tion）→　米国議会図書館分類法
　　LYL（League of Young Librarians）
　　　→　青年図書館員連盟
N　NCR　→　日本目録規則
　　NSH　→　日本件名標目表
S　SC（Subject Classification）→　件名
　　　分類法
U　UDC（Universal Decimal Classifica-
　　　tion）→　国際十進分類法

人名

▶あ行

アッシュールバニパル　4
天野敬太郎　62, 115, 153, 164
アリストテレス　4, 25, 89
石山洋　145, 153, 154
井出菫　88
伊藤新一　113
稲垣了俊　164
イブン・アン＝ナディーム　5
今井貫一　49
今沢慈海　61
井本威夫　115
岩渕兵七郎　127
ウァロ　4
植村長三郎　134
衛藤利夫　52, 53, 55, 60, 61, 63, 64, 97, 113,
　114, 119, 124, 126, 127, 134, 145, 151, 152,
　155, 163, 174
エドワーズ　6
太田為三郎　34, 39, 42, 62, 63, 86, 113
岡田健蔵　109
岡田温　63, 124, 126, 132, 147
奥村藤嗣　134, 146
尾崎委久子　280
落合重信　104, 105
乙部泉三郎　74, 77, 81, 82
オトレ　18
小野則秋　62

▶か行

柿沼介　148, 149
笠木二郎　134, 146-149
カッター　16, 26, 29, 30, 67, 80, 137, 160,
　161, 175, 192
加藤宗厚　10, 36, 50-52, 60, 63, 87-95, 97,
　102, 105-107, 109-111, 115-117, 121-132,
　134, 135, 138, 145-150, 153, 161, 163, 168,
　174, 181, 184, 283, 284
金中利和　153, 154
金森徳次郎　133
カリマコス　4
川崎操　134
神波武夫　109, 111
キーニー　125, 143, 283
北畠貞顕　49
木寺清一　134, 146
キャーティブ・チェレビー　5
裴開明　42
クイン　6, 15
クラップ　133
グラハム　125, 126, 143, 283
黒木務　145
ゲスナー　5, 9, 26
河野寛治　108, 163
国分剛二　103, 104, 115

▶さ行

サートレフ　8
佐藤勝雄　162, 163
佐野友三郎　34, 49
塩見昇　128
渋田市郎　163, 164
島屋政一　164
シャムーリン　8, 9
荀勗　5
鈴木賢祐　51, 60, 63, 64, 80, 81, 83-88, 92,
　93, 95, 97, 99, 100, 102, 105, 106, 109, 114,
　115, 119, 121, 122, 134, 146, 152, 153, 155,
　165, 174, 283, 284
セイヤーズ　8, 9, 14, 57, 80, 82, 85, 91, 100
関野真吉　61
仙田正雄　62, 84, 85, 88, 109, 164

▶た行

ダウンズ
　　　130, 133-136, 138, 145-149, 169, 283
高田定吉　101-103
高橋生　102, 103
竹内善作　22, 25, 26, 29, 126
武田虎之助
　　　62, 125, 134, 135, 145-149, 151, 153
竹林熊彦　61
多田光　109
田中稲城　25, 29
田中不二麿　29
玉井藤吉　101-103
ダランベール　5
ディドロ　5
手島精一　25
デューイ　iii, 2, 3, 8-10, 12-15, 26, 29, 33,
　　39, 53, 56, 57, 79, 91, 92, 98
デュ・メーヌ　8, 9
土井重義　146-148
戸澤信義
　　64, 123, 124, 138-141, 143, 144, 156, 169
と・たまゐ → 玉井藤吉
杜定友　20, 52, 55, 160, 175, 192

▶な行

内藤赳夫　164
永井久一郎　25
中井正一　152
中井万知子　154
中尾謙吉　60
中川貞恵　279
中島猶治郎　50, 51, 81
中田邦造　122
中野義尚　164
中村初雄　153, 154
那須雅熙　154

並河直弘　49
西村竹間　29
ノーデ　3, 5, 26

▶は行

バーネット　125-130, 143, 284
バウカー　160
畠山義成　25
波多野賢一　62, 101-103, 164
パトナム　19
林香苗　18
林靖一　117, 127, 149
ハリス　6, 9, 12, 24, 26
フェローズ　98-100
深川恒喜　125-128
藤田忠雄　71, 72
藤本豊吉　163
舟木重彦　127, 134, 146-149
麓鶴雄　104-106, 115, 118
ブラウン（ジェームズ）　6, 15, 80, 82, 160
ブラウン（チャールズ）　133
ブリス　20
プリニウス　4
ブリュネ　6, 24, 26
古野健雄　127, 146-149
ベーコン（コリンヌ）　80
ベーコン（フランシス）
　　　5, 6, 9, 14, 25, 89, 90
ボーデン　80
星野弘四 → 山中弘四
細川隆　108
細谷重義　127, 134, 147-149
堀口貞子　109

▶ま行

前田哲人　64
牧野富太郎　159, 163, 164, 283

増田七郎　106, 107
松平頼寿　115, 166, 171
間宮博　163, 164, 167
間宮不二雄　52, 54-66, 71, 73, 87, 96-98,
　102, 108, 111-116, 119, 121-124, 139, 141,
　142, 151-153, 159, 161, 162, 165-169, 174,
　183-185, 283
水野銀治郎　110
村上清造　109, 163
村島靖雄　25, 33, 49, 61, 113
目黒加一　109
メリル　88, 90-92, 181
毛利宮彦　74, 77, 79, 81-85, 87, 97, 105, 113,
　126, 128-130, 134, 146, 149, 150, 168, 284
森清　i, ii, v, 53-55, 59, 61-65, 67, 70, 71, 73,
　74, 81, 82, 85, 87, 88, 91, 92, 94, 97, 99, 100,
　103, 104, 106-119, 121, 123, 124, 126, 127,
　131, 133-136, 140, 142, 146-149, 151-153,
　158-163, 165-168, 171, 174, 180, 183, 192,

204, 277, 278, 283, 284
もり・きよし　→　森清

▶や・ら・わ行
山崎與四郎　148, 149
山下栄　134
山中弘四　146
山根信　164
弥吉光長　101-103, 126, 134, 147-149
横井時重　164
横川四十八　167
ラ・フォンテーヌ　18
ライプニッツ　9
ランガナータン　20
リチャードソン　61, 80, 81, 85, 86, 100
劉歆　4
リンネ　5
和田万吉　35, 86, 87, 91-93, 97, 113, 117

[著者紹介]

藤倉恵一（ふじくら・けいいち）
　1973年生　東洋大学社会学部卒業
　文教大学越谷図書館主任司書
　日本図書館協会分類委員会委員。『日本十進分類法』新訂10版改訂に
　従事
　元・私立大学図書館協会東地区部会研究部分類研究分科会代表，元・
　日本図書館協会図書館の自由委員会委員。元・文教大学文学部（司書
　課程）非常勤講師（兼任）ほか
　[主著]
　『図書館のための個人情報保護ガイドブック』（単著，2006年，日本図
　書館協会）
　『情報資源組織演習』（竹之内禎，長谷川昭子，西田洋平，田嶋知宏編
　著，2016年，ミネルヴァ書房）
　『情報サービス論』（竹之内禎編著，2013年，学文社）
　『絵本で読みとく宮沢賢治』（中川素子，大島丈志編，2013年，水声社）
　ほか

日本十進分類法の成立と展開
日本の「標準」への道程 1928-1949

2018年 8 月25日　初版第 1 刷発行

	著　者 ⓒ	藤　倉　恵　一
〈検印省略〉	発行者	大　塚　栄　一

発　行　所　株式会社　**樹村房**
　　　　　　　　　　　　JUSONBO
　　　　〒112-0002
　　　　東京都文京区小石川5-11-7
　　　　電　話　　03-3868-7321
　　　　ＦＡＸ　　03-6801-5202
　　　　振　替　　00190-3-93169
　　　　http://www.jusonbo.co.jp/

印刷　亜細亜印刷株式会社
製本　株式会社渋谷文泉閣

ISBN978-4-88367-310-0　乱丁・落丁本は小社にてお取り替えいたします。